Kohlhammer

Die Autorin

Prof. Dr. habil. Yvonne Ferreira ist Professorin für Wirtschaftspsychologie an der FOM Hochschule in Frankfurt sowie leitende Redakteurin der Zeitschrift für Arbeitswissenschaft.
Nach dem erfolgreich absolvierten Diplom-Studiengang Psychologie an der TU Darmstadt war sie 16 Jahre lang wissenschaftliche Mitarbeiterin am Institut für Arbeitswissenschaft der TU Darmstadt. Hier hatte sie die Möglichkeit, das im Studium erworbene Wissen in unzähligen Projekten in der Praxis anzuwenden und zu vertiefen. Dabei entwickelte sich auch ihr tiefes Interesse an der Forschung zum Thema Arbeitszufriedenheit. Aber auch andere Themen wie Arbeitszeit, psychische Belastung und Beanspruchung, Ergonomie, Personalentwicklung, Arbeits(platz)gestaltung, Arbeitsanalyse, Organisationsentwicklung, Organisationsklima, Personalführung, -auswahl und -einsatz, Gesundheitsmanagement, Gruppen(arbeit) und Konfliktmanagement hat sie sowohl theoretisch als auch in der beruflichen Praxis bearbeitet.
2001 schloss sie ihre Promotion an der TU Darmstadt mit magna cum laude ab. Die Habilitation folgte 2016. Für drei Jahre war Frau Prof. Ferreira an den Horst-Schmidt-Kliniken in Wiesbaden als Arbeitspsychologin und Konfliktberaterin der Landeshauptstadt Wiesbaden tätig. 2014 erhielt sie den Ruf als Professorin für Wirtschaftspsychologie an die FOM nach Frankfurt.
Neben der Lehre, forscht sie weiterhin an Arbeitszufriedenheit sowie psychischer Belastung und Beanspruchung und ist als Privatdozentin an der TU Darmstadt tätig.

Yvonne Ferreira

Arbeitszufriedenheit

Grundlagen, Anwendungsfelder, Relevanz

Verlag W. Kohlhammer

Dieses Werk einschließlich aller seiner Teile ist urheberrechtlich geschützt. Jede Verwendung außerhalb der engen Grenzen des Urheberrechts ist ohne Zustimmung des Verlags unzulässig und strafbar. Das gilt insbesondere für Vervielfältigungen, Übersetzungen und für die Einspeicherung und Verarbeitung in elektronischen Systemen.

Pharmakologische Daten verändern sich ständig. Verlag und Autoren tragen dafür Sorge, dass alle gemachten Angaben dem derzeitigen Wissensstand entsprechen. Eine Haftung hierfür kann jedoch nicht übernommen werden. Es empfiehlt sich, die Angaben anhand des Beipackzettels und der entsprechenden Fachinformationen zu überprüfen. Aufgrund der Auswahl häufig angewendeter Arzneimittel besteht kein Anspruch auf Vollständigkeit.

Die Wiedergabe von Warenbezeichnungen, Handelsnamen und sonstigen Kennzeichen berechtigt nicht zu der Annahme, dass diese frei benutzt werden dürfen. Vielmehr kann es sich auch dann um eingetragene Warenzeichen oder sonstige geschützte Kennzeichen handeln, wenn sie nicht eigens als solche gekennzeichnet sind.

Es konnten nicht alle Rechtsinhaber von Abbildungen ermittelt werden. Sollte dem Verlag gegenüber der Nachweis der Rechtsinhaberschaft geführt werden, wird das branchenübliche Honorar nachträglich gezahlt.

Dieses Werk enthält Hinweise/Links zu externen Websites Dritter, auf deren Inhalt der Verlag keinen Einfluss hat und die der Haftung der jeweiligen Seitenanbieter oder -betreiber unterliegen. Zum Zeitpunkt der Verlinkung wurden die externen Websites auf mögliche Rechtsverstöße überprüft und dabei keine Rechtsverletzung festgestellt. Ohne konkrete Hinweise auf eine solche Rechtsverletzung ist eine permanente inhaltliche Kontrolle der verlinkten Seiten nicht zumutbar. Sollten jedoch Rechtsverletzungen bekannt werden, werden die betroffenen externen Links soweit möglich unverzüglich entfernt.

1. Auflage 2020

Alle Rechte vorbehalten
© W. Kohlhammer GmbH, Stuttgart
Gesamtherstellung: W. Kohlhammer GmbH, Stuttgart

Print:
ISBN 978-3-17-035122-6

E-Book-Formate:
pdf: ISBN 978-3-17-035123-3
epub: ISBN 978-3-17-035124-0
mobi: ISBN 978-3-17-035125-7

Vorwort zur Buchreihe

Ökonomische, technologische und gesellschaftliche Entwicklungen tragen dazu bei, dass unsere Arbeitswelt sich in einem stetigen Veränderungsprozess befindet. Dies hat Auswirkungen auf das Erleben und Verhalten des einzelnen arbeitenden Menschen genauso wie auf gesamte Organisationen und größere wirtschaftliche Zusammenhänge.

Die vorliegende Buchreihe soll einen fundierten Einblick in verschiedene Forschungs- und Anwendungsfelder innerhalb der Arbeits-, Organisations-, Personal- und Wirtschaftspsychologie geben – einem der wichtigsten Bereiche der angewandten Psychologie. Aktuelle, praxisrelevante und an wichtigen Trends orientierten Themen werden vorgestellt und die Reihe dabei sukzessive um neue Bände erweitert.

Die Reihe richtet sich vor allem an Studierende der (Wirtschafts-) Psychologie und sich weiterbildende Personen. Durch die fachübergreifende Bedeutung sind die Inhalte der Bücher jedoch auch für Studierende angrenzender Bereiche, wie z. B. der Wirtschaft, Soziologie und Pädagogik von hoher Relevanz. Als besonders interessierte Zielgruppe können bereits erwerbstätige Personen aus dem Personalbereich (z. B. Coaches, Beraterinnen und Berater, Personalentwicklerinnen und Personalentwickler) identifiziert werden, die sich z.B in einem Aufbaustudium weiterbilden. Die konsequente Verbindung von Theorie und Praxis bietet darüber hinaus Führungskräften die Möglichkeit, sich wissenschaftlich fundiert mit praxisrelevanten Themen wie z. B. Kompetenzmanagement in Unternehmen, Coaching, Change Management oder Gesundheit im Arbeitskontext auseinanderzusetzen.

Simone Kauffeld
Braunschweig, Frühjahr 2020

Inhaltsverzeichnis

Vorwort zur Buchreihe 5

Danksagung 12

1 **Grundlagen der Arbeitszufriedenheit** 13
   1.1 Warum gibt es Interesse an Arbeitszufriedenheit ... 13
   1.2 Geschichte der Arbeitszufriedenheit 17
   1.3 Begriffsbestimmungen und Definitionen 22
   1.4 Ansätze zur Kategorisierung 28

2 **Modelle und Theorien der Arbeitszufriedenheit** ... 32
   2.1 Maslows hierarchisches Modell der Motivation (1943) 32
      2.1.1 Übertragung auf die Arbeitswelt 36
      2.1.2 Bewertung der Theorie 36
   2.2 Herzbergs Zwei-Faktoren-Theorie (1959) 37
      2.2.1 Übertragung auf die Arbeitswelt 39
      2.2.2 Bewertung der Theorie 40
   2.3 Hackmans und Oldhams Job Characteristics Model (1975) 41
      2.3.1 Übertragung auf die Arbeitswelt 44
      2.3.2 Bewertung der Theorie 44
   2.4 Affective Events Theory (AET) nach Weiss und Cropanzano (1996) 44
      2.4.1 Übertragung auf die Arbeitswelt 46
      2.4.2 Bewertung der Theorie 47

	2.5	Zürcher Modell der Arbeitszufriedenheit und Zurich Model Revisited (1974/2009)	47
	2.5.1	Übertragung auf die Arbeitswelt	58
	2.5.2	Bewertung der Theorie	58
	2.6	Konklusion der Modelle und Theorien	60
3	**Erhebungsmethoden**		**67**
	3.1	Globalmaße oder Einzelmaße der Arbeitszufriedenheit	69
	3.2	Evaluation von Instrumenten zur Erfassung der Arbeitszufriedenheit	71
	3.3	Exemplarische Darstellung von Instrumenten	74
		3.3.1 Fragebogen zur Messung der Bedürfnisbefriedigung bei der Arbeit (PNSQ) 1962	75
		3.3.2 Minnesota Satisfaction Questionnaire (MSQ) 1967	76
		3.3.3 Job Description Index (JDI) 1969	78
		3.3.4 Skala zur Messung von Arbeitszufriedenheit (SAZ) 1972	79
		3.3.5 Arbeitszufriedenheitskurzfragebogen (AZK) 1976	80
		3.3.6 Arbeitsbeschreibungsbogen (ABB) 1978	82
		3.3.7 Job in General Scale (JIG) 1989	83
		3.3.8 Fragebogen zur Erhebung von Arbeitszufriedenheitstypen (FEAT) 2009	85
	3.4	Hinweise für die Praxis	101
4	**Abgrenzung zu anderen Konzepten**		**103**
	4.1	Commitment	103
		4.1.1 Definition und Bedeutung	103
		4.1.2 Messung von Commitment	104
		4.1.3 Abgrenzung zu Arbeitszufriedenheit	105
	4.2	Organizational Citizenship Behavior (OCB)	107
		4.2.1 Definition und Bedeutung	107
		4.2.2 Dimensionen von OCB	108
		4.2.3 Messung von OCB	109
		4.2.4 Gründe und Konsequenzen von OCB	111

		4.2.5	Abgrenzung zu Arbeitszufriedenheit	113
	4.3	\multicolumn{2}{l}{Subjektives Wohlbefinden und Lebenszufriedenheit}	114

	4.3	Subjektives Wohlbefinden und Lebenszufriedenheit		114
		4.3.1	Definitionen und Bedeutung	115
		4.3.2	Einflussfaktoren auf das subjektive Wohlbefinden	116
		4.3.3	Messung von Lebenszufriedenheit und subjektivem Wohlbefinden	117
		4.3.4	Paradox der Lebenszufriedenheit	120
		4.3.5	Abgrenzung zu Arbeitszufriedenheit	121
	4.4	Flow-Erleben		122
		4.4.1	Definition und Bedeutung	122
		4.4.2	Messung von Flow Erleben	126
		4.4.3	Gründe und Konsequenzen von Flow-Erleben	128
		4.4.4	Abgrenzung zu Arbeitszufriedenheit	129
5	**Personelle und situative Einflüsse auf Arbeitszufriedenheit**			**131**
	5.1	Emotionen		131
		5.1.1	Definition und Bedeutung	131
		5.1.2	Basisemotionen	133
		5.1.3	Emotionenauslöser und -ursachen	134
		5.1.4	Funktionen von Emotionen	136
		5.1.5	Wirkungen von Emotionen	137
		5.1.6	Emotionen und Arbeit	138
		5.1.7	Emotionen und Arbeitszufriedenheit	139
	5.2	Big Five		142
		5.2.1	Definition und Bedeutung	142
		5.2.2	Big Five und Arbeitszufriedenheit	144
	5.3	Core Self-Evaluations		146
		5.3.1	Definition und Bedeutung	146
		5.3.2	Core Self-Evaluations und Arbeitszufriedenheit	148
	5.4	Intelligenz und Kreativität		150
		5.4.1	Definition und Bedeutung von Intelligenz	150
		5.4.2	Definition und Bedeutung von Kreativität	152

		5.4.3	Intelligenz, Kreativität und Arbeitszufriedenheit	153

- 5.5 Selbstregulation ... 156
  - 5.5.1 Definition und Bedeutung ... 156
  - 5.5.2 Selbstregulation und Arbeitszufriedenheit ... 162
- 5.6 Stress ... 163
  - 5.6.1 Definition und Bedeutung ... 164
  - 5.6.2 Stressor und Stressreaktion ... 166
  - 5.6.3 Stress und Arbeitszufriedenheit ... 166
- 5.7 Coping ... 168
  - 5.7.1 Definition und Bedeutung ... 168
  - 5.7.2 Copingstrategien ... 169
  - 5.7.3 Coping und Arbeitszufriedenheit ... 171
- 5.8 Kontrolle und Kontrollwahrnehmung ... 172
  - 5.8.1 Definition und Bedeutung ... 172
  - 5.8.2 Theorien der Kontrolle und Kontrollwahrnehmung ... 173
  - 5.8.2 Kontrolle/Kontrollwahrnehmung und Arbeitszufriedenheit ... 176
- 5.9 Arbeitswerte ... 177
  - 5.9.1 Definition und Bedeutung ... 177
  - 5.9.2 Arbeitswerte und Arbeitszufriedenheit ... 179

6 Betriebliche Auswirkungen ... 180

- 6.1 Leistung ... 180
  - 6.1.1 Definition und Bedeutung ... 180
  - 6.1.2 Leistungsmessung ... 181
  - 6.1.3 Leistung beeinflussende Faktoren ... 182
  - 6.1.4 Leistung und Arbeitszufriedenheit ... 185
- 6.2 Fehlzeiten ... 188
  - 6.2.1 Definition und Bedeutung ... 188
  - 6.2.2 Fehlzeiten beeinflussende Faktoren ... 189
  - 6.2.3 Fehlzeiten und Arbeitszufriedenheit ... 191
- 6.3 Fluktuation und innere Kündigung ... 194
  - 6.3.1 Definition und Bedeutung Fluktuation ... 194
  - 6.3.2 Definition und Bedeutung innere Kündigung ... 198

6.3.3 Fluktuation, innere Kündigung und
Arbeitszufriedenheit 200

7 Ausblick 202

Literaturverzeichnis 206

Stichwortverzeichnis 227

Danksagung

Ich danke allen von Herzen, die mich auf meinem Weg hin zur Aufklärung von Arbeitszufriedenheit begleitet und unterstützt haben und es auch noch immer tun, denn der Weg ist noch lange. Ein ganz besonderer Dank geht an Sie, liebe Frau Dr. Agnes Bruggemann-Dittrich. Ihre Inspiration hat mein Feuer für die Arbeitszufriedenheit entfacht, Ihre Gedanken haben die meinen gefesselt und gleichzeitig entfesselt. Aus tiefstem Herzen sage ich: Danke!

1 Grundlagen der Arbeitszufriedenheit

Der Begriff der Arbeitszufriedenheit hat einen festen Platz nicht nur in unzähligen wissenschaftlichen Publikationen, sondern auch – oder gerade – in populärwissenschaftlichen Veröffentlichungen und im Alltagsgebrauch. Betrachtet man die Forschungsgeschichte auf dem Gebiet der Arbeitszufriedenheit, so können wir auf eine lange Tradition zurückblicken. Von Rosenstiel, Molt und Rüttinger (1995) bemerken: »Nur wenige Konzepte der Organisationspsychologie haben zu derart nachhaltigen Forschungsbemühungen geführt wie das der Arbeitszufriedenheit« (S. 238). Dies unterstreichen Nerdinger et al. (2014) und merken an, dass trotz dieses großen Forschungsinteresses das Konstrukt Arbeitszufriedenheit noch nicht vollumfänglich erforscht ist.

Herzberg et al. (1957, zitiert nach Six & Kleinbeck, 1989) zitieren in ihrer Monographie bereits über 1900 Arbeiten zu Arbeitszufriedenheit und -motivation. Die Anzahl erhöht sich nach einer Schätzung von Locke (1969) auf über 3300 Arbeiten.

1.1 Warum gibt es Interesse an Arbeitszufriedenheit

Das nach wie vor hohe Interesse an dem Thema Arbeitszufriedenheit basiert auf den Erkenntnissen zahlreicher Untersuchungen, in denen Zusammenhänge zwischen Arbeitszufriedenheit und anderen wirtschaftlichen Faktoren empirisch belegt werden können. Hierzu zählen wechselseitige Einflüsse von Leistung und Arbeitszufriedenheit (Locke & Latham, 1990), Fehlzeiten und Arbeitszufriedenheit (Hackett & Guion, 1985) sowie Fluktuation und Arbeitszufriedenheit (Steers & Mowday, 1981). Diese Ergebnisse geben schon früh Anlass zur Hoffnung, durch Steigerung der Arbeitszufriedenheit auch die Wirtschaftlichkeit erhöhen zu können (Fischer & Fischer, 2005). Eine derartige Betrachtung stellt den Versuch dar, Arbeitszufriedenheit als unabhängige (also Ursache) oder abhängige Variable (also Auswirkung) bezogen auf einzelne wirtschaftliche Faktoren zu definieren mit dem Ziel, Änderungen der Arbeitszufriedenheit und deren Auswirkungen messbar zu machen.

Die Erhöhung der Arbeitszufriedenheit ist als eine durchaus erstrebenswerte Win-Win-Situation für Unternehmen und Beschäftigte aufzufassen: Erhöhte Zufriedenheit – so geht man umgangssprachlich davon aus – könnte für Beschäftigte beispielsweise zu verbesserter Gesundheit, erhöhtem Selbstwertgefühl oder vermehrter Freude bei der Arbeit führen, während der Betrieb seine wirtschaftliche Situation durch sinkende Fehlzeiten, geringere Fluktuation, steigende Leistungen u. a. m. verbessern könnte. Darüber hinaus kann sich die – auch durch Außenstehende wahrgenommene – hohe Arbeitszufriedenheit der Beschäftigten positiv auf das Image eines Betriebes auswirken und somit einen Vorteil im Wettbewerb um kompetente Beschäftigte darstellen. Eine reizvolle Sicht und Anlass genug, um sich mit dem Konstrukt der Arbeitszufriedenheit näher zu befassen.

Bei aller Euphorie muss jedoch erwähnt werden, dass die erhofften Zusammenhänge nicht einfach nachzuweisen sind. Schon früh wird das wirtschaftliche Interesse an Arbeitszufriedenheit deutlich. Vor allem in den 1970er Jahren steigt die Nachfrage nach gesicherten Erkenntnissen des Zusammenhangs zwischen Arbeitszufriedenheit und Umsatz stark an (Mobley, 1977). In einer einflussreichen Studie beschreiben Iaffaldano und Muchinsky (1985), dass Zufriedenheit und Leistung nur schwache Korrelationen aufweisen. Damit verringert sich das Interesse am Konstrukt der Arbeitszufriedenheit drastisch, obwohl über die tatsächlichen Gründe der mangelnden Korrelation nicht weiter diskutiert wird (Judge, Weiss, Kammeyer-Mueller & Hulin, S. 380). Wanous (1974) beispielsweise beschreibt schon vorzeitig die Schwierigkeit zu unterscheiden, ob Zufriedenheit die Leistung erhöht, oder ob die Leistung zu höherer Zufriedenheit

1.1 Warum gibt es Interesse an Arbeitszufriedenheit

führt. Bereits diese Fragestellung eröffnet doch den generell mangelnden Interpretationsgehalt von Korrelationen und sollte zu anderen Herangehensweisen inspirieren.

Widersprüchliche Forschungsergebnisse und mangelnde Nachweise erhoffter Zusammenhänge lassen das Interesse an der Arbeitszufriedenheitsforschung Ende der 1980er Jahre stark zurückgehen. Die Unterschätzung des Zusammenhangs zwischen Leistung und Arbeitszufriedenheit, aber auch die Tatsache, dass befragte Beschäftigte immer deutlich zufriedener sind, als die vorliegende Arbeitssituation es erwarten lässt, trägt dazu bei, dass Zufriedenheitsäußerungen bei einigen Forschenden schlichtweg als ein kommunikatives Artefakt ausgelegt werden (Fischer & Belschak, 2006). In der Literatur werden in der zweiten Hälfte des 20. Jahrhunderts Zufriedenheitswerte berichtet, die zwischen 80 und 92 % liegen, obwohl die vorliegenden Arbeitsbedingungen dies nicht rechtfertigen. Interessanterweise finden sich diese Ergebnisse hauptsächlich in quantitativen Erhebungen (Fragebögen), eher nicht in den sehr seltenen qualitativen Befragungen (Interviews) (▶ Kap. 3). Aber gerade die häufig sehr positiven Zufriedenheitsäußerungen geben Anlass, über Entstehung, Veränderung und Entwicklung von Arbeitszufriedenheit zu spekulieren, wie beispielsweise bei Gebert (1983) oder Wiswede und Wiendieck (1984), die darin eine Art Selbstheilung der Beschäftigten verstehen, aber vor allen Dingen auch Bruggemann, Groskurth und Ulich (1975), die noch zahlreiche andere Einflussfaktoren postulieren, wie beispielsweise die Senkung des Anspruchsniveaus aufgrund von Resignation oder den Einsatz bzw. das Fehlen von Problemlösungsverhalten.

Die widersprüchlichen Ergebnisse der Studien kommen nach Meinung von Judge und Bono (2001) unter anderem dadurch zustande, da »... there are many inconsistencies in the results testing these models (and in the ways the models have been tested) ...« (Judge & Bono, 2001, S. 388). Daher ist die konsequente Schlussfolgerung dieser Metaanalyse, dass die fehlenden Zusammenhänge hauptsächlich auf die Art der Messung von Arbeitszufriedenheit zurückzuführen sind.

Trotz dieser zukunftsweisenden Metaanalyse von Judge und Bono (2001) bestehen auch heute noch zahlreiche Herausforderungen bei der Erhebung des Konzepts Arbeitszufriedenheit. Beispielsweise werden die untersuchten Aspekte immer spezifischer und es mangelt noch immer an geeigneten Arbeitszufriedenheitsmodellen basierend auf schlüssigen Definitionen. Aus diesem Grund ist es auch heute nahezu unmöglich, die zahlreichen Ergebnisse in einen Gesamtüberblick zusammenzuführen und zu interpretieren. Noch immer werden Forschungsansätze verfolgt, deren Verständnis von Arbeitszufriedenheit auf der Alltagssprache basieren, nicht etwa auf wissenschaftlichen Definitionen. Bereits 1989 führen diese Überlegungen Six und Kleinbeck (1989) zur nachvollziehbaren Forderung, sich bei der Interpretation von Studienergebnissen zurückhaltend hinsichtlich der Generalisierung der Aussagen zu äußern und die Ausgangssituationen der Studien zu berücksichtigen, wie beispielsweise spezifische Arbeitssituationen, verwendete Messinstrumente, gesellschaftliche Bedingungen, individuelle Ereignisse der Unternehmen und Forschungsinteressen der Untersuchenden.

Aus der Metaanalyse von Judge und Bono (2001) geht hervor, dass die mittlere Korrelation zwischen Arbeitszufriedenheit und Leistung nach Bereinigungen bei $r = .30$ angesiedelt werden kann. Dies begründet, warum der ökonomische Wert von Arbeitszufriedenheit seither wieder stärkere Beachtung findet. Arbeitszufriedenheit wirkt – wie viele andere Bedingungen – in soziotechnischen Systemen auch als eine stabilisierende und den Innovationsprozess fördernde Kraft. Organisationen und Unternehmen verbinden mit der Arbeitszufriedenheit nach wie vor eine Möglichkeit zur Steigerung der Leistungsfähigkeit einer Organisation, da Arbeitszufriedenheit in einem soziotechnischen System als eine Bedingung zählt, die einerseits stabilisierende Wirkung hat und andererseits den Innovationsprozess positiv fördern kann (Six & Kleinbeck, 1989). Seit den 1990er Jahren wird Arbeitszufriedenheit – oder besser gesagt das Fehlen von Arbeitszufriedenheit – als Indikator für Maßnahmen der betrieblichen Gesundheitsförderung verwendet (Bamberg et al., 1998, zitiert nach Six & Felfe, 2004).

Für Unternehmen stellt Arbeitszufriedenheit ein Zwischenschritt zur Erreichung der Unternehmensziele (hohe Qualität und Quantität, geringe Fehlzeiten, geringe Fluktuation, Commitment …) dar, während Arbeitszufriedenheit für Beschäftigte ein Endziel ist (im Sinne von Wohlbefinden und Gesundheit). Somit streben zwar sowohl Unternehmen als auch Beschäftigte Arbeitszufriedenheit an, basierend jedoch auf unterschiedlichen Motiven und Zielen.

1.2 Geschichte der Arbeitszufriedenheit

1776 nimmt der schottische Moralphilosoph und Ökonom Adam Smith in seinem Werk »An inquiry into the nature and causes of the wealth of nations« kritisch Stellung zu mentalen und psychischen Auswirkungen von Arbeitsteilung. Er vertritt die auch später von Taylor im »Scientific Management« (1911, s. u.) aufgegriffene Überzeugung, dass Arbeitsteilung die Quelle des Volkswohlstandes sei, da sie zur Erhöhung der Geschicklichkeit sowie zur Verbesserung der Sachkenntnisse und Erfahrungen beiträgt. Jedoch sieht er neben dem volkswirtschaftlichen Nutzen auch die Auswirkungen auf das Individuum, wie das folgende Zitat verdeutlicht:

»Nun formt aber die Alltagsbeschäftigung ganz zwangsläufig das Verständnis der meisten Menschen. Jemand, der tagtäglich nur wenige einfache Handgriffe ausführt, die zudem immer das gleiche oder ein ähnliches Ergebnis haben, hat keinerlei Gelegenheit, seinen Verstand zu üben. Denn da Hindernisse nicht auftreten, braucht er sich auch über deren Beseitigung keine Gedanken zu machen. So ist es ganz natürlich, daß er verlernt, seinen Verstand zu gebrauchen, und so stumpfsinnig und einfältig wird, wie ein menschliches Wesen nur eben werden kann.« (Smith, Adam, 1789 in einem Herausgeberband von Horst Claus Recktenwald, München, 1974, S. 662, zitiert nach Held & Nutzinger, 2000, S. 7)

Smith stellt damit einen Widerspruch dar, der in der Arbeitswissenschaft und -psychologie unter den Stichworten »Humanität und Wirtschaftlichkeit« diskutiert wird. Die von Smith thematisierte humanitäre Seite der Arbeitsteilung nimmt Einzug in die heutige Sichtweise der Arbeitszufriedenheit.

Die ersten Studien, die dem Thema Arbeitszufriedenheit im weitesten Sinne zugeordnet werden können, finden schon vor etwa 190 Jahren statt, beispielsweise über das »Erleben der Arbeit« in England durch Babbage im Jahr 1832 (zitiert nach Fischer & Fischer, 2005). Schon in früheren Jahrhunderten wird die Bedeutung der emotionalen Befindlichkeit, z. B. in der Armee oder in der Manufaktur, betont (von Rosenstiel et al., 1995).

Taylor greift 1911 die wirtschaftlichen Aspekte von Smiths aufgezeigten Spannungsverhältnisses auf. Mit der Veröffentlichung seiner Arbeit »Scientific Management« (1911; zitiert nach von Rosenstiel et al., 1995). Anfang des 20. Jahrhunderts rückt die Produktivität der Unternehmen in den

Vordergrund. Sein Grundgedanke ist es, Arbeitsabläufe auf wissenschaftlicher Basis so zu optimieren, dass mit geringem körperlichem und geistigem Aufwand möglichst hohe Produktivität erzielt werden kann. Das Fachwissen der Beschäftigten wird ins Gemeineigentum überführt und den Vorgesetzten zur Verfügung gestellt. Dies hat zur Konsequenz, dass »in den meisten Fällen ein besonderer Mann zur Kopfarbeit und ein ganz anderer zur Handarbeit nötig ist« (Taylor et al., 1913, S. 40, zitiert nach von Rosenstiel et al., 1995). Dieser Grundgedanke setzt sich rasch in allen Industrienationen durch. Die »Trennung von Kopf und Hand« hat Auswirkungen bis heute.

Konkret führen Taylors Ideen zu einer Zerlegung, Standardisierung und Spezialisierung der einzelnen Arbeitsschritte. Dieser Ansatz findet seinen Niederschlag in hoch repetitiver Fließbandarbeit und eng umgrenzten Arbeitsschritten. Beschäftigte werden als Maschine angesehen, die zum Zwecke der Produktivität manipuliert werden. Neuberger beschreibt, dass Beschäftigte zu »anhaltend ununterbrochenem Tätigsein, methodisch-zeitsparendem Vorgehen, zu maschinengetakteten fremdbestimmten Ausführungen […] und zur Mehrarbeit« veranlasst werden (1985, S. 189). Arbeitsmotivation wird durch finanzielle Anreize »sichergestellt«. Im Sinne Taylors stellt dieses Vorgehen ein geeignetes Mittel zur Ökonomisierung der Arbeit dar.

Daraus entstehen allerdings auch eine Reihe von Nachteilen wie beispielsweise einseitige Belastungen, reduzierte Möglichkeiten des Einsatzes und der Entwicklung unterschiedlicher Fähigkeiten und Fertigkeiten sowie eine verengte Einsicht in die Sinnhaftigkeit der isoliert voneinander ablaufenden Arbeitsschritte, Rückgang intrinsischer Motivation und reduzierte kognitive Leistungsfähigkeit.

Thorndike (1912) referiert über die Auswirkungen von Pausen. Die durchschnittliche Qualität der Arbeit fällt während der Schicht nur wenig ab und wird von Pausen leicht begünstigt. Die von den Versuchspersonen berichtete Befriedigung der Arbeit fällt während der Arbeit jedoch stark ab und wird von Pausen begünstigt. Bereits hier findet sich ein Hinweis darauf, dass die Einstellung zur Arbeit im Sinne der Arbeitszufriedenheit einen großen Einfluss hat. Neben diesen für damalige Verhältnisse bahnbrechende Erkenntnisse, ist Thorndike (1917) einer der ersten Autoren, der empirische Laborstudien über Arbeitszufriedenheit verfasst und veröffentlicht. Er konstatiert, dass monotone Aufgaben die Zufriedenheit stärker beeinträchtigen, als die eigentliche Leistung.

Die Unzufriedenheit von Beschäftigten kommen nach Ergebnissen von Fisher & Hanna (1931, zitiert nach Kornhauser, 1931) eher von emotionalen Fehlanpassungen als von Arbeitsbedingungen. Fisher und Hanna (1931) beschreiben in ihrem Werk über den unzufriedenen Arbeiter, dass ein großer Teil der beruflichen Fehlanpassung und der industriellen Unruhen faktisch emotionale Fehlanpassungen widerspiegeln. Emotionale Fehlanpassung ist in den meisten Fällen wiederum der natürliche und unvermeidliche Ausdruck emotionaler Fehlentwicklung. Der emotional schlecht entwickelte Arbeiter wird fast sicher früher oder später zu einem oder mehreren der verschiedenen Hauptaspekte seines Alltags unangepasst werden. Seine Fehlanpassung, was auch immer diese betrifft, erzeugt in ihm Unzufriedenheit und behindert ihn auf seiner Suche nach Glück und Erfolg. Da diese Gefühle im Menschen selbst lokalisiert sind (z. B. über Einstellungen, Dispositionen, Motive und Bedürfnisse), bringt der Arbeiter sie sozusagen in jede Situation ein, in die er eintritt. Da er den Grund seiner Unzufriedenheit gewöhnlich nicht kennt, und laut der Autoren den Grund und die Art seiner Fehlanpassung nicht versteht, ist es selbstverständlich, dass er seine Unzufriedenheit sehr oft seiner Arbeitssituation anfügt oder zuschreibt. Arbeitsunzufriedenheit ist demnach gemäß der Autoren dispositional bestimmt. Für den Beschäftigten bedeutet das, dass dieser sich unzufrieden mit seiner Arbeit fühlt und sich zu einer beruflich unangepassten Person entwickelt.

Die Anregungen zur systematischen Erfassung und Bewertung von Facetten der Arbeitszufriedenheit folgen bereits 1932 bei Kornhauser und Sharpe (zitiert nach Judge et al., 2017). Sie regen an, statistische Verfahren zur Auswertung und zur Bewertung von Arbeitszufriedenheitsfacetten zu verwenden.

Hoppock (1935, zitiert nach Six & Kleinbeck, 1989) beschäftigt sich als Erster ausschließlich mit dem Thema Arbeitszufriedenheit, so wie das Konstrukt heute alltagspsychologisch verstanden wird. Dabei kombiniert er Zufriedenheitscores mit soziografischen und psychografischen Merkmalen. Es fällt auf, dass ihm die wirtschaftlichen Aspekte weniger relevant erscheinen als die Auswirkungen der Arbeits(un)zufriedenheit auf die Gesellschaft. Die Gruppe der als unzufrieden Klassifizierten (15 %) klagt häufig über Monotonie und Müdigkeit bei ihrer Arbeit. Außerdem kann Hoppock einen Zusammenhang zwischen dem Ausmaß der erlebten Zufriedenheit und der Berufsgruppenzugehörigkeit (im hierarchischen Sinne) feststellen, d. h. Personen, die einer höheren Berufsgruppe angehören, weisen auch höhere Arbeitszufriedenheitswerte auf. Da man heute bestenfalls von einer Harmonisierung von Humanität und Wirtschaftlichkeit ausgeht, ist Hoppocks Gedankengut nicht mehr als innovativ zu bezeichnen. Jedoch findet seine Studie damals sehr große Beachtung und gibt die Möglichkeit, Arbeitszufriedenheit als arbeitspsychologisches Konstrukt zu etablieren.

Mit Beginn der als Hawthorne-Studien bekannt gewordenen Arbeiten von Roethlisberger und Dickson (1939; zitiert nach Six & Kleinbeck, 1989), die über 12 Jahre in den Hawthorne-Werken der Western Electric Company in Cicero, Illinois, durchgeführt werden, rücken – nach der tayloristischen Zeit – erstmals wieder individuelle und arbeitsgruppenspezifische Bedürfnisse der Beschäftigten in den Vordergrund.

Ursprünglich sollen unter anderem die Auswirkungen von Lichtverhältnissen auf die Arbeitsleistung untersucht werden. Ein Ergebnis der Studien ist die Entdeckung des sog. »Hawthorne-Effektes«: Die Leistung der Beschäftigten steigt nicht aufgrund der Manipulation der externen Bedingungen selbst, sondern aufgrund der Aufmerksamkeit und Wertschätzung, welche die Experimentatoren den Beschäftigten zukommen lassen. Es wird deutlich, dass die sozialen Situationsbedingungen und die Gruppenbeziehungen die Leistung stark beeinflussen – mindestens ebenso stark wie der monetäre Anreiz dies tut.

Die Hawthorne-Studien sind bei genauerer Betrachtung eine Gegenbewegung zum Taylorismus und stellen damit den Beginn der Human-Relation-Bewegung dar. Es folgt eine »Hervorhebung humanistischer und selbstverwirklichungsorientierter Kategorien mit der Betonung des Arbeitsinhalts« (Six & Felfe, 2004, S. 606). Die Bedürfnishierarchie von Maslow (1943), welche die Bedürfnisse des Menschen in Defizit- und Wachstumsbedürfnisse aufgliedert, sowie die Zweifaktorentheorie von Herzberg, Mausner und Snyderman (1959), in der die Zufriedenheit und nicht vorhandene Zufriedenheit über Faktoren der Arbeitsumgebung und über Faktoren des Arbeitsinhaltes definiert sind, sind berühmte und die wissenschaftliche Sichtweise verändernde Beispiele dieser Entwicklung (▶ Kap. 2).

1.2 Geschichte der Arbeitszufriedenheit

Im Jahr 1955 berichtet Kunin über eine neue Skala, die er zur Bewertung der Arbeitszufriedenheit vorschlägt (▶ Kap. 1.2). Es handelt sich um eine Skala von Gesichtern, die traurig bis fröhlich aussehen, und noch heute unter der Kunin-Skala bekannt ist. Neuberger und Allerbeck (1978) verwenden diese Skala, um ihr »Alles-in-allem«-Item der Facettenbewertung abzufragen.

In den 1970er Jahren entwickelt sich die Arbeitszufriedenheit im Rahmen der Unternehmensziele zu einem eigenständigen Humanziel. Vor allem das zu Beginn der 1980er Jahre in Deutschland mit staatlicher Unterstützung durchgeführte Forschungsprogramm zur Humanisierung des Arbeitslebens (HDA) führt zu einer deutlichen Steigerung des Forschungsinteresses am Thema Arbeitszufriedenheit. Aufgrund der finanziellen Förderung vieler Programme kommt es in Deutschland bis Mitte der 1980er Jahre zu einer Fülle von empirischen Untersuchungen und neuen Methoden zur Erhebung der Arbeitszufriedenheit. Bereits damals stellt sich klar heraus, dass den Beschäftigten ein immer wichtigerer Beitrag am Erfolg des Unternehmens anerkannt wird und daher der subjektiven Bewertung der Arbeitssituation über die Arbeitszufriedenheit eine deutliche betriebspolitische Bedeutung zukommt (Fischer, 1991).

Mit Hackman und Lawler (1971, zitiert nach Judge et al., 2017) verändert sich die Betrachtung der Arbeitszufriedenheit. Zuvor werden extrinsische Merkmale zur Beeinflussung oder zum Zustandekommen der Arbeitszufriedenheit herangezogen, wie beispielsweise die Arbeitsbedingungen oder das Gehalt. Hackman und Lawler sind zwei der Forschenden, die die intrinsische Arbeitszufriedenheit in den Fokus der Betrachtung legen.

Locke (1969) bietet ein neues, bisher nicht beachtetes Denkschema für Arbeitszufriedenheit an. Er geht davon aus, dass es einen Ist-Zustand gibt der anzeigt, was der Arbeitsplatz den Beschäftigten momentan bietet. Locke stellt diesem Ist-Zustand ein Soll-Zustand entgegen, also das, was Beschäftigte erwarten. Gibt es eine negative Diskrepanz, dann bietet der jetzige Arbeitsplatz den Beschäftigten weniger, als diese erwarten. Locke geht davon aus, dass die Einstellung der Beschäftigten besser geschätzt werden kann, wenn das Niveau der Facetten der Arbeitszufriedenheit mit einem Bedeutungswert, beispielsweise der Wichtigkeit der einzelnen Facetten für die Beschäftigten, verrechnet würde. Dies ergäbe ein vollkommen anderes Bild als die Addition der einzelnen Facetten. Somit postuliert Locke ein Modell der Einstellung mentaler Regression. Er geht davon aus, dass auf diese Art ein individuelles Niveau der Gesamtzufriedenheit bestimmt werden kann. (Judge et al., 2017, S. 379). Bruggemann et al. (1975) greifen seine Idee auf, um diese in ihr Zürcher Modell einzubetten.

1.3 Begriffsbestimmungen und Definitionen

Der Begriff der Arbeitszufriedenheit leitet sich aus dem englischen Begriff »job satisfaction« ab. Er muss von Konstrukten wie »Berufszufriedenheit«, »Zufriedenheit mit der Arbeitstätigkeit« und »Arbeitsmotivation« abgegrenzt werden. Die Begriffe »Berufszufriedenheit« bzw. »Zufriedenheit mit der Arbeitstätigkeit« beziehen sich auf die Zufriedenheit mit der eigenen Erwerbstätigkeit. Die Begrifflichkeiten umschreiben die Zufriedenheit mit einer Tätigkeit über einen längeren Zeitraum hinweg (Crites et al., 1969, zitiert nach Bruggemann et al., 1975). Die Begriffe können sich auf mehrere Arbeitsverhältnisse und/oder auf verschiedene Arten von Erwerbstätigkeiten beziehen und distanzieren sich dadurch von der Arbeitszufriedenheit, die sich auf das derzeitige Arbeitsverhältnis unter den spezifischen Unternehmensbedingungen bezieht. Verwandte Konzepte in der Literatur sind u. a. »job attitude« und »job morale«. Diese sind dem Begriff »Arbeitszufriedenheit« bzw. »job satisfaction« zwar zuzuordnen, jedoch nicht gleichzusetzen.

Eine Möglichkeit, den Begriff der Arbeitszufriedenheit konkret zu definieren, besteht darin, eine Abgrenzung zu diesen und weiteren verwandten Konstrukten vorzunehmen. Dies ist zur Verdeutlichung des Konstruktes zwingend angezeigt, jedoch mangelt es in der empirischen Praxis an unabhängigen Konstrukten. Es finden sich immer wieder hohe Interkorrelationen zu den abzugrenzenden Konstrukten. Dies hat einen inhaltlichen Grund, denn letztendlich beschreiben alle Konstrukte das Erleben und Verhalten von Menschen bezogen auf ihre Arbeit. Durch Einstellungen, Erfahrungen, soziale Vergleiche, Werte und vieles mehr sind

1.3 Begriffsbestimmungen und Definitionen

es die arbeitenden Menschen selbst, die die Konstrukte untrennbar miteinander verknüpfen (wie beispielsweise Arbeitszufriedenheit mit Lebenszufriedenheit oder subjektivem Wohlbefinden). Allerdings schlussfolgern Judge et al. (2017, S. 357): »Within this universe of related constructs, job satisfaction clearly has been the most studied construct.« Die Autoren recherchieren in der PsycINFO Datenbank nach Artikeln, die Arbeitszufriedenheit, Commitment, Arbeitseinbindung/-mentalität, Berufs-/Tätigkeitszufriedenheit und weitere zugehörige Konstrukte als hauptsächliches Thema behandeln und unterteilen diese nach Dekaden. Die folgende Abbildung zeigt deutlich, dass Arbeitszufriedenheit durchgängig das am häufigsten betrachtete Thema ist (▶ Abb. 1.1). Commitment ist erst seit etwa 1980 spürbar vertreten, hat aber seither eine deutliche Steigerung bei den Veröffentlichungen erfahren. Andere Konstrukte werden nahezu nicht mehr bearbeitet.

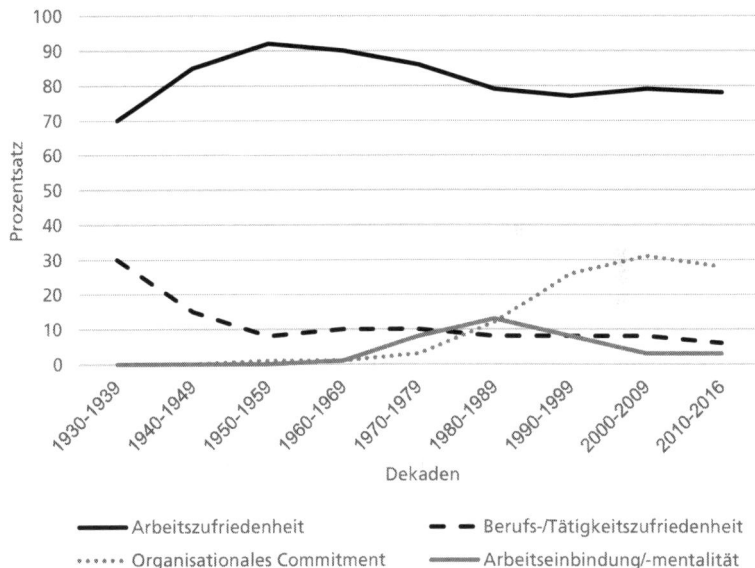

Abb. 1.1: Prozentsatz von Titeln und Zusammenfassungen über Arbeitszufriedenheit und verwandte Konstrukte in der PsychINFO-Datenbank über knapp hundert Jahre (nach Judge et al., 2017)

1 Grundlagen der Arbeitszufriedenheit

Locke (1969, S. 317) definiert Arbeitszufriedenheit und Arbeitsunzufriedenheit als

»… a function of the perceived relationship between what one wants from one's job and what one perceives it as offering or entailing. Note that there are three elements involved in the appraisal process … 1) the perception of some aspect of the job; … 2) an implicit or explicit value standard; and 3) a conscious or subconscious judgment of the relationship between (e.g., discrepancy between) one's perception(s) and one's value(s)«.

Demnach kann Arbeitszufriedenheit als Funktion zwischen den (bewerteten) Erwartungen einer Person und dem, was die Arbeitssituation anbietet, verstanden werden. Sowohl personelle als auch situative Faktoren bestimmen die Arbeitszufriedenheit.

Später prägen Bruggemann et al. (1975, S. 19) folgende Definition: Arbeitszufriedenheit ist die »Zufriedenheit mit einem gegebenen (betrieblichen) Arbeitsverhältnis« […] »Arbeitszufriedenheit« bezeichnet damit eine Attitüde, die das Arbeitsverhältnis, mit allen seinen Aspekten, hinsichtlich der Beurteilungsdimension ›zufrieden-unzufrieden‹ betrifft.« Das Urteil des Individuums in Bezug auf seine Arbeitszufriedenheit beruht auf der Bewertung mehrerer einzelner Teilaspekte der Tätigkeit.

Neuberger und Allerbeck (1978, S. 32) definieren Arbeitszufriedenheit als »die kognitiv-evaluative Einstellung zur Arbeitssituation.« Damit basiert Arbeitszufriedenheit auf einer Theorie von Reizen und Reaktionen. Erfahrungen, die das Individuum in der Arbeitswelt macht, werden registriert und bewertet. Diese wiederum beeinflussen das zukünftige Verhalten in Bezug auf Interpretation der Arbeitssituation, Zuwendung und Vermeidung dieser. Hierbei liegt die Betonung von Neuberger und Allerbeck (1978) auf dem aktiven Charakter der Person, die ihre Arbeitsumwelt evaluiert und selektiert.

Nach Six und Felfe (2004, S. 605) besteht die Auffassung, dass »Arbeitszufriedenheit die Einstellung des Beschäftigte[n] gegenüber seiner Arbeit insgesamt oder gegenüber einzelnen Facetten der Arbeit« umfasst. Je nachdem, ob die Einstellung positiv oder negativ ausgeprägt ist, resultiert Zufriedenheit oder Unzufriedenheit. Dieser Definitionsansatz beschreibt ähnlich der Definition nach Bruggemann et al. (1975), dass das Urteil über die Arbeitszufriedenheit auf einer globalen Betrachtung der Arbeitstätigkeit (Globalmaß) erfolgen kann oder auf der Beurteilung von einzelnen Teilaspekten und einer Integration dieser Einzelurteile.

Aus diesen Definitionen kann bereits abgeleitet werden, dass Forschende versuchen, Arbeitszufriedenheit basierend auf anderen Konstrukten zu erklären. Eine sehr umfangreiche Beschreibung verschiedenster Definitionen liefern Neuberger und Allerbeck (1978, S. 11 ff). Ob und inwiefern solche Überlegungen zum Ziel führen können, soll im Folgenden diskutiert werden. Betrachtet werden Ansätze, die Arbeitszufriedenheit als Bedürfnis definieren, als Disposition, als Kognition oder als Emotion. Letztendlich führen diese Betrachtungen zur Überzeugung, dass Arbeitszufriedenheit eine Einstellung (zur Arbeit) ist, aber wir werden das Schritt für Schritt betrachten.

Schon sehr früh greifen Vroom (1964) und Lawler (1973) das Konstrukt des *Bedürfnisses* auf. Sie beschreiben Zufriedenheitstheorien, mit Hilfe derer sie die Zufriedenheit dadurch bestimmen, inwieweit die Arbeit und die Arbeitssituation zu Ergebnissen führen, die das Individuum als wertvoll wahrnimmt. Dabei bezieht sich Zufriedenheit nicht nur auf bereits erreichte Ergebnisse, sondern vielmehr auch auf solche, die möglicherweise erreicht werden können oder aber auch vermieden werden sollen. Locke (1969) übt an diesem Begriff des »need« Kritik. Er sagt, dass dieses Konstrukt nicht ausreichend spezifiziert sei und schafft eine neue Perspektive der Interpretation von Bedürfnissen. Locke versteht Bedürfnisse als die objektiven Voraussetzungen für das Überleben (sowohl physischer als auch psychischer Natur) (Thierry & Koopman-Iwema, 1984).

Ab etwa 1985 sind *Dispositionen* als Erklärungen für Arbeitszufriedenheit, basierend auf Persönlichkeitsmodellen, auf dem Vormarsch. Das Konstrukt der Disposition wird herangezogen, um mögliche alternative Erklärungen für differierende Arbeitszufriedenheitswerte zu liefern. Staw und Ross (1985) untermauern diesen Ansatz, indem sie feststellen, dass Arbeitszufriedenheit im Laufe der Zeit relativ stabil ist, auch dann, wenn Personen den Arbeitgeber oder gar den Beruf wechseln. Der dispositionelle Ansatz führt zu der Überzeugung, dass Persönlichkeitsmerkmale, wie beispielsweise die Big Five (▶ Kap. 5.2), herangezogen werden müssen, um ein Verständnis für Arbeitszufriedenheit entwickeln zu können (Judge et al., 2017).

1 Grundlagen der Arbeitszufriedenheit

Die *Kognition* ist ein weiteres Konstrukt, welches Verwendung findet, um Arbeitszufriedenheit konkreter zu beschreiben. Der Begriff der Kognition im Zusammenhang zu Neubergers Ansatz bezieht sich auf die Orientierung des Individuums in seiner Umwelt. Die zentrale kognitive Leistung besteht darin, verschiedene Aspekte und Beziehungen innerhalb der Umwelt wahrzunehmen, zu differenzieren und zu interpretieren. Die Arbeitssituation ist somit aufzufassen als konkrete Lebenssituation und lässt sich durch eine Vielfalt solcher Aspekte und Beziehungen differenzieren. Diese zu kategorisieren ist entscheidend, um Arbeitszufriedenheit theoretisch betrachten und empirisch erheben zu können. Zusammenfassend stellt Neuberger (1976) heraus, dass die Arbeitszufriedenheit einerseits erfahrungsbedingt und andererseits erfahrungsbedingend ist. Arbeitszufriedenheit ist »immer eine Reflexion der Geschichte und Zukunft des Beschäftigten« (Neuberger, 1976, S. 24). Somit ist Arbeitszufriedenheit als kognitiv-emotionale Einstellung mit evaluativen Komponenten ein Soll-Ist-Vergleich der Arbeitssituation.

Auch *Emotionen* werden herangezogen, um Arbeitszufriedenheit zu definieren. Emotionen sind kurzfristige Zustände einer Person, die einen Bezug auf konkrete Objekte oder Ereignisse zeigen. Prinzipiell ist der Emotionsbegriff durch das Vorhandensein von drei Komponenten gekennzeichnet: Erlebenskomponente, physiologische Komponente und die Verhaltenskomponente. Das Erleben der Person wird durch ein Gefühl eingefärbt (Erlebenskomponente), z. B. Empfindungen von Anspannung/Entspannung. Physiologische Veränderungen, wie z. B. Veränderungen der Atmung, können eine Emotion begleiten (physiologische Emotionskomponente). Die Verhaltenskomponente der Emotion zeigt sich in bestimmten Verhaltensweisen des Individuums, z. B. Veränderungen in Mimik und Gestik. Die Auffassung der Arbeitszufriedenheit als Emotion findet sich bereits bei Locke (1976). Locke bezeichnet Arbeitszufriedenheit als einen positiven emotionalen Zustand, der sich aus der Bewertung der eigenen Arbeit und den Erlebnissen der Person im Arbeitsbereich ergibt.

Emotionen finden sich somit unübersehbar im Konstrukt der Arbeitszufriedenheit. Emotionale Bewertungen der Arbeit bilden eine zentrale Komponente des Konstrukts der Arbeitszufriedenheit. Die Arbeitszufriedenheitsforschung fragt gewöhnlich nach der Zufriedenheit der Beschäftigten. Hierbei erfolgt jedoch keine Erfragung des spezifischen emotionalen Erlebens, wie z. B. das Auftreten einzelner Emotionserlebnisse wie Wut, Ärger und Trauer. Fischer (2006) stellt die Frage, ob es eine Emotion »Zufriedenheit« gibt und welche Erkenntnisse die Arbeitszufriedenheitsforschung erlangen würde, wenn diese nicht allgemein nach Zufriedenheit fragt, sondern zusätzlich Emotionserlebnisse erfragt (Wegge & van Dick, 2006). Auch Neuberger (1976) hat diese Aspekte erkannt und in seiner Definition der Arbeitszufriedenheit integriert, indem er die emotional-evaluative Komponente der Arbeitszufriedenheit betont. Laut Neuberger (1976) besteht eine Eindimensionalität der emotional-evaluativen Komponente. Die Graduierung erfolgt beispielsweise auf der Skala »Annäherung – Vermeidung« oder »angenehm – unangenehm«. Arbeitszufriedenheit lässt sich folglich emotional unter Einbezug der kognitiven Komponente als Ausmaß der positiven bzw. negativen Bewertung begreifen.

Weitere Studien, die den Aspekt des Emotionserlebens innerhalb der Arbeitstätigkeit mit einbeziehen, können verschiedene Phänomene erklären. George und Bettenhausen (1990, zitiert nach Wegge, 2001) zeigen negative Zusammenhänge zu Fehlzeiten auf, Giaccalone und Greenberg (1997, zitiert nach Wegge, 2001) können verstärkende Einflüsse auf Betrug, Sabotage und Diebstahl feststellen. Wegge (2001, S. 50) geht davon aus, dass die Untersuchung des Zusammenhangs zwischen Emotionen und Arbeit für Forschung und Praxis nützlich sind, da diese »viel enger miteinander verzahnt [sind], als es Konzepte wie allgemeine Arbeitszufriedenheit oder (unspezifisches) Stresserleben suggerieren wollen […]«.

Dieser Ansatz ist die konsequente Weiterentwicklung vorheriger Arbeiten. So stellt Neuberger (1976) bereits heraus, dass die Arbeitszufriedenheit einerseits erfahrungsbedingt und andererseits erfahrungsbedingend ist. Arbeitszufriedenheit ist »immer eine Reflexion der Geschichte und Zukunft des Beschäftigten« (Neuberger, 1976, S. 24).

Von Rosenstiel, Molt und Rüttinger (2005) holen noch weiter aus, um das Konzept der Arbeitszufriedenheit zu erklären. Sie nehmen Bezug auf Konzepte der *Motivation*, um auf den Einstellungsbegriff überzuleiten. Aus den individuellen Motiven ergeben sich Bedürfnisse, welche befriedigt werden möchten. Bedürfnisbefriedigung oder Frustration wiederum bestimmen die Einstellung (▶ Fallbeispiel Bedürfnisbefriedigung oder Frustration).

Fallbeispiel: Bedürfnisbefriedigung oder Frustration

Ein Beschäftigter beispielsweise möchte sich im Rahmen seines Arbeitsverhältnisses aktiv einzubringen und benötigt hierfür eine Fortbildung, um notwendiges Know-how zu erwerben. Dieser Wunsch kann als Bedürfnis nach Selbstverwirklichung interpretiert werden und im engen Zusammenhang mit dem Leistungsmotiv stehen. Gibt das Unternehmen diesem Beschäftigten die Chance, sich fortzubilden und sich aktiv in den Arbeitsprozess einzubringen, wird dieser eine positive(re) Einstellung gegenüber dem Unternehmen und der Arbeitssituation ausbilden. Wird diese Entwicklungsmöglichkeit jedoch verwehrt, wird der Beschäftigte mit hoher Wahrscheinlichkeit eine negative(re) Einstellung entwickeln.

Die bisher dargestellten Definitionsversuche lassen deutlich werden, dass der Versuch, Arbeitszufriedenheit über einzelne Konstrukte zu erklären, nicht weit genug greift. Offensichtlich hängen Erleben und Verhalten (oder in anderen Worten Kognitionen, Emotionen, Motive, Bedürfnisse, Motivationen, Dispositionen sowie Einstellungen) von Beschäftigten bei der Entstehung von Arbeitszufriedenheit sehr eng miteinander zusammen. Die Affective Events Theory (AET) nach Weiss und Cropanzano (1996) (▶ 2.4) versucht, diese komplexen Zusammenhänge darzustellen.

1.4 Ansätze zur Kategorisierung

Aufgrund des Bestrebens, Arbeitszufriedenheit als Konstrukt möglichst angemessen und umfassend beschreiben zu können, haben zahlreiche Forschende sich redlich bemüht, vorhandene Modelle und Betrachtungsweisen der Arbeitszufriedenheit zu kategorisieren. Welchen Nutzen dies für die heutige Forschung noch hat, ist fraglich, da eine sehr große Übereinstimmung darin zu finden ist, Arbeitszufriedenheit als Einstellungskonzept zu sehen (▶ Kap. 1.3). Allerdings helfen diese Kategorisierungen auch heute

1.4 Ansätze zur Kategorisierung

noch, verschiedene Perspektiven der Betrachtung von Arbeitszufriedenheit zu verstehen.

Neuberger (1976), später dann Neuberger und Allerbeck (1978) diskutieren vier Ansätze um überschaubare Dimensionen der Arbeitssituation zu schaffen und damit die Arbeitszufriedenheit angemessen beschreiben zu können. Sie folgen damit der Tradition, Arbeitszufriedenheit basierend auf motivationspsychologischen Fragestellungen zu betrachten. Motivation und damit eine Handlungsbereitschaft entwickelt sich nur, wenn die persönlichen Ziele eines Individuums durch eine Situation angesprochen werden und damit aktiert werden. Ziele sind die Erfüllung von Motiven und Bedürfnissen, wie beispielsweise ein Sicherheitsbedürfnis. Die Situation wird vom Unternehmen gestaltet und bestenfalls derart, dass Bedürfnisse befriedigt werden können (z. B. durch einen unbefristeten Vertrag oder Sicherheitskleidung).

a) *Bedürfnistheoretischer Ansatz*, der danach fragt, inwieweit Beschäftigte ihre Bedürfnisse am Arbeitsplatz befriedigen können oder wegen mangelnder Befriedigung frustriert werden
b) *Humanistischer Ansatz*, der betrachtet, ob die Beschäftigten am Arbeitsplatz die Möglichkeit haben, Sinn und Zielbestimmung des menschlichen Daseins zu verwirklichen
c) *Funktionaler Ansatz*, der versucht, die Bedingungen abzuleiten, denen die Beschäftigten aufgrund der Zielsetzung der Organisation unterworfen sind
d) *Ansatz der Anreizbedingungen*, der solche Konstellationen in Organisationen ermittelt, die einen steuernden Einfluss auf das Verhalten der Beschäftigten haben, wie beispielsweise die Tätigkeit selbst, die Arbeitsbedingungen, Bezahlung und soziale Verhältnisse zur Kollegenschaft bzw. Vorgesetzte.

Auch Gebert und Rosenstiel (1981) verfolgen das Ziel, die unterschiedlichen Dimensionen und Aspekte darzustellen, die sich bis dahin in der Literatur der Arbeitszufriedenheit finden lassen. Sie stellen bedürfnisorientierte den anreizorientierten Ansätzen gegenüber. Die Bedürfnisorientierung ergibt sich personenbezogen und damit aus den Motiven und Bedürfnissen des Individuums, während die Anreizorientierung aus der Situation erwächst.

Zwar können diese Dimensionen getrennt betrachtet werden, jedoch ergibt die gleichzeitige Betrachtung erst ein vollständiges Bild, da aus Motiv und Situation sich erst Motivation, also Handlungsinitiierung, herausbildet. Weiterhin unterscheiden sie zwischen der Betrachtungsweise einzelner Aspekte der Arbeitszufriedenheit sowie einer Gesamtarbeitszufriedenheit.

Sehr interessant, da nicht sehr oft in der Forschung vertreten, ist die Unterscheidung zwischen einer Arbeitszufriedenheit als Trait (zeitstabile Reaktion) und einem State (vorübergehender Zustand) (beispielsweise Schmitt & Steyer, 1993).

Als letzte Dimension schlagen Gebert und Rosenstiel (1981) eine vergangenheitsorientierte und eine zukunftsorientierte Betrachtung der Arbeitszufriedenheit vor. Vergangenheitsorientiert beschreibt ein Resümee der bereits gemachten Erfahrungen während Zukunftsorientierung Erwartungen und Hoffnungen einschließen.

Thierry und Koopman-Iwema (1984) betrachten (Arbeits)zufriedenheit basierend auf zahlreichen Modellen, die sie zusammenführen. Sie kommen zu dem Schluss, dass Zufriedenheit ein dynamisches Konzept ist, welches sich auf vergangene, gegenwärtige und auch zukünftige Aspekte bezieht. Daher kann Arbeitszufriedenheit im Sinne einer unabhängigen Variable die Ursache für einen Zustand sein (z. B. bei der Hypothese, Arbeitszufriedenheit wirkt positiv auf das Gesundheitserleben) oder aber im Sinne einer abhängigen Variable die Wirkung (z. B. die Hypothese, dass vermehrte Arbeitszufriedenheit existiert, wenn die Führungskräfte die Beschäftigten grüßen). Dies führt Thierry und Koopman-Iwema dazu, Arbeitszufriedenheitsmodelle hinsichtlich des Untersuchungsgegenstandes im Forschungsprozess darzustellen. Hierbei ist Arbeitszufriedenheit:

- Ein Resultat eines Verhaltensprozesses und damit ein erstrebenswerter Zielzustand,
- ein Potenzial zur Veränderung, um Rollenverhalten oder Anstrengungsbereitschaft kurzfristig und langfristig zu beeinflussen,
- eine Zielvorstellung die realisiert oder vermieden werden muss,
- eine Einflussgröße auf Abwesenheit, Fluktuation oder Gesundheit.

Six und Kleinbeck (1989) bemängeln, dass die Versuche der Definition und Klassifikation von Arbeitszufriedenheit die Erwartung schüren, es gäbe ein

Konstrukt mit einer kontextfreien Gültigkeit. Gerade bei Arbeitszufriedenheit ist dies aber nicht der Fall, denn das Konstrukt ist – wie andere Konstrukte auch – von seinem theoretischen, empirischen und methodischen Kontext abhängig (weshalb Thierry und Koopman-Iwema [1984] genau diese Kontextabhängigkeit in ihrem Klassifikationsversuch hervorgehoben haben, siehe oben). Six und Kleinbeck (1989) betonen daher auch, dass diese Definitionen und Klassifikationen nicht gegeneinander ausgespielt werden sollten, sondern vielmehr als Orientierungshilfe dienen. Daher bieten auch sie drei Unterscheidungsmerkmale für Definitionen und Klassifikationen von Arbeitszufriedenheit an.

a) Einzeldefinitionen
Bei den Einzeldefinitionen mangelt es in der Regel an einer theoretischen Basis wie beispielsweise bei Hoppocks Definition, Arbeitszufriedenheit sei »… eine Kombination psychologischer, physiologischer und situativer Bedingungen, die die Person zu der ehrlichen Äußerung veranlasst: Ich bin mit meiner Arbeit zufrieden« (1935, S. 47).

b) Dimensionsanalytische Ansätze
Dimensionsanalytische Ansätze der Arbeitszufriedenheit sind oftmals faktorenanalytisch gewonnene Erkenntnisse. Hierbei werden Faktoren als Facetten beschrieben wie beispielsweise Zufriedenheit mit den Vorgesetzten, der Tätigkeit, den Arbeitsbedingungen. (Six und Kleinbeck, 1989)

c) Klassifikationsansätze
Hierunter verstehen Six und Kleinbeck (1989) unsystematische Klassifikationen, da diese auf unterschiedlichen Definitionen und Konzeptionen von Arbeitszufriedenheit beruhen.

2 Modelle und Theorien der Arbeitszufriedenheit

Wenn man die Kritik an bisherigen empirischen Erhebungen zur Arbeitszufriedenheit einem Resümee unterzieht (beispielsweise Dormann & Zapf, 2001; Judge & Bono, 2001; Fischer, 2006), wird der offensichtliche Forschungsbedarf erkennbar. Die bisherigen Studien weisen den Bedarf an vergleichbaren Daten auf, die mittels eines standardisierten Erhebungsinstruments und modellgestützter Hypothesen erhoben werden. Dadurch können mögliche inhaltliche und methodische Mängel der bisherigen Forschung aufgedeckt und beseitigt, die Ambivalenz der Forschungsergebnisse reduziert und der Weg für neue Perspektiven auf das Themengebiet geebnet werden (Fischer & Fischer, 2005).

Hierfür ist es nicht zwingend notwendig, neue Modelle zu entwickeln. Es liegt ein umfangreicher Vorrat an verwertbaren, wissenschaftlich fundierten Materialien vor, der als Basis für weitere empirische Studien dienen kann. Die Möglichkeiten und Ansätze, die sich daraus ergeben, werden im Folgenden dargestellt.

2.1 Maslows hierarchisches Modell der Motivation (1943)

Sicherlich erwartet hier nun jede(r) die Darstellung einer Pyramide. Ich muss bedauern, aber eine Pyramide hat Maslow (1942) niemals postuliert. Glauben Sie nicht? Dann schauen Sie bitte in der frei verfügbaren Originalliteraturquelle nach (http://psychclassics.yorku.ca/Maslow/motivation.htm)

2.1 Maslows hierarchisches Modell der Motivation (1943)

Maslow postuliert auch nicht ein Stufenmodell, das ihm oftmals unterstellt wird, in dem er sagt, dass erst ein Bedürfnis befriedigt werden müsse, bevor ein anderes erscheinen könne. Ich bemühe mich, Ihnen das widerzuspiegeln, was sein Originalbeitrag wirklich aussagt.
In einem ersten Schritt muss herausgearbeitet werden, dass Maslow ein Motivationsmodell entwickelt hat. Die häufig dargestellte »Pyramide« stellt bedauerlicherweise nur einen Teil seiner Arbeit (inkorrekt) dar und häufig wird nicht erwähnt, dass diese Bedürfnisse nur unter sehr eingeschränkten Bedingungen verhaltensrelevant werden.
Aber lassen Sie uns von vorne beginnen. Maslow schlägt 1943 eine Theorie der menschlichen Motivation vor. Motivation ist nicht gleichzusetzen mit Arbeitszufriedenheit, sondern es handelt sich um ein allgemeinpsychologisches Phänomen. Weshalb Maslow dennoch bei der Betrachtung von Arbeitszufriedenheits-Modellen Erwähnung finden muss, liegt an zwei Aspekten:

a) Maslow selbst verknüpft die Bedürfnisbefriedigung mit Zufriedenheit (»Also no need or drive can be treated as if it were isolated or discrete; every drive is related to the state of satisfaction or dissatisfaction of other drives« (Maslow, 1943, S. 370).

b) Die von Maslow postulierten Bedürfnisse, die zur Motivation und damit zur Handlungsausführung (Verhalten) führen, werden vielfach im Arbeitskontext diskutiert und es wird postuliert, dass deren Erfüllung zu Arbeitszufriedenheit führt.

Maslows Theorie lässt sich nur verstehen, wenn berücksichtigt wird, dass er ein Mitbegründer der Humanistischen Psychologie ist. Diese geht davon aus, dass der Mensch geboren wird mit dem Ziel, seine ihm eigenen innewohnenden psychischen und physischen Potenziale zu nutzen und auszubauen (Laux, 2008). Zentrale Bestandteile des Humanismus, der bis ins 14. Jahrhundert zurückgeführt werden kann, ist die Überzeugung, dass Menschen sich durch Würde, Wert und Rationalität auszeichnen und sie eine angeborene positive Einstellung zur Entwicklung des menschlichen Lebens und dessen Sicherung haben. Menschliche Werte sowie Bedürfnisse genießen hierbei Vorrang (Stemmler, Hagemann, Amelang & Bartussek, 2011).

2 Modelle und Theorien der Arbeitszufriedenheit

Maslows Theorie (▶ Abb. 2.1) betrachtet Bedürfnisse eines Individuums als in einer Hierarchie angeordnet. Hierbei werden niedrigere Bedürfnisse, die ein Mensch zum Überleben braucht, (sog. Defizitbedürfnisse) und höhere Bedürfnisse (Wachstumsbedürfnisse) unterschieden.

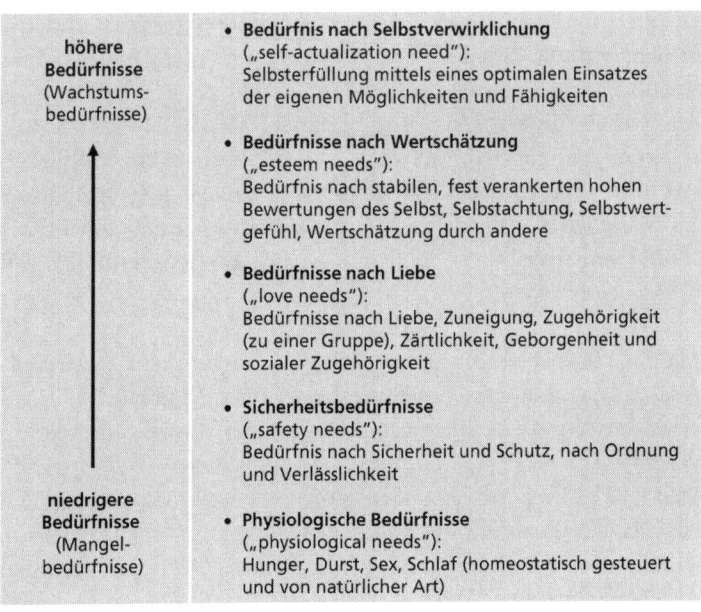

Abb. 2.1: Maslows hierarchisches Modell der Bedürfnisse (in Anlehnung an Maslow, 1943).

Defizitbedürfnisse entstehen, wenn das Gleichgewicht (die Homöostase) des Organismus aufgrund eines Mangels gestört wird. Diese umfassen physiologische und psychologische Bedürfnisse. Zu den rein physiologischen Bedürfnissen gehören u. a. Nahrung, Schlaf und Sexualität. Ihr Bestehen erklärt sich aus dem Homöostasestreben des Körpers (Fisseni, 2004). Sind diese Bedürfnisse ausreichend befriedigt (und Maslow betont, dass »ausreichend« einerseits individuell bestimmt ist und andererseits keine hundertprozentige Befriedigung meint), kommt das Bedürfnis nach

Sicherheit zum Tragen. Dieses Bedürfnis lässt sich nach heutiger Sicht beispielsweise finden in dem Wunsch nach einer ungestörten Wohnung, einem sicheren Arbeitsplatz und einem gesicherten Rechtssystem. Es schließt sich das Bedürfnis nach Liebe an, welches heute als soziales Bindungsbedürfnis bezeichnet wird (ein Motiv der Big Three der Motivationsforschung nach McClelland, 1985). Es äußerst sich beispielsweise im Wunsch, sich Gruppen anzuschließen. Es folgt das Bedürfnis nach Wertschätzung, welches über den Wunsch nach Liebe hinausgeht und sich auf die Achtung vor sich selbst und auf Achtung durch andere bezieht (Fisseni, 2004). Selbstverwirklichung ist gemäß dieser Hierarchie das höchste Bedürfnis. Sich selbst zu verwirklichen bedeutet in diesem Sinne, die eigenen Fähigkeiten und Fertigkeiten optimal einzusetzen, zu nutzen und auszubauen. Da sich diese Fähigkeiten und Möglichkeiten interindividuell unterscheiden, ist die spezifische Form des Bedürfnisses nach Selbstverwirklichung auch von Person zu Person verschieden. Selbstverwirklichung kann unterschiedliche Facetten aufweisen und sich auf verschiedene Lebensbereiche unterschiedlich stark konzentrieren. So bedeutet der Wunsch nach Selbstverwirklichung für die eine Person die Möglichkeit, innerhalb des Berufes bestimmte Fähigkeiten optimal anwenden zu können, für die andere Person findet sich Selbstverwirklichung z. B. im Erreichen von Spitzenleistungen im sportlichen Bereich. Anders als die Defizitbedürfnisse, besteht bei dem Motiv nach Selbstverwirklichung keine Grenze der Befriedigung in seiner Wirksamkeit. Daher bezeichnet Maslow dieses Bedürfnis als »Wachstumsbedürfnis«.

Obwohl die Bedürfnisse einer Hierarchie der Vormachtstellung folgen, können sie nicht isoliert betrachtet werden. Gerade aus der klinischen Psychologie wissen wir, dass das Bedürfnis zu essen häufig andere Bedürfnisse befriedigen soll, wie beispielsweise das Bedürfnis nach Liebe oder Sicherheit. Die oftmals kritisierte starre Vorgabe von Bedürfnisstufen, die von unten nach oben befriedigt werden müssen, wird von Maslow (1943) selbst nicht postuliert (»We have spoken so far as if this hierarchy were a fixed order but actually it is not nearly as rigid as we may have implied«, S. 386). Er verweist auf zahlreiche Interaktionen zwischen den Bedürfnissen und auch auf individuelle Unterschiede in der Ausgestaltung der Bedürfnisse.

2.1.1 Übertragung auf die Arbeitswelt

Damit die Grundbedürfnisse befriedigt werden können, bedarf es bestimmter Gegebenheiten innerhalb einer Gesellschaft. Diese Gegebenheiten sind beispielsweise Meinungs- und Ausdrucksfreiheit, Informationsaustausch, (erlebte) Gerechtigkeit und Fairness. Diese Rahmenbedingungen sind der Ansatzpunkt zur Übertragung des Modells auf den Komplex der Arbeit. Somit ist die Arbeitsstätte ein Mikrokosmos der Gesellschaft, in dem die Voraussetzungen der Bedürfnisbefriedigung für den Beschäftigte vorhanden oder eben nicht vorhanden sind.

2.1.2 Bewertung der Theorie

Ein wichtiger und oftmals kritisierter Bestandteil des Modells ist die Annahme der Hierarchie der Vormachtstellung. Maslow (1943) geht davon aus, dass ein leidender Organismus (Hunger, Durst, Schlafentzug) zuerst diese Bedürfnisse befriedigen muss, bevor andere Bedürfnisse wahrgenommen werden. Die Vorstellung von diesem hierarchischen Auftreten meint nicht, dass die Inhalte des vorgeordneten Bedürfnisses völlig befriedigt sein müssen, bevor eine neue Thematik auftreten kann. Dieser Zusatz führt zu einer Aufweichung der Stufen, sodass diese nicht als starre, strikt aufeinanderfolgende Gebilde zu interpretieren sind. Maslow (1943) selbst geht ergänzend zu seinem Modell auf typische Abweichungen ein, die besonders in westlichen Kulturen zu beobachten sind. Er nennt u. a. die Fixierung auf eine Grundbedürfnisthematik trotz genügender Befriedigungsmöglichkeiten als Folge einer sog. Mittelabwertung. Mittelabwertung bedeutet, dass Mittel, die früher der Bedürfnisbefriedigung dienten, aufgrund ständiger Verfügbarkeit an reizhaftem Charakter einbüßen und nur noch verringerte oder gar keine Befriedigung mehr hervorrufen. Somit müssen letztendlich immer neue Mittel herangezogen werden, um Bedürfnisbefriedigung zu erlangen. Es ergibt sich das Phänomen der »*verwöhnten Konsumentenhaltung*« (Maslow et al. 1954, zitiert nach Bruggemann et al., 1975). Die völlige Aufgabe einer Bedürfnisthematik als Folge einer Übersättigung kann ebenfalls erfolgen. Beispielhaft für das Phänomen der Mittelabwertung sind die Ansprüche des modernen Konsumenten an Nahrungsmittel.

Aufgrund ständiger Verfügbarkeit hat konventionelle Nahrung an Reizcharakter eingebüßt und die Ansprüche des Konsumenten sind gestiegen. So dienen Nahrungsmittel häufig nicht mehr nur der einfachen Befriedigung des Hungers, sondern sollen einen Zusatznutzen haben. Als Reaktion auf die Ansprüche des Konsumenten entwickelt die Nahrungsmittelindustrie beispielsweise Produkte, die besonders lange haltbar oder die Wünsche besonderer Zielgruppen abdecken wie z. B. fettreduzierte Produkte oder kleinere Verpackungsgrößen für Singlehaushalte. »Convenience-Food«, »Light-Produkte« und »Wellness-Produkte« entstehen. Diese versprechen eine einfache Zubereitung, unbeschwerten Genuss oder zusätzlichen Nutzen durch bestimmte Inhaltsstoffe (z. B. Fertiggerichte, Diät-Cola und Schokolade mit Vitaminzusätzen).

Dass Maslows Postulate auch heute noch Bezüge zu aktuellen Themen unserer Gesellschaft hervorbringen, zeigt eine Studie von Buck, Germelmann und Eymann (2014). Die Autoren gehen empirisch der Frage nach, ob Werte und Motive Treiber der Smartphone-Nutzungsaktivitäten sind und lehnen sich dabei theoretisch an Maslow an. In zehn Interviews befragen sie Smartphone-Nutzer nach ihren Werthaltungen und damit nach Motiven und Bedürfnissen. Mittels qualitativen Verfahren werden die Werte, Identifikation, Sicherheit, Selbstverwirklichung, Leistung, Zugehörigkeit sowie Freude und Spaß als Auslöser der Smartphone-Nutzung identifiziert. Die Studie ist ein erster Ansatz, zeigt aber doch deutlich die Aktualität von Maslows Bedürfnishierarchie.

2.2 Herzbergs Zwei-Faktoren-Theorie (1959)

Herzberg et al. (1959) revolutionieren die Betrachtung der bis dahin eindimensionalen und statischen Arbeitszufriedenheit (beispielsweise Thorndike, 1917; Hoppock, 1935), indem sie postulieren, dass es Faktoren gäbe, die zu einer positiven Bewertung der Arbeit führen und dass es andererseits Faktoren gäbe, die zu einer negativen Bewertung führen. Es entwickele sich die Zwei-Faktoren-Theorie.

Die Zwei-Faktoren-Theorie zur Beschreibung der Arbeitszufriedenheit stützt sich auf eine empirische Basis. Herzbergs Untersuchungen gehen von der Fragestellung aus, was Menschen von ihrer Arbeit erwarten und welche Einflussgrößen den Grad ihrer Zufriedenheit bzw. Unzufriedenheit bestimmen (Bruggemann et al., 1975). Die Theorie Herzbergs gilt somit als Anreiztheorie (Schuler, 2007). Bei der Entstehung von Arbeitszufriedenheit und Arbeitsunzufriedenheit unterscheidet Herzberg zwei Einflussgrößen. Einerseits postuliert er die sog. Inhalts- bzw. Kontentfaktoren. Diese wirken als Motivatoren und führen bei positiver Ausprägung (sprich Vorhandensein) zu Zufriedenheit. Ein Beispiel wäre das Lob von Vorgesetzten. Das Fehlen dieser Faktoren wirkt jedoch neutral, d. h. es führt nicht automatisch zu Unzufriedenheit der Beschäftigten. Andererseits postuliert Herzberg sog. Umwelt- bzw. Kontextfaktoren. Diese beziehen sich im Gegensatz zu den Kontentfaktoren nicht auf den Inhalt der Tätigkeit, sondern auf den Kontext, in dem die Arbeitstätigkeit eingebettet ist. Diese Faktoren wirken als Hygienefaktoren, d. h. das Fehlen dieser Faktoren führt zu Unzufriedenheit. Das Vorhandensein von Hygienefaktoren kann jedoch keine Zufriedenheit erzeugen. Ein Beispiel wäre der Arbeitsstuhl, der zur Erledigung von Computerarbeit benötigt wird. Ist er vorhanden, steigert das nicht die Zufriedenheit. Fehlt dieser jedoch, führt das zu Unzufriedenheit.

Eine beispielhafte Auswahl von Kontent- und Kontextfaktoren ist in der folgenden Tabelle dargestellt (▶ Tab. 2.1).

Tab. 2.1: Auswahl von Kontent- und Kontextfaktoren nach der Zwei-Faktoren-Theorie Herzbergs

Kontentfaktoren (Motivatoren)	Kontextfaktoren (Hygienefaktoren)
Tätigkeitsinhalte Leistungsmöglichkeit Leistungsanerkennung Möglichkeit zur Weiterentwicklung Möglichkeit zur Verantwortungsübernahme	Gehaltszahlung (regelmäßig, pünktlich) Urlaub (gesetzlich) Nicht krankmachende Arbeitsbedingungen Arbeitsmittel (funktionsfähig und vorhanden) Infrastruktur

2.2.1 Übertragung auf die Arbeitswelt

Im Gegensatz zu den traditionellen, eindimensionalen Zufriedenheitstheorien beschreibt Herzberg die Auswirkung der Kontent- und Kontextfaktoren auf die Zufriedenheit und die Unzufriedenheit in Bezug auf die Arbeit zweidimensional (▶ Abb. 2.2).

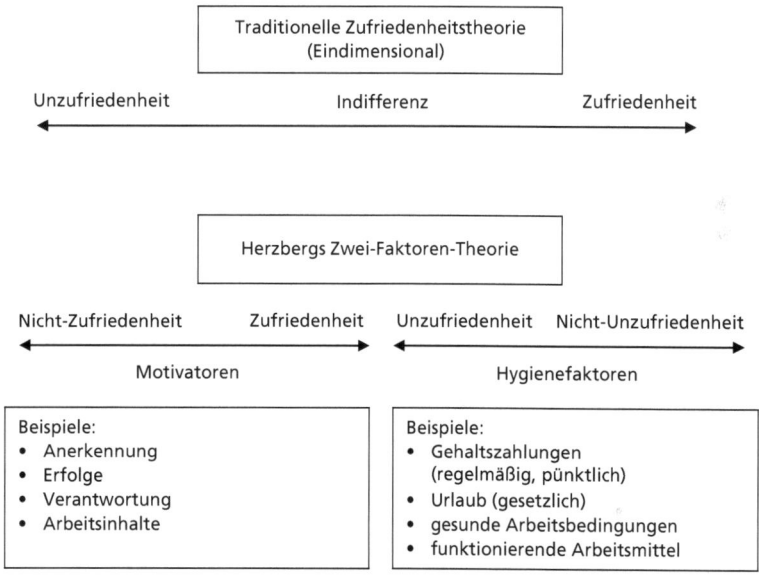

Abb. 2.2: Entstehung von Arbeits(un)zufriedenheit gemäß eindimensionalen Modellen und deren Gegenüberstellung zu den Wirkungsrichtungen von Kontext- und Kontentfaktoren

Die Zwei-Faktoren-Theorie von Herzberg überzeugt durch ihre praktische Bedeutsamkeit. Die Kernaussagen der Theorie – insbesondere die Betonung der Bedeutung der Tätigkeit selbst – entsprechen den Grundannahmen der Humanisierungsdebatte (Gaugler, Kolb & Ling, 1977, zitiert nach von Rosenstiel, 2007) und nach wie vor den aktuellen Kriterien psychologischer Arbeitsgestaltung.

2.2.2 Bewertung der Theorie

Die Theorie Herzbergs wird vielfach kritisiert. Als weitreichendste Kritik lässt sich die Kritik Kings et al. (1970, zitiert nach von Rosenstiel, 2007) nennen. Dieser zeigt auf, dass sich aufgrund der lückenhaften Formulierung von Herzberg eigentlich insgesamt fünf Theorien ableiten lassen:

1. Sämtliche Motivatoren tragen mehr zur Zufriedenheit als zur Unzufriedenheit bei, während die Hygienefaktoren insgesamt mehr zur Unzufriedenheit als zur Zufriedenheit beitragen.
2. Betrachtet man alle Motivatoren gemeinsam, tragen diese mehr zur Zufriedenheit bei, als alle Hygienefaktoren gemeinsam; ebenso tragen alle Hygienefaktoren zusammen mehr zur Unzufriedenheit bei als alle Motivatoren zusammen.
3. Ausschließlich Motivatoren erzeugen Zufriedenheit, während Hygienefaktoren ausschließlich Unzufriedenheit erzeugen.
4. Jeder Motivator als einzelner Faktor trägt mehr zur Zufriedenheit bei, als alle Hygienefaktoren zusammen; ebenso trägt jeder einzelne Hygienefaktor mehr zur Unzufriedenheit als zur Zufriedenheit bei.
5. Jeder Motivator trägt mehr zur Zufriedenheit bei als irgendein beliebiger Hygienefaktor; jeder Hygienefaktor trägt mehr zur Unzufriedenheit bei als irgendein Motivator (diese Theorie ist in Zusammenhang mit der 4. Theorie zu betrachten).

Auch die Methode der empirischen Untersuchungen Herzbergs wird vielfach kritisiert. Herzbergs Befragungsmethode beinhaltet die Auskunft über vergangene Ereignisse. Hierbei sind Verzerrungen durch Fehlattributionen zu erwarten. Im Sinne der Attributionstheorie könnten Zufriedenheitsaspekte mit der eigenen Person und der unmittelbaren Arbeitstätigkeit (interne Attribution) in Verbindung gebracht werden, während Aspekte der Unzufriedenheit auf die weitere Arbeitsumgebung bezogen werden (externe Attribution). Die Aufteilung der Einflussfaktoren in Hygienefaktoren und Motivatoren zeigt sich nur, wenn die Methode von Herzberg angewendet wird (Schuler, 2007).

In Bezug auf die Testkonstruktion zeigen sich ebenfalls Kritikpunkte: Die Auswertungskategorien der Interviews von Herzberg sind inkonsistent und überlappen einander und die Zuordnung von Items zu den Kategorien »*Motivator*« und »*Hygienefaktor*« ist teilweise nicht nachvollziehbar. Beispielsweise zeigen sich in der ersten Studie von Herzberg et al. (1959), dass der Faktor Gehalt zu Zufriedenheit führen kann aber auch zu Unzufriedenheit. Die Probanden werden auch danach befragt, wie lange das Gefühl anhält und es zeigt sich, dass die Dauer der Unzufriedenheit mit dem Faktor Gehalt deutlich länger ist als die Dauer der Zufriedenheit. Allein dies lässt eine dauerhafte Zuordnung dieses Faktors zu »Motivator« oder »Hygienefaktor« nicht zu.

Der Erklärungsgehalt von Herzbergs Theorie ist somit begrenzt. Die Theorie regt dazu an, bei der Betrachtung von Arbeitszufriedenheit und damit verbundenen Interventionsmaßnahmen nicht nur die Inhalte der Arbeitstätigkeit zu berücksichtigen, sondern auch das Arbeitsumfeld in die Betrachtung mit einzubeziehen und hat damit starken Einfluss auf die folgenden, noch heute andauernden, Diskussionen zur Herstellung und Aufrechterhaltung von Arbeitszufriedenheit genommen.

Ein weiterer Vorteil dieser Theorie ist die neue Art der Betrachtung von Arbeitszufriedenheit als zweidimensionales Konstrukt. Herzberg beschreibt Arbeitszufriedenheit nicht als »*hoch*« versus »*niedrig*«, sondern als zwei Ausprägungen auf den Dimensionen Zufriedenheit und Unzufriedenheit und lässt damit sehr viel mehr Interpretations- und Gestaltungsspielraum zu, als dies eindimensionale Betrachtungen ermöglichen.

2.3 Hackmans und Oldhams Job Characteristics Model (1975)

Ein Modell, auf das häufig im Rahmen von Arbeitsstrukturierungsmaßnahmen zurückgegriffen wird, ist das »*Job Characteristics Model*« von Hackman und Oldham (1975, zitiert nach Nerdinger, 1995). Nach diesem Modell ist die Entstehung von intrinsischer Motivation, hoher Arbeitszufriedenheit, qualitativ hochwertiger Arbeitsleistung sowie niedriger Abwesenheit und Fluktuation an die Ausführung der Arbeitsaufgabe bzw. Arbeitstätigkeit gebunden. Ausgangspunkt der Theorie ist das Motivationspotenzial der Aufgabe. Die Wahrnehmung dieser Aufgabe durch den Beschäftigten muss drei Grundbedingungen erfüllen:

1. Erlebte Bedeutsamkeit der eigenen Aufgabe
2. Erlebte Verantwortung für die Ergebnisse der eigenen Arbeit
3. Wissen über die aktuellen Resultate der eigenen Arbeit, besonders über die Qualität der Ergebnisse

Nach Hackman und Oldham sind diese psychologischen Erlebniszustände die Folge von fünf Merkmalen der Arbeitstätigkeit:

1. Anforderungsvielfalt der Arbeitsaufgabe
2. Ganzheitlichkeit der Aufgabe
3. Bedeutsamkeit der Aufgabe für das Leben und die Arbeit anderer
4. Autonomie im Sinne von Kontroll- und Entscheidungsspielraum
5. Rückmeldung aus der Tätigkeit

Welche Auswirkungen die Aufgabe letztendlich hat, hängt nach Hackman und Oldham von der Person selbst ab. Die Effekte der Aufgabe werden durch die Person moderiert und sind beispielsweise abhängig von dem Bedürfnis nach persönlicher Entfaltung und dem Leistungsmotiv des Individuums. Weiterhin wird angenommen, dass die Merkmale der Arbeitsaufgabe kausal auf die Erlebniszustände einwirken. Die folgende Abbildung zeigt die postulierten kausalen Verknüpfungen innerhalb des Job Characteristics Model (▶ Tab. 2.2).

Tab. 2.2: Job Characteristics Model nach Hackman und Oldham (1975) am Beispiel einer Arbeitnehmerin

Aufgabenmerkmale	Psychologische Erlebniszustände	Auswirkungen der Arbeit
Frau M. ist Lektorin in einem Verlag. Neue Bücher betreut sie vom Beginn der Planungsphase bis hin zum Erscheinen	Frau M.:»Meine Arbeit macht mir großen Spaß und ich durfte schon mit vielen tollen Autorinnen und Autoren	Frau M. ist sehr zufrieden mit ihrem Job (*Arbeitszufriedenheit*). Auch nach vielen Jahren fährt sie morgens gerne in

2.3 Hackmans und Oldhams Job Characteristics Model (1975)

Tab. 2.2: Job Characteristics Model nach Hackman und Oldham (1975) am Beispiel einer Arbeitnehmerin – Fortsetzung

Aufgabenmerkmale	Psychologische Erlebniszustände	Auswirkungen der Arbeit
(*Ganzheitlichkeit der Aufgabe*), wobei ihre Aufgaben insgesamt vielfältig und abwechslungsreich sind (*Anforderungsvielfalt*). In ihren Verantwortungsbereich fällt auch die Weiterentwicklung des gesamten Programms, wozu u. a. die Akquise neuer Autoren gehört. Hier hat Frau M. ein gutes Händchen und konnte schon einige »Bestseller-Autoren« für den Verlag gewinnen (*Bedeutsamkeit der Aufgabe*). Ihre Vorgesetzten vertrauen voll und ganz auf ihre Expertise und lassen ihr jegliche Entscheidungsfreiheit und großen Handlungsspielraum im Hinblick auf neue Projekte (*Autonomie*). Das hat sich mit Blick auf die erfolgreichen Autoren, deren Bücher sich sehr gut verkaufen und dem Verlag dadurch hohe Umsätze einbringen, oft genug bezahlt gemacht (*Rückmeldung aus der Aufgabenerfüllung*).	zusammenarbeiten (*erlebte Bedeutsamkeit der eigenen Arbeitstätigkeit*). Besonders schätze ich den hohe Grad an Verantwortung. Jedes Projekt bringt neue Herausforderungen und ich muss viele Entscheidungen treffen, von denen auch andere am Projekt Beteiligte abhängen (*erlebte Verantwortung für die Ergebnisse der eigenen Tätigkeit*). Mein letztes Projekt hat es direkt nach Erscheinen auf die Bestsellerliste geschafft und wir mussten direkt nachdrucken – das ist schon ein tolles Gefühl (*Wissen über die aktuellen Resultate, vor allem über die Qualität der eigenen Arbeit*)!«	den Verlag und schiebt Aufgaben ungern vor sich her (*intrinsische Motivation*). Krank ist sie selten; eine Rückkehr in den Verlag nach ihrer Babypause vor einigen Jahren stand für sie außer Frage (auch aufgrund der guten Zusammenarbeit mit den langjährigen Kolleginnen) (*niedrige Abwesenheit/ Fluktuation*). Die Qualität von Frau M.'s Arbeit ist hervorragend: Autoren arbeiten gerne mit ihr zusammen, weil sie sehr sorgfältig arbeitet und gute Anregungen gibt. Ihre Vorgesetzten freuen sich über die guten Zahlen (*hohe Qualität der Arbeitsleitung*).

2.3.1 Übertragung auf die Arbeitswelt

Nach von Rosenstiel (2007) müssen in der praktischen Umsetzung der Theorie bei der Arbeitsgestaltung die fünf Aspekte der Aufgabenmerkmale verbessert werden. Hierbei ist jedoch zu beachten, dass aufgrund der postulierten additiven Aspekte der Komponenten »Vielseitigkeit«, »Ganzheitlichkeit« und »Bedeutung der Tätigkeit« nur zum Teil Kompensationsmöglichkeiten bestehen. Fried und Ferris (1987, zitiert nach Schuler, 2007) zeigen in einer Metaanalyse einen Zusammenhang von $r = .74$ zwischen dem Motivationspotenzial (additive Ermittlung) und Arbeitszufriedenheit.

2.3.2 Bewertung der Theorie

Die Aussagekraft und Anwendbarkeit des Konzepts ist zwischenzeitlich empirisch nachgewiesen (Oldham et al., 1996, zitiert nach von Rosenstiel, 2007). Wird das Motivationspotenzial positiv eingestuft, verbessern sich Arbeitszufriedenheit und Leistung sowie Fehlzeiten- und Fluktuationsraten.

2.4 Affective Events Theory (AET) nach Weiss und Cropanzano (1996)

Weiss und Cropanzano liefern 1996 eine Theorie, die Arbeitszufriedenheit in einen komplexen Zusammenhang zu kognitiven und affektiven Komponenten stellt (► Abb. 2.3). Sie beschreiben, dass Arbeitszufriedenheit emotionale *und* kognitive Aspekte beinhaltet. Arbeitszufriedenheit ist demnach auf der einen Seite eine Ursache für emotionale und affektive Ereignisse und wird andererseits durch verschiedene Variablen mitbestimmt. Als Einflussfaktoren gelten Persönlichkeitsdispositionen und Bewertungen der Person hinsichtlich der Besonderheiten der Arbeit (im Vergleich mit bestehenden, herangezogenen Standards), welche die kogni-

2.4 Affective Events Theory (AET) nach Weiss und Cropanzano (1996)

tive Komponente der Arbeitszufriedenheit darstellen. Typisch für die Messung von Einstellungen werden hier auch situative Faktoren, die zum Zeitpunkt der Messung bestehen, mit einbezogen. Diese nehmen Einfluss auf den Prozess der Informationsverarbeitung und somit auf die kognitive Komponente der Beurteilung.

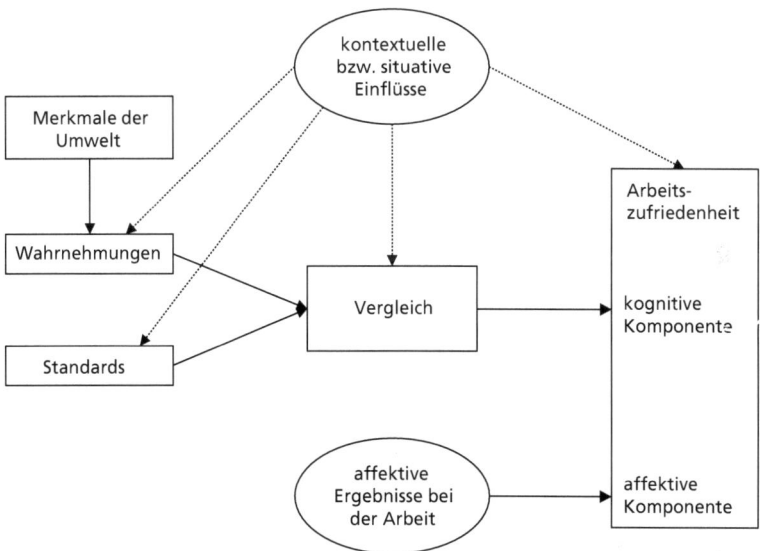

Abb. 2.3: Entstehung von Arbeitszufriedenheit basierend auf affektiven Erlebnissen der Arbeit und deren Beurteilung durch Beschäftigte (aus: Wegge & van Dick, 2006, S. 18; mit freundlicher Genehmigung des Hogrefe Verlags)

Die Theorie von Weiss und Cropanzano (1996) unterscheidet zwischen den Folgen erlebter affektiver Ereignisse und deren Konsequenz auf das Verhalten. Diese kann einerseits affektiv basiert sein und ist damit nicht urteilsbasiert sondern eher auf Emotionen und Stimmungen ausgerichtet (ein Beispiel: Obwohl ein Beschäftigter sich bereits entschieden hat, aufgrund sehr negativer Arbeitszufriedenheit das Unternehmen zu verlassen, kann er beispielsweise noch der Kollegenschaft behilflich sein). Die

Theorie weist aber auch Verhaltensweisen aufgrund affektiver Erlebnisse auf, welche die Einstellung zur Arbeit (die Arbeitszufriedenheit) verändern und damit ein Verhalten hervorbringen, welches urteilsbasiert ist. Hierzu würde nun beispielsweise die Entscheidung des Beschäftigtes zählen, das Unternehmen tatsächlich und aktiv und bewusst zu verlassen.

Das bedeutet, das kognitiv-basierte Verhaltensweisen das Ergebnis bewusster Entscheidungen der Beschäftigten sind. Diese werden über die Einstellung der Person zu ihrer Arbeit (die sich z. B. in der Arbeitszufriedenheit niederschlägt) vermitteln und beeinflussen über die Einstellungen das Verhalten. Die affektiv-basierten Verhaltensweisen andererseits sind direkt beeinflusst durch Emotionserlebnisse bei der Arbeit. Dieses Verhalten ist also über die Messung der Arbeitszufriedenheit nicht angemessen repräsentiert, da die Konstrukte als voneinander unabhängig gelten.

Weiss und Cropanzano (1996) zeigen auf, dass Affekte und Urteilsprozesse unterschiedliche Varianzanteile der Arbeitszufriedenheit aufklären. Emotionen und Urteilsprozesse bilden ein Zusammenspiel u. a. deshalb, da bei der Entstehung von Emotionen viele kognitive Prozesse beteiligt sind und auch umgekehrt. Jedoch ist es möglich, die Konstrukte voneinander getrennt als Einflussfaktoren auf das Arbeitszufriedenheitsurteil zu betrachten. Wegge und Van Dick (2006) erklären, dass durch die Trennung der beiden Konstrukte mehr Informationen über die Arbeit von Menschen erlangt werden können.

2.4.1 Übertragung auf die Arbeitswelt

Es liegen empirische Resultate vor, die die Annahmen von Weiss und Cropanzano bestätigen. Als Beispiel sind die Arbeiten von van Katwyk, Fox, Spector und Kelloway (2000), Fisher (2000) sowie Ilies und Judge (2002) zu nennen. Van Katwyk et al. (2000) zeigen signifikante Korrelationen zwischen der allgemeinen Arbeitszufriedenheit und verschiedenen Emotionstypen, z. B. $r = .56$ für stark erregende, positive Emotionen (z. B. Enthusiasmus), $r = .65$ für wenig erregende, positive Emotionen (z. B. Gelassenheit), $r = -.52$ für stark erregende, negative Emotionserlebnisse (z. B. Wut) und $r = -.65$ für wenig erregende, negative Emotionserlebnisse (z. B. Langeweile). Illies und Judge (2002) zeigen, dass 30 % der intraindividuellen Varianz in Bezug auf die Wahrnehmung der Arbeitszufriedenheit durch Unterschiede in den aktuellen Stimmungen erklärt werden können. Dass sowohl Persönlichkeitsdispositionen als auch Merkmale der Arbeit Einfluss auf Arbeitszufriedenheit haben, konnten ebenfalls zahlreiche Studien feststellen (beispielsweise Blau, 1999 oder Dormann & Zapf, 2001).

2.4.2 Bewertung der Theorie

Die Affective Events Theory bezieht dispositionale Faktoren ein. Diese moderieren einerseits das affektive Erleben von beruflichen Ereignissen, andererseits haben Dispositionen einen direkten Zusammenhang zu affektiven Erlebnissen. Daneben jedoch bildet die Theorie ebenfalls einen Soll-Istwert-Vergleich ab, nämlich zwischen den Merkmalen der Arbeit und Standards. Somit postuliert das Modell einen umfangreichen Rahmen der Entstehung und Aufrechterhaltung von Arbeitszufriedenheit basierend auf Merkmalen der Arbeit, Persönlichkeitsdispositionen und kontextuellen Einflüssen. Eine solche vielschichtige Betrachtung von Arbeitszufriedenheit ist für die Wissenschaft von unschätzbarem Wert. Dass die Theorie auch für die betriebliche Praxis essenzielle Erkenntnisse liefern kann, ist noch zu beweisen. Als Denkanstoß wird die Theorie in einigen Veröffentlichungen verwendet, zur detaillierteren Betrachtung von Arbeitszufriedenheit gibt es jedoch nur wenige Bezüge.

2.5 Zürcher Modell der Arbeitszufriedenheit und Zurich Model Revisited (1974/2009)

Eines der am meisten beachteten und diskutierten Modelle der Arbeitszufriedenheitsforschung im deutschsprachigem Raum ist das Zürcher Modell von Bruggemann (Bruggemann, 1976; Baumgartner & Udris, 2006), welches von Büssing und Ferreira erweitert und empirisch gestützt wird (Büssing, 1992; Ferreira, 2009). Bruggemann hat mit ihrem Modell explizit

2 Modelle und Theorien der Arbeitszufriedenheit

die Person-Umwelt-Beziehung und die dynamisch-prozessuale Perspektive in den Begriff der Arbeitszufriedenheit einbezogen. Dadurch ermöglicht das Zürcher Modell erstmals, Arbeitszufriedenheit nicht nur quantitativ, sondern auch qualitativ zu erheben.

Die Entstehung des Modells geht auf die Diskussion um die Lebensqualität und damit die Qualität des Arbeitslebens zurück. Arbeitszufriedenheit gilt als Merkmal der Qualität des Arbeitslebens und damit als Kriterium für die subjektiv erlebte Befindlichkeit (Bruggemann, 1974). Sie definiert Arbeitszufriedenheit als »*allgemeine und generalisierende Einstellung zum Arbeitsverhältnis hinsichtlich der Alternativen »zufrieden – unzufrieden*« und beschreibt eine Einstellung »*gegenüber dem Arbeitsverhältnis, das sich auf Zufriedenheits- und Unzufriedenheitsausprägungen bezieht*« (Bruggemann, 1974, S. 47). Sehr deutlich wird hierbei der Einfluss von Herzberg (1959, ▶ Kap. 2.2).

Mit dem Zürcher Modell wird der Kritik an Umfragen zur Arbeitszufriedenheit Rechnung getragen, die sich jeweils nur mit der Registrierung eines Zustandes begnügen, und das Zustandekommen eben dieses Zustandes nicht hinterfragen (Neuberger & Allerbeck, 1978). Dadurch bleiben zahlreiche Erklärungsmöglichkeiten und damit auch arbeitspsychologische und -wissenschaftliche Gestaltungsmöglichkeiten außer Acht und der Nutzung vorenthalten.

Bruggemann et al. (1975) leiten aus einer Theorie der Motivationsdynamik und des Konstrukts der individuellen Erlebnisverarbeitungsprozesse ein dynamisches Modell der Arbeitszufriedenheit ab. Das Modell bildet unterschiedliche Phasen (Prozesse), sog. Kernvariablen (KV) ab, deren Kombinationen zu unterschiedlichen Formen der Arbeitszufriedenheit führen. Diese Phasen bzw. Kernvariablen sind in der ursprünglichen Version a) der Soll-Ist-Vergleich zwischen den Bedürfnissen und Erwartungen und den Arbeitssituationsmerkmalen b) das Anspruchsniveau und c) das Problemlöseverhalten (Baumgartner & Udris, 2006). In diesem ersten Modell (▶ Abb. 2.4) sind demnach drei Prozesse zentral für die Entstehung des Arbeitszufriedenheitsurteils (Bruggemann et al., 1975):

1. Die Befriedigung von Bedürfnissen und Erwartungen zu einem speziellen Zeitpunkt, also der *Soll-Istwert-Vergleich*,
2. die daraus resultierende Erhöhung, Senkung oder Aufrechterhaltung des *Anspruchsniveaus* der Person,

2.5 Zürcher Modell der Arbeitszufriedenheit und Zurich Model Revisited

3. der Umgang mit den durch Nicht-Befriedigung der Bedürfnisse entstehenden Problemen, z. B. Fixierung auf das Problem, *Problemlösungsversuche* oder Verdrängung.

Aufgrund empirischer Studien und definitorischer Betrachtungen postuliert Bruggemann insgesamt sechs verschiedene Typen von Arbeitszufriedenheit bzw. -unzufriedenheit. Zu Beginn des Entstehungsprozesses steht der *Soll-Istwert-Vergleich*, bei dem die Person die Merkmale der Arbeitssituation zu ihren Erwartungen und Bedürfnissen an die Arbeit in Beziehung setzt. Dieser Vergleich findet »*mehr oder weniger bewusst*« statt (Bruggemann et al., 1975, S. 132) und führt zu einem Urteil auf der Skala »*befriedigend-unbefriedigend*«, bzw. »*zufrieden-unzufrieden*«.

Ergänzend dazu konstatieren Bruggemann et al. (1975), dass die Einstellung der Person zum gegebenen Arbeitsverhältnis positiv ansteigt, »*je mehr positive und je weniger negative Erwartungen bestätigt werden, je vollkommener darüber hinaus bewusste, aber noch nicht in konkrete Erwartungen einbezogene Bedürfnisse befriedigt werden können und je besser wiederum darüber hinaus latente, noch nicht bewusst erlebte Bedürfnisse Berücksichtigung finden*« (S. 128).

Fällt der *Soll-Istwert-Vergleich* positiv aus, so ergibt sich eine *stabilisierende Zufriedenheit*, die nach Bruggemann et al. (1975) durch einen Zustand der Entlastung gekennzeichnet ist. Im Falle eines negativen Vergleichs tritt eine Phase der *diffusen Unzufriedenheit* ein. Diese führt zu einer Destabilisierung und die Person sieht sich einer Problemsituation gegenüber (Bruggemann, 1976).

Der Grund für diese von der Modellkonstruktion her angenommene Destabilisierung liegt in der dem »*Homöostasemodell verpflichteten Konzeption*« (Neuberger & Allerbeck, 1978, S. 170, siehe hierzu auch die Vorarbeiten von Maslow, 1943, ▶ Kap. 2.1). Homöostase ist eine Bezeichnung für das Prinzip, das Organismen gegenüber sich verändernden Lebensbedingungen zeigen, nämlich das Bestreben, ein von ihnen erreichtes Gleichgewicht zu erhalten oder wiederherzustellen. Der Organismus wird bei Normabweichungen zu einem Verhalten aktiviert, mit dem Ziel der Wiederherstellung des Gleichgewichts.

Die weitere Entwicklung des Prozesses der Entstehung von Arbeitszufriedenheit hängt davon ab, ob die Person ihr *Anspruchsniveau* verändert

2 Modelle und Theorien der Arbeitszufriedenheit

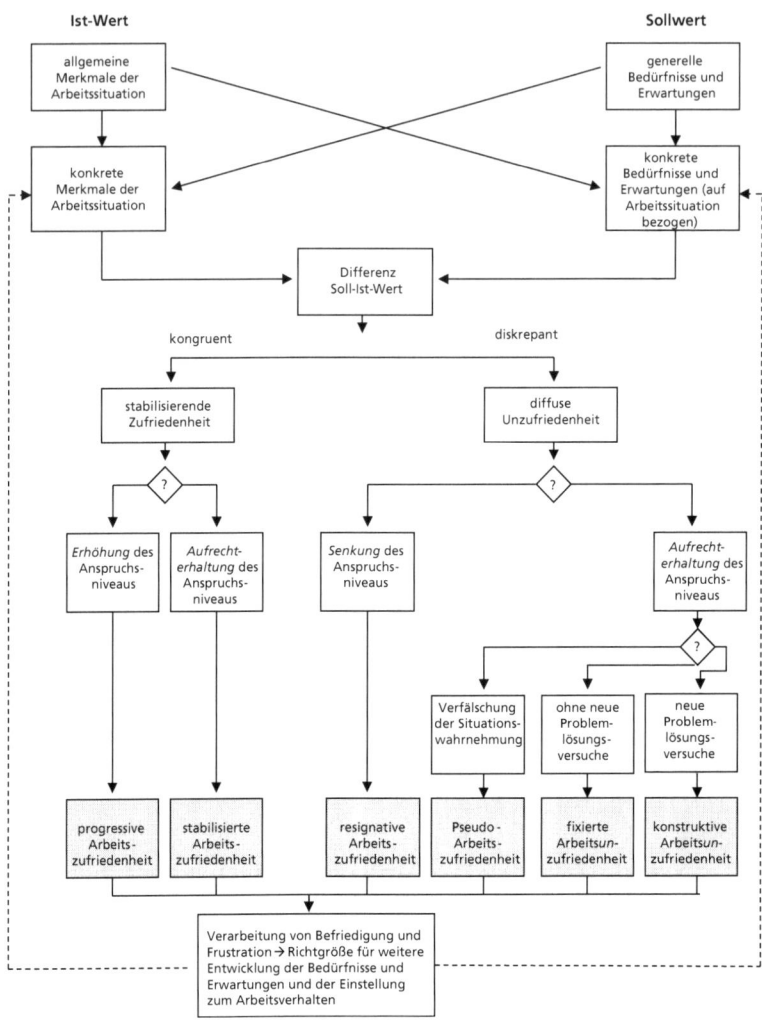

Abb. 2.4: Formen der Arbeitszufriedenheit des Zürcher Modells (aus: Bruggemann et al., 1975, S. 134; mit freundlicher Genehmigung der Hogrefe AG).

2.5 Zürcher Modell der Arbeitszufriedenheit und Zurich Model Revisited

oder konstant hält. Der Begriff *Anspruchsniveau* wird in der Modellbeschreibung durch Bruggemann nicht direkt definiert, wird aber bei der Herleitung des Modells im Zuge der Theorie der Zufriedenheit von Homan (1968, zitiert nach Bruggemann et al., 1975) das erste Mal erwähnt. Demnach ist das Anspruchsniveau eines Individuums oder der von ihm begehrte Betrag »*die Quantität an Belohnung, die nach dem Gesetz der ausgleichenden Gerechtigkeit mit seinen Investitionen in Einklang steht*« (Homan, 1968, zitiert nach Bruggemann et al., 1975, S. 39). Ein Senken des Anspruchsniveaus hat somit auch eine Senkung der eigenen Investitionen zur Folge.

Problemlösungsversuche werden im Modell nicht direkt definiert, Bruggemann spricht jedoch von einer Problemsituation, die entsteht, wenn die von der Person eingesetzten Mittel nicht zum Erfolg führten. Zur Lösung »müssen entweder die früheren Ziele, Ansprüche, Erwartungen aufgegeben oder neue Mittel und Wege zu deren Erfüllung gefunden werden« (S. 130). Bruggemann nimmt mehrfach Bezug auf die von Graumann (1969) getroffene Unterscheidung zwischen einer Problemsituation und einer Frustrationssituation. Das Ausmaß des erlebten Drucks, dem eine Person ausgesetzt ist, erfordert eine unterschiedlich hohe Kraftanstrengung zur Lösung. Sind der »Problemdruck« und der nötige Lösungsaufwand in einem angemessenen Verhältnis zueinander, so wirkt die Situation motivierend und es werden *Problemlösungsversuche* unternommen. Steht der Aufwand außerhalb der konkreten Möglichkeiten der Person, so kommt es zu einer Frustration. Bruggemann et al. (1975) konstatieren »ob eine »rationale« Problembewältigung einsetzt – etwa durch das Aufgeben von Zielen oder durch neue Problemlösungsversuche – hängt von der Frustrationstoleranz des Einzelnen ab« (S. 130).

Das Zürcher Modell und der zur Erhebung der unterschiedlichen Typen entwickelte Arbeitszufriedenheitskurzfragebogen AZK (Bruggemann, 1976) ziehen großes wissenschaftliches Interesse auf sich, geben neue Forschungsimpulse und regen zur Kritik an (z. B. Neuberger & Allerbeck, 1978). Kasten 1 gibt einige exemplarische Kritikpunkte am Modell und dem Fragebogen wider. Detailliertere Darstellungen der einzelnen Kritikpunkte findet man beispielsweise bei Neuberger und Allerbeck (1978), Gawellek (1987) und Baumgartner und Udris (2006).

> **Kasten 1: Exemplarische Kritikpunkte am Zürcher Modell und dessen Umsetzung im Arbeitszufriedenheitskurzfragebogen AZK**
>
> - Kernvariablen nicht ausreichend definiert
> - Prozess der Arbeitszufriedenheit wird durch Querschnitt-Fragebogen nicht berücksichtigt
> - Problemlösungsstrategien und deren Einsatz werden nur unbefriedigend erklärt
> - Arbeitszufriedenheitstyp »Pseudo-Arbeitszufriedenheit« kann nicht operationalisiert werden
> - Das Modell vernachlässigt Bezüge zu relevanten Konzepten
> - Untersuchungen zum Zusammenhang der Arbeitszufriedenheitstypen und anderen Aspekten der Arbeitszufriedenheit fehlen (z. B. Verhältnis zur Führungskraft, Arbeitszeit)
> - AZK operationalisiert die Arbeitszufriedenheitstypen nicht ausreichend
> - Items des AZK sind außerordentlich komplex und mehrdeutig

Büssing (1991) ergänzt das Zürcher Modell durch eine vierte Kernvariable, die wahrgenommene Kontrollierbarkeit (▶ Abb. 2.5). Damit ist gemeint, wie beeinflussbar die Person die Arbeitssituation wahrnimmt. Büssing et al. (1999) argumentieren, dass die *Wahrgenommene Kontrollierbarkeit* der Arbeitssituation grundlegend ist, um die Interaktion zwischen Person und Arbeit zu regulieren und deshalb auch die Entwicklung verschiedener Formen von Arbeitszufriedenheit beeinflusst. Fehlende Kontrolle kann einerseits Ursache von Arbeitsunzufriedenheit sein, andererseits kann Kontrolle aber auch eine Bewältigungsressource sein. »Vorhandene und antizipierte Kontrollmöglichkeiten von Arbeitshandlungen und Bedingungen können somit die Funktion von Copingmechanismen wahrnehmen« (Büssing, 1991, S. 94).

Als Wurzeln der Kernvariablen »Kontrollwahrnehmung« nennen Büssing, Herbig, Bissels und Krüsken (2005) zum einen die Theorie zum Locus of Control nach Rotter (1966), sowie die attributionstheoretischen Modelle von Weiner, Frieze, Kukla, Reed, Rest & Rosenbaum (1971) (zitiert nach

2.5 Zürcher Modell der Arbeitszufriedenheit und Zurich Model Revisited

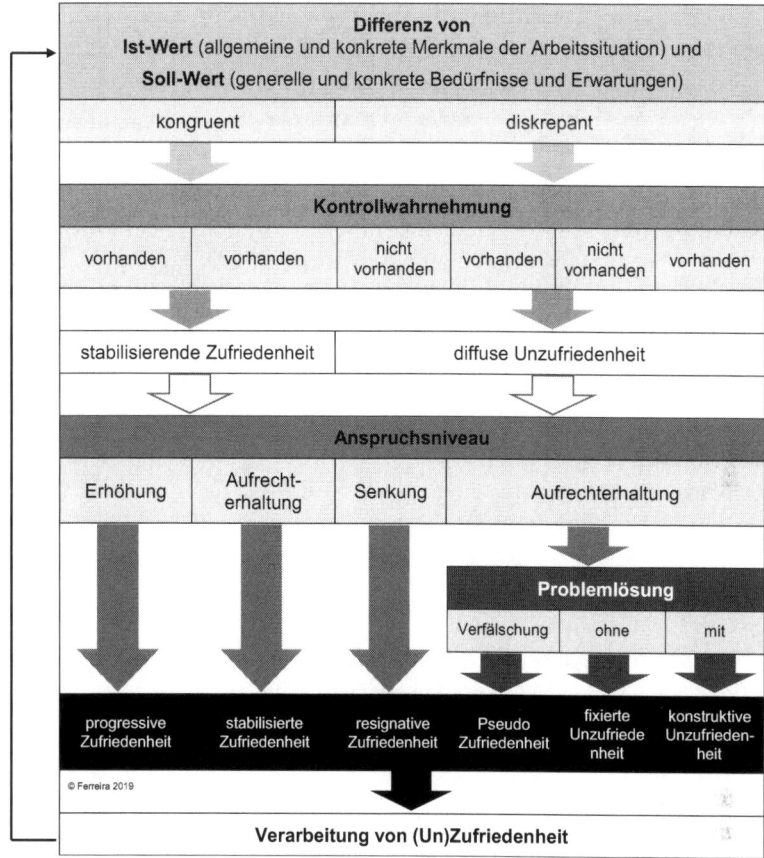

Abb. 2.5: Erweitertes Zürcher Modell der Arbeitszufriedenheit (in Anlehnung an Bruggemann et al., 1975, und Büssing, 1991).

Büssing et al., 2005). Auch das Konzept der gelernten Hilflosigkeit von Seligman (1975) wird genannt, da hier ein »*Zusammenhang zwischen der Wahrnehmung von Kontrollierbarkeit und emotionalen, kognitiven und motivationalen Konsequenzen*« hergestellt wird (Büssing et al., 2005, S. 138). Die einzelnen Kernvariablen sind im Beispiel unten beschrieben (▶ Fallbeispiel: Die Notwendigkeit, das Zürcher Modell zu erweitern).

2 Modelle und Theorien der Arbeitszufriedenheit

2009 erfolgt die Überarbeitung des Zürcher Modells durch Ferreira, um die Forschungen am und mit dem Zürcher Modell zu intensivieren und genannte Kritikpunkte zu reduzieren. Zum einen erfolgt eine Vervollständigung des durch Büssing (1992) erweiterten Zürcher Modell zum ZMR – Zurich Model Revisited sowie eine theoretische Erweiterung. Zum anderen wird ein Fragebogen zur Erhebung der einzelnen Kernvariablen entwickelt und eingesetzt. Die Vorgehensweise wird im Folgenden beschrieben.

Das Zürcher Modell gibt sechs Arbeitszufriedenheitstypen vor, die als Ergebnis der Kombination unterschiedlicher Ausprägungen der Kernvariablen entstehen. Warum ausgerechnet diese Arbeitszufriedenheitstypen im Modell dargestellt sind, und keine denkbar anderen, bleibt offen (Neuberger, 1976). Der von Bruggemann (1976) entwickelte Fragebogen sowie alle weiteren Modifikationen und Erhebungen zum Zürcher Modell ermöglichen lediglich die Identifizierung eben dieser vorgegebenen Arbeitszufriedenheitstypen. Sie ermöglichen nicht die Identifizierung weiterer Typen, die aufgrund anderer Ausprägungen der Kernvariablen denkbar sind. Warum diese Erweiterung jedoch notwendig ist, zeigt das folgende Fallbeispiel.

Fallbeispiel: Die Notwendigkeit, das Zürcher Modell zu erweitern (▶ Abb. 2.6, Zurich Model Revisited)

Stellen Sie sich folgendes Beispiel vor. Ein deutscher Automobilzulieferer beschäftigt einen Werksleiter, der sich als stabilisiert arbeitszufrieden im Sinne des Zürcher Modells erweist. Sein Soll-Istwert-Vergleich (▶ Abb. 2.6, Kernvariable 1) zwischen Arbeitssituation und Erwartungen fällt kongruent aus (er erhält am Arbeitsplatz das, was er erwartet), er nimmt Kontrollierbarkeit seiner Arbeitssituation wahr und erhält sein Anspruchsniveau aufrecht (▶ Abb. 2.6, Kernvariable 3). Das Unternehmen wird vollkommen unverschuldet und unbeeinflussbar von der Weltwirtschaftskrise getroffen und muss in einem ersten Schritt die Produktion drosseln und Zeitarbeitskräfte entlassen. In dieser Situation ist es realistisch, dass der zuvor stabilisiert arbeitszufriedene Werksleiter aufgrund des andauernden wahrgenommenen Kontrollverlustes (▶ Abb. 2.6, Kernvariable 2) zu einem anderen Arbeitszufriedenheitstyp wechselt. Dieser jedoch ist im Zürcher Modell gar nicht vorgesehen, da

2.5 Zürcher Modell der Arbeitszufriedenheit und Zurich Model Revisited

hier davon ausgegangen wird, dass ein kongruenter Soll-Istwert-Vergleich immer mit wahrgenommener Kontrollierbarkeit einhergeht, und muss folgerichtig ergänzt werden, um auch in dieser schwierigen Situation Handlungspotenzial aufzeigen zu können und so u. a. die Ressourcen zu stützen und zu verbessern. Am Problemlösungsverhalten des Werkleiters ändert sich (vorerst) nichts (▶ Abb. 2.6, Kernvariable 4). Nach wie vor versucht er in seinem eigenen Sinne aber auch im Sinne des Unternehmens auftauchende Probleme zu lösen.

Schöpft man die Möglichkeiten aus, die das Zürcher Modell bietet, indem *alle* theoretischen Kombinationen der Kernvariablen gegenübergestellt werden, erhält man 12 kongruente Arbeitszufriedenheitstypen (die das am Arbeitsplatz erhalten, was sie sich erwarten) und gleich viele für den diskrepanten Soll-Istwert-Vergleich. Dass diese Unterscheidung sinnvoll ist, wird bereits durch mehrere empirische Untersuchungen belegt (Neuberger, 1976) und spiegelt sich auch in weiteren empirischen Ergebnissen wider (Ferreira, Suelzenbrueck & Sauer, 2018). Beispielsweise findet man bei wissenschaftlichen Mitarbeitenden häufig Beschäftigte, die ihre momentane Arbeitssituation höher einschätzen, als ihre eigenen Erwartungen. In anderen Bereichen sind Typen dieser Ausprägung seltener anzutreffen, aber doch vereinzelt vorhanden, wie beispielsweise bei dual Studierenden.

Somit sind insgesamt 36 Arbeitszufriedenheitstypen zu postulieren. Das Zurich Model Revisited ist in der folgenden Abbildung dargestellt (▶ Abb. 2.6). Die Kernvariable 1 kann drei Ausprägungen annehmen.

Dass eine derartige Permutation der Kernvariablen zu psychologisch sinnvollen aber bisher unberücksichtigt gebliebenen Arbeitszufriedenheitstypen führt, soll im Folgenden exemplarisch diskutiert werden.

Personen mit einem diskrepanten Soll-Istwert-Vergleich haben im Zürcher Modell lediglich die Optionen, das *Anspruchsniveau* zu senken oder es aufrecht zu erhalten. Neuberger (1976) verweist hier auf die Zielsetzung unter Misserfolgsbedingungen bei Misserfolgsmotivierten und gibt zu bedenken, dass diese Personengruppe auch das Anspruchsniveau *erhöhen* kann.

Es kann sich die Frage ergeben, ob die Kernvariable *Problemlösung* bei kongruentem Arbeitserleben und hoher perzipierter Kontrolle (stabilisiert Zufriedene) überhaupt Relevanz besitzt. Problemlösungsversuche sind

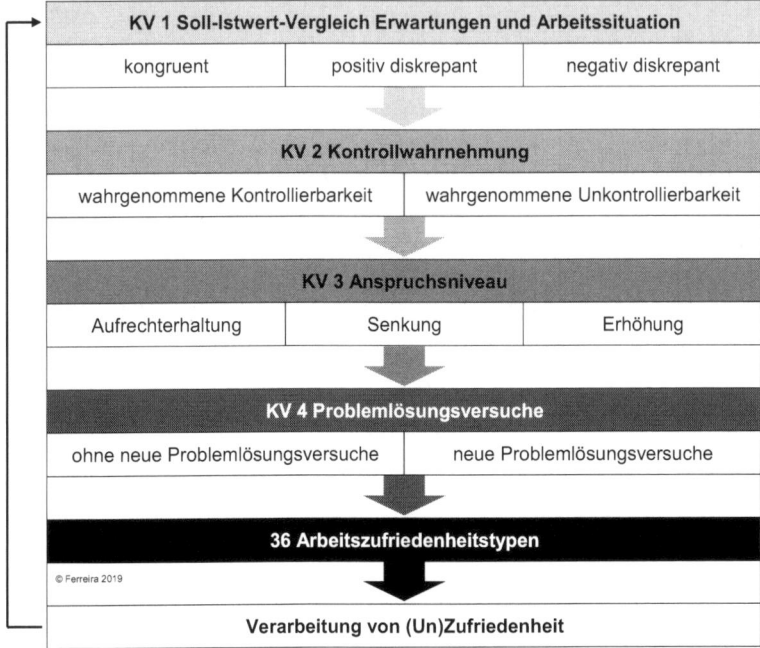

Abb. 2.6: Zurich Model Revisited (KV = Kernvariabe)

immer mit (teilweise neu definierten) Zielen verbunden, die erreicht werden sollen. Bei Problemlösungen handelt es sich um eine bewusste Veränderung und Anwendung von Wissen, um ein Ziel zu erreichen. Der Handelnde kann bei Problemlösungen neue Wege finden, die er durch Kombination oder Modifikation bekannter Pläne erreichen kann oder aber er kann auf bekannte Strategien zurückgreifen, denn allein schon eine passende Strategie zu identifizieren und anzuwenden, ist Problemlösung.

Da das Zürcher Modell Problemlösungsversuche ausschließlich bei diskrepanten Soll-Istwert-Vergleichen thematisiert, mag es unverständlich sein, warum die hier vorgenommene Erweiterung auch für kongruente Soll-Istwert-Vergleiche Problemlösungsversuche vorsieht. Das ursprüngliche Zürcher Modell sieht den Begriff der Problemlösung deutlich enger

2.5 Zürcher Modell der Arbeitszufriedenheit und Zurich Model Revisited

gefasst, als dies beim Zurich Model Revisited der Fall ist. Sieht man nur dann eine Notwendigkeit zur Problemlösung, wenn der Betroffene aufgrund eines diskrepanten Soll-Istwert-Vergleichs eine wahrgenommene Diskrepanz beseitigen möchte, dann trägt man dem oben beschriebenen Streben nach Homöostase nicht ausreichend Rechnung. Denn hier wird deutlich gemacht, dass Problemlösung nicht nur dann notwendig ist, wenn ein Ungleichgewicht vorliegt, sondern auch dann, wenn beispielsweise zu lange ein Gleichgewicht vorhanden ist, denn unter permanentem Gleichgewicht kann keine Entwicklung stattfinden, kein Erreichen eines höheren Homöostasezustandes (zur Vertiefung empfiehlt sich Piaget, 1976). Genau deshalb ist es wichtig, auch bei kongruentem Soll-Istwert Problemlösungsverhalten zu zeigen, um neu definierte Ziele erreichen zu können und eine Entwicklung zu initiieren.

Diese neu definierten Ziele können zwar, müssen aber nicht zwangsläufig zur Änderung des Arbeitszufriedenheitstyps führen, sondern in einem ersten Schritt lediglich zu einem (Wieder)erreichen eines neuen, höheren Homöostasezustandes. In der Tat kann ein stabilisiert Zufriedener, der sich (zusätzliche) neue Ziele setzt, beispielsweise in den progressiven Arbeitszufriedenheitstyp wechseln. Häufiger jedoch wird der Fall eintreten, dass ein Mensch erreichte Ziele durch neue Ziele ersetzt, die er dann entsprechend mit Problemlösestrategien bearbeiten muss, um seine persönliche (gesteigerte) Homöostase zu erhalten. In diesem Fall wird sich der Typ nicht ändern, es werden aber dennoch Problemlösestrategien angewendet.

Da die einzelnen Kernvariablen statistisch voneinander unabhängig sind, ist mit neuen Zielsetzungen und damit Vorhandensein von Problemlösestrategien erst einmal nicht unumstößlich eine Veränderung des Anspruchsniveaus verbunden, denn eine Homöostase beinhaltet auch immer das Streben nach (kognitiver und/oder persönlicher) Weiterentwicklung, die nicht unbedingt eine Änderung des Anspruchsniveaus notwendig macht. Dadurch wird auch klar, wieso ohne neue Zielsetzungen sogar eine Reduzierung des Anspruchsniveaus folgen kann. Prinzipiell jedoch *kann* die Neuentwicklung von Zielen zu einer Erhöhung des Anspruchsniveaus führen und auch in einem weiteren Schritt zu veränderten Sollwerten.

Ein weiteres Beispiel für bisher unberücksichtigt gebliebene Arbeitszufriedenheitstypen, die jedoch sinnvoll ergänzt werden können, ist der Sachverhalt, dass in einer Situation, in der eher ein Kontrollverlust vorliegt

(z. B. nach einer erfolgten Degradierung), dennoch eine Steigerung des Anspruchsniveaus denkbar ist. Auf den ersten Blick erscheint nur eine Senkung des Anspruchsniveaus dazu zu führen, dass die Person wieder in einen annähernden Homöostasezustand zurückfindet. Aber auch eine Steigerung des Anspruchsniveaus kann sehr sinnvoll sein, denn hierdurch wird die Soll-Istwert-Diskrepanz weiter erhöht und die Person erlebt einen größeren Druck, diese Diskrepanz zu beenden. Dieser unangenehme Zustand kann die Anstrengungen steigern, die zu einer Reduzierung des Drucks führen sollen. Es ist möglich, dass der reine Kontrollverlust diese Anstrengung nicht initiieren kann und es somit nicht zu einer neuen Zieldefinition oder zu Entscheidungsfindungen kommt. Weiterhin ist es denkbar, dass ein wahrgenommener (unfreiwilliger) Kontrollverlust (ohne Veränderung der anderen Kernvariablen) zu einer Anspruchsniveausteigerung führt, da die Person versuchen könnte, die verlorene Kontrolle wiederherzustellen. Dadurch erhöht sich das Anspruchsniveau im Gegensatz zu dem Zustand, den die Person vor dem Verlust der Kontrolle wahrgenommen hat, denn das Anspruchsniveau umfasst nun auch das Erlangen von Kontrolle.

2.5.1 Übertragung auf die Arbeitswelt

Sowohl beim Zürcher Modell als auch beim Zurich Model Revisited handelt es sich um ein Prozessmodell, das nicht nur den momentanen Zustand der Arbeits(un)zufriedenheit der Belegschaft (oder auch einzelner Beschäftigter) darlegt, sondern durch die Konstruktion der einzelnen Kernvariablen auch deren Beziehungen und auch Veränderungen beispielsweise aufgrund von Interventionen darstellen kann. Damit leistet das Modell große Aufklärungsarbeit in den Betrieben und ermöglicht es, Stellschrauben zur Verbesserung der Arbeitszufriedenheitswerte zu identifizieren.

2.5.2 Bewertung der Theorie

Bisher können 24 der 36 postulierten Arbeitszufriedenheitstypen in der empirischen Praxis nachgewiesen werden. Da die Arbeitszufriedenheitstypen theoretisch konzipiert sind, kann eine Bestätigung aller Typen nicht

2.5 Zürcher Modell der Arbeitszufriedenheit und Zurich Model Revisited

erwartet werden. Betrachtet man jedoch das ursprüngliche Zürcher Modell mit sechs Arbeitszufriedenheitstypen scheinen die zwischenzeitlich bestätigten 24 Typen eine sinnvolle Erweiterung darzustellen.

Zurzeit wird eine Zusammenhangshypothese untersucht zwischen den Kernvariablen Kontrollwahrnehmung bzw. Problemlösungsversuche und psychischen Fehlbelastungen. Sowohl Kontrollwahrnehmung als auch Problemlösungsversuche sind relevante Aspekte der Stressbewältigung und Selbstregulation.

Bisher können Zusammenhänge zwischen Kontrollwahrnehmung und anderen relevanten Aspekten des Arbeitsplatzes nachgewiesen werden, die eine Zusammenhangshypothese zwischen Kontrollwahrnehmung und psychischer Fehlbelastung wahrscheinlich werden lassen (▶ Kasten 2)

Kasten 2: Zusammenhänge zwischen Kontrollwahrnehmung des FEAT und anderen Aspekten des Arbeitsplatzes.

- Personen, die Kontrolle wahrnehmen, fühlen sich durch unangemessene Chancen des beruflichen Fortkommens signifikant weniger belastet als Personen, die keine Kontrolle wahrnehmen.
- Je weniger Kontrolle die Personen wahrnehmen, desto wichtiger ist es ihnen, einen gesicherten Arbeitsplatz zu haben.
- Weiterhin nehmen Personen, die glauben, keine Kontrolle zu haben, häufiger eine erfahrene oder erwartete Verschlechterung ihrer Arbeitssituation wahr und schätzen diese signifikant als belastender ein.
- Personen, die keine Kontrolle wahrnehmen, geben häufiger an, dass die Arbeit in den letzten Jahren mehr geworden ist und sie fühlen sich signifikant belasteter hierdurch.
- Zeitdruck, der aufgrund hohen Arbeitsaufkommens zustande kommt, wird dann signifikant belastender eingeschätzt, wenn die Personen keine Kontrolle wahrnehmen.
- Personen mit Kontrollwahrnehmung geben deutlich häufiger an in schwierigen Situationen am Arbeitsplatz angemessene Unterstützung zu erhalten, wobei sie sich signifikant weniger belastet fühlen, wenn sie keine angemessene Unterstützung erhalten, als Kolleg/-innen, die keine Kontrolle wahrnehmen.

Auch gibt es zwischenzeitlich Forschungsergebnisse zum Zusammenhang zwischen Problemlösungsversuchen und weitern Aspekten des Arbeitsplatzes (▶ Kasten 3).

> **Kasten 3: Zusammenhänge zwischen Problemlösungsversuchen (erhoben mit dem FEAT) und anderen Aspekten des Arbeitsplatzes.**
>
> - Personen mit Problemlösungsversuchen stimmen der Aussage, dass diejenigen, die ihnen am nächsten stehen sagen, sie opferten sich zu sehr für ihren Beruf auf, signifikant weniger zu als Personen ohne Problemlösungsversuchen.
> - Personen mit Problemlösungsversuchen geben seltener an, dass sie in schwierigen Situationen angemessene Unterstützung erhalten und dies belastet sie signifikant mehr als Personen ohne Problemlösungsversuche.
> - Personen ohne Problemlösungsversuche fällt das Abschalten von der Arbeit signifikant schwerer.
> - Die Tätigkeit wird von Personen mit Problemlösungsversuchen als signifikant abwechslungsreicher eingeschätzt.
> - Personen mit Problemlösungsversuchen sind Aufstiegschancen signifikant wichtiger.
> - Genügend Geld zu haben, ist für Personen mit Problemlösungsversuchen signifikant wichtiger als für Personen ohne Problemlösungsversuche.

2.6 Konklusion der Modelle und Theorien

Nicht alle existierenden Modelle und Theorien der Arbeitszufriedenheit können an dieser Stelle dargestellt werden. Die vorgestellten und diskutierten Modelle und Theorien weisen mindestens einzelne Komponenten

2.6 Konklusion der Modelle und Theorien

auf, die verifiziert sind und eine breite Zustimmung in der wissenschaftlichen Community haben.

So liefert Maslows hierarchisches Modell der Bedürfnisbefriedigung (1943) zahlreiche interessante und nahezu unbestrittene Aspekte, deren weitere Berücksichtigung zu einem verbesserten Verständnis der Entstehung und Veränderung von Arbeitszufriedenheit beiträgt.

Der hier fortgeführte Gedanke der Bedürfnisbefriedigung hat eine lange Tradition und ist in der Emotions- und Motivationspsychologie fest verankert. Kurt Lewin beschäftigt sich in seiner Feldtheorie (Lück, 2001) mit Bedürfnissen, die – neben unerledigten Intentionen innerhalb einer Person – zu Spannungen führen. Diese Spannungen drängen auf einen Spannungsausgleich bzw. auf Entspannung. Um dies zu erreichen wird Verhalten initiiert. Solche Spannungen beeinflussen die Valenz eines Objektes und bringen in der Regel Wahrnehmungsvorteile für das angestrebte Objekt mit sich.

Maslow beschreibt Voraussetzungen, um die eigene Bedürfnisbefriedigung zu ermöglichen und geht dabei auf Bedingungen ein, die am Arbeitsplatz ebenso Voraussetzung für den Abbau von Spannungen sind wie im Privatleben. Maslow beschreibt die Notwendigkeit, dass Individuen die Freiheit haben müssen, sich ungehindert zu äußern. Dazu zählen die Redefreiheit und auch die Möglichkeit, sich anderem angemessenen Ausdrucksverhalten bedienen zu können. Auch postuliert Maslow, dass eine Freiheit des Handelns vorhanden sein muss, allerdings nur in dem Maße, dass ein Schaden für andere ausgeschlossen werden kann. Dazu gehört in erster Linie die Möglichkeit, sich ungehindert Informationen zu verschaffen und das Recht und die Möglichkeit, sich zu verteidigen. Somit ist einerseits die *Valenz* eines Objektes relevant, denn diese bestimmt die entstehende Spannung, sowie die Tatsache, dass auch am *Arbeitsplatz Bedürfnisse* bestehen und diese nach Befriedigung streben, um Spannungsabbau zu ermöglichen.

Spannungsabbau dient der Wiederherstellung eines Gleichgewichtszustandes, der Homöostase, die hergestellt werden muss, um weitere, höhere Bedürfnisse in Maslows Bedürfnishierarchie anzustreben. Viele dieser höheren Bedürfnisse sind eng mit dem Arbeitsplatz verknüpft, wie beispielsweise das Bedürfnis nach Sicherheit, was sich auch in dem Bedürfnis nach einem sicheren Arbeitsplatz widerspiegelt oder aber das

Bedürfnis nach Zugehörigkeit und Liebe, welches durch Gruppenzugehörigkeit befriedigt werden kann.

Das Streben nach Selbstverwirklichung, als höchste Bedürfnisebene, ist interindividuell unterschiedlich ausgeprägt; kann ein Mensch Selbstverwirklichung am Arbeitsplatz erreichen, wird er diese anstreben. Gelingt es ihm nicht, muss das Bedürfnis anderweitig befriedigt werden oder bleibt unerfüllt. Da der Wunsch nach Selbstverwirklichung bei Maslow mittels eines optimalen Einsatzes der eigenen Möglichkeiten und Fähigkeiten einhergeht, ist es als gewinnbringend zu betrachten, Beschäftigten diese Möglichkeit am Arbeitsplatz zu verschaffen. Damit betont Maslow die Relevanz der *Homöostase*.

Die größte Kritik (wie unter Kapitel 0 als unangemessen dargestellt) an Maslows Theorie ist die Darstellung der Bedürfnisse in einer Stufenhierarchie und somit impliziert wird, dass Bedürfnisse stufenweise nach Befriedigung streben, und auch ein gewisser Erfüllungsgrad vorliegen muss, bevor die nächste Stufe erreicht wird. Eine solche Betrachtungsweise kann empirisch nicht bestätigt werden und ist auch relativ einfach zu falsifizieren, sobald man sich verdeutlicht, dass bestimmte Bedürfnisse nie (vollständig oder überdauernd) befriedigt sind, die dann verhindern würden, dass die nächst höhere Stufe angestrebt wird. Es bleibt zu schlussfolgern, dass ein Stufenmodell zur Betrachtung von Arbeitszufriedenheit nicht sinnvoll ist, sondern vielmehr ein *Regelkreis*, der einerseits keinen Anfang und kein Ende postuliert und andererseits verschiedene Stellfunktionen vorsieht. Ein Regelkreis dient im menschlichen Organismus zur Aufrechterhaltung der Homöostase, indem ein Sollwert mit einem tatsächlichen Istwert verglichen und angepasst wird (Birbaumer & Schmidt, 2006).

Die Zwei-Faktoren-Theorie von Herzberg (1957) bietet andere Aspekte der Arbeitszufriedenheit an, indem sie postuliert, dass Verhalten nicht aufgrund wahrgenommener Spannungszustände durch nicht befriedigte Bedürfnisse entsteht, sondern dass Verhalten initiiert wird, da ein Zielzustand antizipiert wird. Dieser Zielzustand kann sowohl erwünscht als auch unerwünscht sein und determiniert dadurch das gezeigte Verhalten (Annäherungs- vs. Vermeidungsmotivation). Es handelt sich somit um eine Anreiztheorie (Heckhausen & Heckhausen, 2010). Herzberg beschreibt Kontentfaktoren, die zu Zufriedenheit führen und Kontextfakto-

2.6 Konklusion der Modelle und Theorien

ren (Hygienefaktoren), deren Fehlen zu Unzufriedenheit führt (jedoch nicht zu Zufriedenheit bei Vorhandensein).

Die postulierten Kontent- und Kontextfaktoren können in ihrer Komplexität empirisch nicht eindeutig nachgewiesen werden, jedoch ist die abgebildete *Mehrdimensionalität* der Arbeits(un)zufriedenheit eine vielversprechende und bisher nicht wiederlegte Herangehensweise an das Konzept der Arbeitszufriedenheit. Arbeitszufriedenheit ist demnach nicht eine Kenngröße, die (gemessen als hoch oder niedrig ausgeprägt) einen Aussagewert hat, sondern vielmehr ein Zusammenspiel verschiedener (gewichteter) Aspekte, wie auch in anderen Konzepten der psychologischen Diagnostik.

Besonderes Potenzial bietet Herzbergs Theorie dadurch, dass nicht nur die *Arbeitstätigkeit*, sondern das *Arbeitsumfeld* in die Beurteilung einbezogen wird.

Hackman und Oldham (1975) vertreten mit dem Job Characteristics Model einen Ansatz, nachdem hohe Arbeitszufriedenheit erreicht wird, wenn Anforderungsvielfalt der Arbeitsaufgabe vorliegt, eine Ganzheitlichkeit der Aufgabe zu erkennen ist und die Aufgabe eine Bedeutsamkeit besitzt. Autonomie und Rückmeldung aus der Aufgabenerfüllung führen über das Bedürfnis nach persönlicher Entfaltung zu hoher Arbeitszufriedenheit (verbunden mit hoher intrinsischer Motivation und Qualität der Arbeitsleistung sowie niedriger Abwesenheit und Fluktuation). Das Bedürfnis nach persönlicher Entfaltung zeigt einen deutlichen Brückenschlag zu Maslows Bedürfnishierarchie (▶ Kap. 2.1), während die Tatsache, dass die Tätigkeit selbst zu hoher Zufriedenheit führen kann, deutliche Parallelen zu Herzbergs Zwei-Faktoren-Theorie aufweist (▶ Kap. 2.2). Hier wird die Tätigkeit selbst als Kontentfaktor beschrieben, deren Vorhandensein zu Zufriedenheit führt. Rückmeldung aus der Aufgabenerfüllung jedoch kann als Kontextfaktor im Sinne von Herzberg verstanden werden, ist die Rückmeldung doch hauptsächlich Aufgabe der Vorgesetzten und gehört zu einem guten Führungsstil. Kontextfaktoren jedoch führen nach Herzberg nicht zu hoher Zufriedenheit, sondern bestenfalls zu nicht vorhandener Unzufriedenheit. In diesem Fall gelingt es nicht, die beiden Theorien deckungsgleich zu interpretieren, allerdings zeigen Hackman und Oldham deutlich auf, welche Aspekte der Arbeit bei der Entstehung von Arbeitszufriedenheit zu berücksichtigen sind. Somit müssen bei diesem Modell vor allen Dingen die Aspekte *Anforderungsvielfalt, Ganzheitlichkeit, Bedeutsamkeit, Autonomie im Sinne von Kontrolle und Rückmeldung* als relevant herausgearbeitet werden, ebenso wie die deutliche Betonung der *Wichtigkeit der Person* selbst hinsichtlich ihres Leistungsmotives oder ihres Bedürfnisses nach persönlicher Entfaltung.

Neben den diskutierten Modellen und Theorien sind auch Konzepte der Arbeitszufriedenheit lohnende Quellen für relevante und interessante Aspekte zur Betrachtung von Arbeitszufriedenheit. Hierzu gehören sicherlich die umfangreichen und inhaltlich sehr wertvollen Arbeiten von Neuberger (1976, ▶ Kap. 1.4). Er betrachtet Arbeitszufriedenheit als ein *Einstellungskonzept*, wobei die Einstellungen sich aus den individuellen Motiven ergeben, die wiederum Bedürfnisse initiieren. Erlebte Bedürfnisbefriedigungen oder Frustrationen bestimmen die Einstellung. Es handelt sich also um einen *Bewertungsprozess*, der auf Erfahrungen basiert: Der arbeitende Mensch hat erlebt, dass er an seinem Arbeitsplatz seine *Bedürfnisse* entweder befriedigen kann oder nicht und entwickelt daraufhin eine Einstellung zur Arbeit. Dies ist ein kognitiver und damit bewusster Prozess. Neuberger geht jedoch weiter und postuliert, dass Arbeitszufriedenheit ebenso durch *emotionale Bewertung* entsteht, womit er Lockes Auffassung (1976) stützt. Besonders interessant an Neubergers Ausführungen ist der Schluss, dass Arbeitszufriedenheit demzufolge erfahrungsbedingt (also retrospektiv) aber auch erfahrungsbedingend (im Sinne von Erwartungen und Prophezeiungen) ist und sich folgerichtig aus einem *andauernden Vergleich* zwischen einer erwarteten und einer tatsächlichen Arbeitssituation ergibt. Somit weist diese Betrachtung die Notwendigkeit aus, sowohl den *Sollzustand* (erwarteter Zustand) als auch den *Istzustand* (tatsächliche Arbeitssituation) zu erheben und gegenüberzustellen.

Die Auffassung, dass Arbeitszufriedenheit einerseits affektive und andererseits auch kognitive Komponenten aufweist, wird ebenfalls von Weiss und Cropanzano (1996) vertreten. Die Bewertung der Person aber auch die Persönlichkeitsdisposition führen ihrer Ansicht nach zu Arbeitszufriedenheit. Hierdurch verflechtet sich die Affective Events Theory von Weiss und Cropanzano (1996) mit dem Job Characteristics Model von Hackman und Oldham (1975), welches die Persönlichkeit der Beschäftigten betont. Das affektive Erleben bei der Arbeit führt den Menschen dazu, Verhaltensweisen herauszubilden, die entweder affektiv basiert sind (bei-

2.6 Konklusion der Modelle und Theorien

spielsweise Problemlösestile) oder aber kognitiv basiert (wozu bewusste Entscheidungen, wie beispielsweise Fluktuation zählen).
Diese komprimierten Erkenntnisse sind in der folgenden Tabelle (▶ Tab. 2.3) dargestellt.

Tab. 2.3: Konklusion Theorien und Konzepte der Arbeitszufriedenheit

Theorie/Modell/ Konzept	Theoretische Basis	Highlights
Hierarchisches Modell der Bedürfnisbefriedigung Maslow 1943	Bedürfnisbefriedigung Emotions-/Motivationspsychologie Bedürfnisse leiten Handeln von Menschen und möchten befriedigt werden, um Spannungen abzubauen. Spannungsabbau dient Wiederherstellung einer Homöostase Kritik: Stufenweise Erfüllung der Bedürfnisse, um nächste Bedürfnisse anzustreben, ist nicht realistisch	Bedürfnisse werden durch Valenz eines Objektes gesteuert Bedürfnisse: 1. physiologische Bedürfnisse/2. Sicherheitsbedürfnis/3. soziale Bindungsbedürfnisse/4. Bedürfnis nach Achtung und Wertschätzung/5. Bedürfnis nach Selbstverwirklichung Homöostase Stufenmodell verwerfen
Zwei-Faktoren-Theorie Herzberg 1959	Zielzustand wird antizipiert (erwünscht/unerwünscht), der Annäherungs- oder Vermeidungsmotivation hervorruft Anreiztheoretische Grundlage Kritik: Kontent- und Kontextfaktoren konnten nicht empirisch nachgewiesen werden	Mehrdimensionalität von Arbeits(un)zufriedenheit Bezieht nicht nur Arbeitstätigkeit, sondern auch -umfeld mit in die Beurteilung
Job Characteristics Model Hackman und Oldham 1975	Inhaltstheoretischer Ansatz Entstehung intrinsischer Motivation, hoher Arbeitszufriedenheit, qualitativ hochwertiger Leistung, niedriger Abwesenheit und Fluktuation an Ausführung der Arbeitsaufgabe bzw. -tätigkeit gebunden	Anforderungsvielfalt, Ganzheitlichkeit, Bedeutsamkeit, Autonomie im Sinne von Kontrolle und Rückmeldung Wichtigkeit der Person hinsichtlich Leistungsmotiv und Bedürfnis nach persönlicher Entfaltung

2 Modelle und Theorien der Arbeitszufriedenheit

Tab. 2.3: Konklusion Theorien und Konzepte der Arbeitszufriedenheit – Fortsetzung

Theorie/Modell/ Konzept	Theoretische Basis	Highlights
Neuberger 1976	Arbeitszufriedenheit ist ein Einstellungskonzept Einstellungen Ergebnis von Motiven Motive initiieren Bedürfnisse Erlebte Bedürfnisbefriedigung oder Frustration bestimmen Einstellung Kognitiver und bewusster Prozess der Entwicklung der Einstellung zur Arbeit	Arbeitszufriedenheit ist erfahrungsbedingt (also retrospektiv) aber auch erfahrungsbedingend (im Sinne von Erwartungen und Prophezeiungen). Demzufolge andauernder Vergleich zwischen erwarteten und tatsächlichen Arbeitssituation
Affective Events Theory Weiss und Cropanzano 1996	Arbeitszufriedenheit weist sowohl affektive als auch kognitive Komponenten auf Bewertungsprozesse und Persönlichkeitsdisposition führen zu Arbeitszufriedenheit	Affektives Erleben bei der Arbeit führt den Menschen dazu, affektiv basierte Verhaltensweise herauszubilden (z. B. Problemlösung) oder kognitiv basierte (bewusste Entscheidungen, wie beispielsweise Fluktuation).

Zahlreiche dieser als »Highlights« herausgearbeiteten Aspekte sind im Zurich Model Revisited aufgegriffen und zu einer umfassenden Theorie verarbeitet (▶ Kap. 2.5). Wie diese Aspekte im Fragebogen zur Erhebung von Arbeitszufriedenheitstypen umgesetzt sind, erfahren Sie in Kap. 3.3.8 und Tab. 3.6.

3 Erhebungsmethoden

Die Tatsache, dass sich das Konzept der Arbeitszufriedenheit seit Jahrzehnten zunehmend großer Beliebtheit erfreut, hat zur Entwicklung zahlreicher Messinstrumente geführt (Fischer, 2006). Obwohl vielfach die Notwendigkeit der qualitativen Messung von Arbeitszufriedenheit erwähnt wird (z. B. Neuberger, 1974b) sind in diesem Kapitel aus Mangel qualifizierter qualitativer Messmethoden lediglich Fragebögen erwähnt. Wie schon bei den Theorien und Modellen muss auch hier eine mehr oder weniger subjektive Auswahl erfolgen. Oftmals liegen Fragebögen zur Erhebung von Arbeitszufriedenheit keine Erklärungsmodelle oder Wirkzusammenhänge zugrunde (Ferreira, 2007). Einen sehr umfangreichen Überblick über 249 Messinstrumente liefern Cook, Hepworth, Wall und Warr (1981).

Fragebögen werden zum einen zu Forschungszwecken eingesetzt, um beispielsweise Zusammenhänge mit anderen organisationalen Variablen (insbesondere Leistungsmaße) zu untersuchen. Zum anderen werden Instrumente zur Erfassung der Arbeitszufriedenheit in der betrieblichen Praxis, z. B. im Rahmen von Beschäftigtenbefragungen, genutzt. Jedoch ist die theoretische und methodische Konzeption der vorhandenen Messinstrumente ähnlich heterogen wie die definitorischen Ansätze zur Beschreibung des Konstruktes der Arbeitszufriedenheit (Gebert & von Rosenstiel, 2002). Es ist daher sowohl für die Wissenschaft als auch für die Praxis unerlässlich, sich der problematischen Aspekte der Messung von Arbeitszufriedenheit bewusst zu werden und diese bei der Auswahl eines geeigneten Instruments zu berücksichtigen.

Die Erfassung der Arbeitszufriedenheit dient in erster Linie dazu, eine subjektive Einschätzung von Beschäftigten hinsichtlich ihres Befindens zu gewinnen. Veränderungen in Organisationen, wie z. B. Restrukturierungsmaßnahmen, hinterlassen möglicherweise Veränderungen bei Motivation und Zufriedenheit der Betroffenen. Die Messung der Arbeitszufriedenheit soll in der betrieblichen Praxis helfen, derartige Motivationsdefizite zu erkennen und mittels geeigneter Interventionsmaßnahmen zu beheben (Fischer, 2006). Problematisch gestaltet sich jedoch die Tatsache, dass nahezu 80 % aller Befragten angeben, sehr zufrieden oder zufrieden zu sein, wobei sie gleichzeitig äußern, den Beruf/die Tätigkeit nicht noch einmal ergreifen zu wollen (▶ Kap. 1.1). Erklärungen für diesen Befund werden gesucht in den Untersuchungsbedingungen, der Dissonanzreduktion sowie dem Anspruchsniveau (Semmer & Udris, 2004).

Bezüglich der Untersuchungsbedingungen wird angenommen, dass Beschäftigte aus Angst vor mangelnder Anonymität der Befragung und möglicher Konsequenzen negativer Bewertungen des Arbeitsplatzes dazu tendieren, sich zufriedener darzustellen, als dies tatsächlich der Fall ist. Zudem gibt es zahlreiche Kritik an den angewendeten Instrumenten, die zum Einsatz kommen.

Dissonanzreduktion bedeutet, dass Beschäftigte dazu tendieren, ihre Tätigkeit über die Zeit positiver zu beschreiben, obwohl sie suboptimal ist. Dieser Mechanismus setzt ein, weil es auf Dauer schwierig ist, mit der Tatsache zu leben, dass man seine Tätigkeit nicht mag, sie aber trotzdem täglich verrichten muss. Die Dissonanzreduktion kann mit der Herstellung der Homöostase (▶ Kap. 2.1 und ▶ Kap. 2.5) verglichen werden.

Der wichtigste Erklärungsansatz für die hohen Zufriedenheitswerte bezieht das Anspruchsniveau der Befragten mit ein. Bei der Erfassung von Arbeitszufriedenheit handelt es sich nicht um die subjektive Beschreibung eines Istzustandes. Nach Neuberger (1976) impliziert das Konstrukt der Arbeitszufriedenheit als kognitiv-emotionale Einstellung die aktuellen Gegebenheiten am Arbeitsplatz, mögliche Alternativen (z. B. Arbeitsmarktsituation), Erfahrungen der Vergangenheit und Möglichkeiten der Zukunft. Demnach handelt es sich bei der Arbeitszufriedenheit um den Vergleich von Ist- und Sollzustand. Nach Fischer (1989) sind diese beiden Größen jedoch keinesfalls unabhängig voneinander. Der Istzustand determiniert den Sollzustand und umgekehrt. Keinesfalls ist Arbeitszufriedenheit also ein objektiver Zustand. Diese Problematik muss bei der Erfassung und Interpretation von Daten zur Arbeitszufriedenheit stets berücksichtigt werden. Sollte eine Untersuchung sehr hohe Zufriedenheitswerte offenbaren, können nach Neuberger (1976) folgende Erklärungen herangezogen werden:

Die Betroffenen sind tatsächlich mit ihrer Arbeit zufrieden.
Die Betroffenen sehen ihre Arbeit zwar negativ, äußern dies aufgrund möglicher Sanktionierungen jedoch nicht.
Die Betroffenen bewerten nicht die konkrete Arbeitssituation, sondern antworten im Sinne interindividueller Persönlichkeitsmerkmale.
Das Zürcher Modell nach Bruggemann sieht noch weitere Erklärungen vor, wie beispielsweise die aktive Senkung des Anspruchsniveaus oder andere Anpassungsprozesse (► Kap. 2.5)

3.1 Globalmaße oder Einzelmaße der Arbeitszufriedenheit

Bei der Messung von Arbeitszufriedenheit stehen sich zwei zentrale Konzepte gegenüber. Zum einen wird für Arbeitszufriedenheit ein Globalmaß ermittelt, zum anderen werden Werte für einzelne Facetten gebildet, die Arbeitszufriedenheit repräsentieren sollen (beispielsweise Zufriedenheit mit dem Vorgesetzten, mit den Entwicklungsmöglichkeiten). Die Zufriedenheit basierend auf Facetten zu bestimmen ist von Lawler (1973) initiiert worden. Heute ist dies eines der am häufigsten verwendeten Konzepte der Arbeitszufriedenheit. (Thierry & Koopman-Iwema, 1984).

Globalmaße der Arbeitszufriedenheit werden entweder mittels eines einzigen Items oder mittels mathematischer Gewichtung der einzelnen Facetten ermittelt. Der Vorteil solcher Globalmaße liegt insbesondere in der Vergleichbarkeit des Datenmaterials (Landy & Conte, 2010). Ein allgemeines Maß der Arbeitszufriedenheit erlaubt beispielsweise den Vergleich der Arbeitszufriedenheit zweier Arbeitsgruppen innerhalb eines Unternehmens. Nagy (2002) postuliert, dass ein einziges Item genügt, um ein Globalmaß der Arbeitszufriedenheit zu ermitteln. Über dieses Postulat sollte jedoch eingehend diskutiert und nachgedacht werden, denn die Vielschichtigkeit der Arbeitszufriedenheit, der von zahlreichen Autoren sogar Mehrdimensionalität zugeschrieben wird (beispielsweise Herzberg, 1957), ist voraussichtlich nicht mit einem einzelnen Item zu erheben.

3 Erhebungsmethoden

Wanous, Reichers und Hudy (1997) berichten jedoch, dass sich in ihrer Metaanalyse Beweise finden lassen, die eine Ein-Item-Lösung zur Erhebung der Arbeitszufriedenheit rechtfertigen. Andererseits räumen sie ein, dass gut konstruierte Skalen im Vergleich zu Ein-Item-Analysen nicht in Frage gestellt werden sollten. Es kommt auf die Fragestellung an und auf das Modell, auf dessen die Befragungen basieren (Wanous et al., 1997) In einigen Fragebögen wird die sog. Kunin-Skala verwendet (Kunin, 1955). Hierbei handelt es sich um eine fünfstufige Gesichter-Skala (▶ Abb. 3.1), bei der der Proband einschätzen soll, wie zufrieden er mit seiner derzeitigen Arbeitssituation ist.

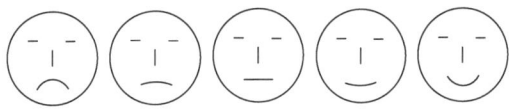

Abb. 3.1: Gesichter-Skala (Kunin-Skala)

Für eine Messung der Arbeitszufriedenheit mittels Facetten (z. B. Zufriedenheit mit Gehalt oder Kollegenschaft) spricht die Ausdifferenzierung der Zufriedenheitswerte. Auf diese Weise liefert die Messung Hinweise für die Ursachen des Zustandekommens von Arbeitszufriedenheit. Dies ermöglicht Anwendern in der Praxis, konkrete Ansatzpunkte für Interventionsmaßnahmen zur Verbesserung der Arbeitszufriedenheit zu finden. Sinnvoll ist eine Erhebung der Arbeitszufriedenheit nur dann, wenn daraus auch Rückschlüsse auf Verbesserungspotenzial gezogen werden können. Neuberger (1974a) gibt zu bedenken, dass die Interkorrelation einzelner Facetten der Arbeitszufriedenheit meist derart gering ist, dass von einer Unabhängigkeit der Facetten ausgegangen werden muss. Eine Gesamt-Arbeitszufriedenheit würde demnach einen wenig aussagekräftigen Durchschnittswert darstellen.

Generell wird die Frage, ob Arbeitszufriedenheit mittels Facetten oder mittels Globalmaß gemessen werden sollte, in der Literatur kontrovers diskutiert und nicht zufriedenstellend beantwortet. Büssing (1982) gibt zu bedenken, dass die Entscheidung darüber als »... *recht willkürlich*« zu bezeichnen ist (S. 140). Je nach Intention der Befragung von Personen nach ihrer Arbeitszufriedenheit bieten sich unterschiedliche Herangehensweisen an.

3.2 Evaluation von Instrumenten zur Erfassung der Arbeitszufriedenheit

Die unüberschaubare Anzahl an Instrumenten zur Erfassung der Arbeitszufriedenheit erschwert die Auswahl und Beurteilung geeigneter Messverfahren für wissenschaftliche und betriebliche Zwecke. Im Rahmen einer systematischen Recherche (Ferreira, 2007) werden über 300 bestehende Arbeitszufriedenheitsmessinstrumente ermittelt. Insbesondere in den USA und in Deutschland werden entsprechende (mehr oder weniger standardisierte) Fragebögen publiziert, wobei die Entwicklung von Messinstrumenten zur Arbeitszufriedenheit in den siebziger und achtziger Jahren des vergangenen Jahrhunderts ihren Höhepunkt hat.

Um die recherchierten Fragebögen zu kategorisieren und zu bewerten, werden folgende Minimalanforderungen definiert: (1) Nähe zum Arbeitszufriedenheitskonstrukt (es handelt sich beispielsweise nicht um Arbeitsmotivation), (2) Vorhandensein einer Normstichprobe von mindestens 100 Personen (muss dokumentiert sein), (3) Dokumentation testtheoretischer Gütekriterien (die beschrieben und angegeben sind) und (4) Verfügbarkeit (innerhalb einer deutschen Universität). Der Abgleich mit diesen Anforderungen ergibt, dass lediglich 97 Instrumente Anforderung (1) erfüllen. 14 Fragebögen werden an keiner oder an einer zu geringen Stichprobe normiert. Über die Gütekriterien Reliabilität und Validität wird bei 19 Verfahren nicht berichtet. Der Minimalanforderung (4) werden acht Instrumente nicht gerecht, da sie auch auf Anfrage nicht öffentlich zugänglich sind. Des Weiteren müssen 63 Messinstrumente von der Analyse ausgeschlossen werden, da die benötigten Angaben selbst nach Kontaktaufnahme mit den Autoren nicht ermittelt werden konnten.

Neben den skizzierten Minimalanforderungen werden die theoretische und statistische Basis der recherchierten Instrumente untersucht (Ferreira,

2007). Die Ergebnisse decken sich mit denen von Büssing (1999): In der Arbeitszufriedenheitsforschung gibt es lediglich eine lose Verknüpfung von Theorie und Messung. Während das theoretische Konzept der Arbeitszufriedenheit wie kaum ein anderes Konstrukt zu nachhaltigen Forschungsbemühungen in der Organisationspsychologie geführt hat (von Rosenstiel et al., 1995), wird kaum ein anderes Konstrukt derart theoriefrei gemessen (Sutton & Staw, 1995).

Bei über 40 % der untersuchten Fragebögen kann das Konstruktionsprinzip nicht nachvollzogen werden. Rund 20 % der Instrumente werden anhand theoretischer Überlegungen entwickelt, wobei motivationstheoretische Überlegungen (z. B. Bedürfnishierarchie nach Maslow, 1943) im Vordergrund stehen. Dies ist den Anfängen der systematischen Arbeitszufriedenheitsforschung geschuldet, denn aufgrund des starken Bezugs zu Motivationen und Bedürfnissen, basieren auch heute noch viele Modelle der Arbeitszufriedenheit auf motivationalen Theorien. Es erscheint jedoch nicht sinnvoll, ein eigenständiges und vielschichtiges Konstrukt wie die Arbeitszufriedenheit durch ein weiteres, sehr gut untersuchtes Konstrukt der Motivation zu ersetzen. Es wird dadurch nicht nur schwieriger, die Konstrukte voneinander abzugrenzen, es erscheint auch nicht sinnvoll, Arbeitszufriedenheit dadurch zu verwässern. Hintergrund dafür, dass Motivationstheorien verwendet werden, ist vermutlich das hohe Interesse, Arbeitsleistung als Ergebnis einer Handlung aufgrund vorliegender Motivation zu erklären. Dies jedoch ist keine Basis zur Definition und Erklärung von Arbeitszufriedenheit. Jedoch finden sich kaum Hinweise auf die Integration neuerer Ansätze in der Arbeitszufriedenheitsforschung, die neben motivationalen auch die tätigkeitsbezogenen Aspekte der Arbeit betrachten.

13 % der evaluierten Instrumente zur Erfassung der Arbeitszufriedenheit werden anhand statistischer Überlegungen (v. a. Faktorenanalyse) konstruiert. Häufig sind die gefundenen Dimensionen der Fragebögen jedoch nicht hypothesenkonform.

Es zeigt sich, dass während und vor allen Dingen nach der Konzeptionsphase der Instrumente häufig wissenschaftliche Kriterien nicht berücksichtigt werden: Instrumente werden nicht an einer ausreichenden Zahl von Probanden getestet, Gütekriterien werden nicht berechnet, Entwicklungen folgen keiner Theorie oder eigenem Konzept. Ein Grund hierfür kann sein, dass viele Instrumente entweder für Forschungszwecke oder aber aufgrund unternehmensspezifischer Fragestellungen konzipiert werden. Ein Beispiel für die Entwicklung aufgrund von Forschungszwecken ist das Instrument »Zufriedenheit mit der Arbeit und dem Betrieb« von Wilpert und Rayley (1983), welches für das Forschungsprojekt »Industrial Democracy in Europe« entwickelt wird, jedoch in der Folge keine weitere Bearbeitung erfährt. Viele der im Rahmen dieser Untersuchung angefragten Autor/-innen teilten mit, dass ihre Instrumente nicht weiterverfolgt werden, da sie für den Einsatz in einem Betrieb konzipiert sind und nach Projektabschluss kein Interesse mehr daran besteht. Für eine unternehmensspezifische Fragestellung existiert beispielsweise das Instrument »Job attitudes and job satisfaction for scientists« von Hinrichs (1962, zitiert nach Robinson, Athanasiou & Head, 1969), das die Zufriedenheit von Chemiker/-innen erheben soll, später jedoch keiner Validierung unterzogen wird.

Arbeitszufriedenheit ist ein wissenschaftliches Konstrukt, demnach nicht direkt beobachtbar, sondern nur aufgrund anderer Daten zu erschließen. Es besteht die Möglichkeit, dass es den Messinstrumenten nicht (nur) an Validität mangelt, sondern dass sich das zu messende theoretische Konstrukt in der Praxis anders verhält als postuliert. Beispielsweise gibt es in den letzten Jahrzehnten keine Veränderungen am Konstrukt selbst, obwohl sich die Arbeitswelt spürbar verändert hat. Die Arbeitsinhalte verändert sich hin zu mehr informatorischer Arbeit, die Arbeit wird flexibler, nicht nur hinsichtlich der Arbeitszeit, sondern auch des Arbeitsortes, der Bedarf an Qualifikationen erhöht sich u. v. m. Es ist undenkbar, dass dies keinen Einfluss auf die Arbeitszufriedenheit hat, jedoch trägt keines der untersuchten Messinstrumente mit Items dieser »neuen Arbeitszufriedenheit« Rechnung. Möglich ist dies beispielsweise indem neue Facetten aufgenommen werden (beispielsweise zur Zufriedenheit mit digitalen Medien / Informationen oder mit Arbeitszeiten) oder indem zwischenzeitlich veraltete Facetten modifiziert werden (beispielsweise zu den Aufstiegschancen, die früher extreme relevant sind, da man früher das Unternehmen selten wechselt, heute aber an Relevanz deutlich verlieren, weil der Wechsel eines Unternehmens häufig zu Gehaltsverbesserungen führt).

3.3 Exemplarische Darstellung von Instrumenten

Nachfolgend werden einige standardisierte Instrumente zur Erfassung der Arbeitszufriedenheit exemplarisch dargestellt. Es handelt sich zum einen um Instrumente, die aus historischer Sicht eine Schlüsselposition in der Arbeitszufriedenheitsforschung eingenommen haben und andererseits um Instrumente, deren Einsatz sich in der betrieblichen Praxis bewährt hat.

Dabei kann man gemäß einem Vorschlag von Fischer und Eufinger (1991) zwischen theoriefreien und theoriebasierten Erhebungsmethoden differenzieren (▶ Tab. 3.1). Während einige Verfahren einem eindeutigen theoretischen Konzept zugeordnet werden können, basieren andere Verfahren auf forschungspraktischen Überlegungen. Zunächst wird die konzeptionelle Basis der Instrumente beschrieben. Anschließend wird der Aufbau des jeweiligen Fragebogens beispielhaft dargestellt. In einem letzten Schritt erfolgt eine Bewertung des Instruments im Hinblick auf dessen Konzeption sowie hinsichtlich dessen Anwendbarkeit in der Forschungs- bzw. Betriebspraxis. Die Darstellung orientiert sich im Folgenden am Erscheinungsjahr der Fragebögen.

Tab. 3.1: Gegenüberstellung theoriefreier und theoriebasierter Verfahren zur Erfassung der Arbeitszufriedenheit

Theoriefreie Verfahren	Theoriebasierte Verfahren
Job Descriptive Index (JDI, Smith, Kendall & Hulin, 1969)	Fragebogen zur Messung der Bedürfnisbefriedigung bei der Arbeit (PNSQ, Porter, 1962)
Skala zur Messung von Arbeitszufriedenheit (SAZ, Fischer & Lück, 1972)	Minnesota Satisfaction Questionnaire (MSQ, Weiss, Dawis, England & Lofquist 1967)
Arbeitsbeschreibungsbogen (ABB, Neuberger & Allerbeck, 1978)	Arbeitszufriedenheits-Kurzfragebogen (AZK, Bruggemann et al., 1975)
Job in General Scale (JIG, Ironson, Smith, Brannick, Gibson & Paul, 1989)	Job Diagnostic Survey (JDS, Hackman & Oldham, 1975)
	Fragebogen zur Erhebung von Arbeitszufriedenheitstypen (FEAT, Ferreira, 2009)

3.3.1 Fragebogen zur Messung der Bedürfnisbefriedigung bei der Arbeit (PNSQ) 1962

Porter (1962) stellt den Fragebogen zur Messung der Bedürfnisbefriedigung bei der Arbeit (PNSQ) als erstes Instrument zur Erfassung von Arbeitszufriedenheit vor. Es handelt sich dabei um ein theorienbasiertes Verfahren. In Anlehnung an Maslows hierarchischem Modell der Bedürfnisbefriedigung (1943) eruiert Porter – abgesehen von den physiologischen Bedürfnissen wie Nahrung, Schlaf oder Sexualität – fünf Bedürfnisklassen, deren Befriedigung durch Arbeit gestillt werden sollte, um Arbeitszufriedenheit zu erreichen. Er unterscheidet dabei folgende Bedürfnisse:

1. Bedürfnis nach Sicherheit
2. Soziale Bedürfnisse
3. Bedürfnis nach Ansehen
4. Bedürfnis nach Autonomie
5. Bedürfnis nach Selbstverwirklichung

Diese fünf Bedürfnisklassen werden im PNSQ durch insgesamt 13 Items repräsentiert. Die einzelnen Items werden auf drei Antwortskalen bewertet. Der Proband soll auf einer siebenstufigen Skala den Istzustand (inwiefern ist das Merkmal vorhanden?), den Sollzustand (inwiefern sollte das Merkmal vorhanden sein?) und die Wichtigkeit (welche Bedeutung hat das Merkmal?) der Befriedigung der Bedürfnisklasse einschätzen. Die Auswertung erfolgt als Differenz zwischen Ist- und Sollzustand. Je geringer die Diskrepanz zwischen beiden Maßen, desto höher ist die Zufriedenheit bzw. desto geringer die Unzufriedenheit. Beispielhaft ist der Aufbau des PNSQ anhand der Bedürfnisklasse »Autonomie« in Kasten 4 dargestellt (vgl. Porter, 1962).

> **Kasten 4: Beispielhafter Aufbau des PNSQ (nach Porter, 1962)**
>
> Die Autorität und die Vollmacht, die mit meiner Stellung verbunden ist:
>
> | | min.   max. |
> |---|---|
> | Wieviel ist gegenwärtig vorhanden? | 1–2–3–4–5–6–7 |
> | Wieviel sollte vorhanden sein? | 1–2–3–4–5–6–7 |
> | Wie wichtig ist dies für mich? | 1–2–3–4–5–6–7 |

Generell ist der Versuch Porters, auch das Anspruchsniveau im Zusammenhang mit Arbeitszufriedenheit zu erheben, als positiv zu bewerten (Fischer, 1989). Indem er nach der Wichtigkeit der jeweiligen Bedürfnisklasse fragt, ebnet er sehr früh den Weg für eine differenzierte Betrachtungsweise der Arbeitszufriedenheit als komplexes Einstellungskonstrukt. Schwächen zeigen sich in der theoretischen Konzeption des PNSQ. Maslows Modell der Bedürfnisbefriedigung ist nicht erschöpfend (▶ Kap. 2.1). Aufgrund dessen ist davon auszugehen, dass auch der PNSQ nicht alle potenziellen Bedürfnisse erfasst, die durch Arbeit befriedigt werden können bzw. nicht befriedigt werden und somit zu einer gewisse Arbeits(un-)zufriedenheit führen. Neben dieser theoretischen Schwäche lassen sich auch problematische Aspekte in der praktischen Anwendbarkeit des PNSQ anführen. Es gibt Zweifel an der Annahme, dass Menschen ihr Anspruchsniveau (hier: Wichtigkeit) unabhängig vom Sollzustand einschätzen können (Neuberger, 1976). Des Weiteren ist unklar, was genau mit dem Diskrepanzmaß aus Ist- und Sollzustand eigentlich ermittelt wird, da der genaue Zusammenhang zwischen Bedürfnissen und Arbeitszufriedenheit nicht eindeutig geklärt ist (Fischer, 1989). Hier stellt sich unter anderem die Frage, wie die Arbeitszufriedenheit einzuschätzen ist, wenn der Istwert über dem Sollwert liegt.

3.3.2 Minnesota Satisfaction Questionnaire (MSQ) 1967

Der Minnesota Satisfaction Questionnaire (MSQ) von Weiss et al. (1967) erfasst ähnlich wie der JDI (▶ Kap. 3.3.3) das Konstrukt der Arbeitszufriedenheit durch verschiedene Facetten. Theoretisch basiert das Instrument auf der Theorie des »Work Adjustment«. Nach dieser kann das Zustandekommen wichtiger organisationaler Outcomes, wie z. B. Arbeitszufriedenheit, als Indikator für die positive Austauschbeziehung zwischen der Persönlichkeit des Beschäftigtes und dem Arbeitsumfeld, erklärt werden (Weiss et al., 1967). Demnach resultiert eine hohe Arbeitszufriedenheit, wenn die Anforderungen der Tätigkeit den Fähigkeiten der Beschäftigten entsprechen und deren Bedürfnisse durch die Arbeit befriedigt werden.

Ziel des MSQ ist eine Erfassung der Ist-Situation am aktuellen Arbeitsplatz. Dazu werden zwei Formen des Fragebogens entwickelt. Die Langform besteht aus 100 Items, welche insgesamt 20 arbeitsbezogene Aspekte repräsentieren. Dem Probanden steht eine fünfstufige Antwortskala von »sehr unzufrieden« bis »sehr zufrieden« zur Verfügung. Neben einer Auswertung der einzelnen Facetten kann durch Summation der Mittelwerte über alle 20 Subskalen hinweg ein Wert für die Gesamtarbeitszufriedenheit gebildet werden.

Aufgrund des zeitlichen Aufwands, der mit der Durchführung der Langform des MSQ verknüpft ist, wir eine Kurzform für eine ökonomischere Erhebung entwickelt. Diese Kurzform erfasst jeden arbeitsbezogenen Aspekt mit jeweils einem Item, sodass der Fragebogen insgesamt 20 Items enthält. Folgende Facetten werden im MSQ abgefragt:

1. Nutzung der Fähigkeiten (Ability Utilization)
2. Leistung (Achievement)
3. Aktivität (Activity)
4. Weiterentwicklung (Advancement)
5. Autorität (Authority)
6. Unternehmensrichtlinien (Company Policies)
7. Kompensation (Compensation)
8. MitarbeiterInnen (Co-workers)
9. Kreativität (Creativity)
10. Unabhängigkeit (Independence)
11. Moralische Werte (Moral Values)
12. Anerkennung (Recognition)
13. Verantwortung (Responsibility)
14. Sicherheit (Security)

15. Sozialdienst (Social Service)
16. Sozialer Status (Social Status)
17. Supervision - Menschliche Beziehungen (Supervision-Human Relations)
18. Supervision - Technische Überwachung (Supervision-Technical)
19. Vielfalt (Variety)
20. Arbeitsbedingungen (Working Conditions)

Für jeden Aspekt soll der Proband angeben, wie zufrieden er sich jeweils fühlt. Die Aussage für jede Facette lautet »Ask yourself, how satisfied am I with this aspect of my job?«.

Der MSQ zeichnet sich gegenüber dem JDI durch seine starke Detaillierung der einzelnen Facetten der Arbeitssituation aus. Auf diese Weise lässt sich Arbeitszufriedenheit noch spezifischer erfassen. Des Weiteren besteht im Gegensatz zum JDI die Möglichkeit, einen Wert der Gesamtarbeitszufriedenheit zu ermitteln. Dieser enthält jedoch, anders als der PNSQ von Porter, keine individuellen Gewichtungen der einzelnen Facetten durch den Probanden. Im Rahmen der betrieblichen Praxis kann der MSQ aufgrund seiner Vielfalt an Aspekten der Arbeitssituation eine Reihe von Interventionsansätzen liefern (Landy & Conte, 2010). Jedoch ist die Verfügbarkeit des Fragebogens eingeschränkt, da für die Darstellung und Anwendung eine kostenpflichtige Lizenz beantragt werden muss. Aus testtheoretischen Gründen sollte die Langform (100 Items), aus ökonomischen Gründen die Kurzform (20 Items) eingesetzt werden.

3.3.3 Job Description Index (JDI) 1969

Eines der populärsten Verfahren zur Erfassung der Arbeitszufriedenheit ist der Job Descriptive Index (JDI), der 1969 von Smith et al. entwickelt und in zahlreiche Sprachen übersetzt wird (u. a. Hebräisch). Der Fragebogen basiert im Gegensatz zum PNSQ eher auf empirischen Befunden als auf einer spezifischen theoretischen Annahme. Es handelt sich um das erste Instrument, das nicht explizit dem bedürfnistheoretischen Ansatz in der Arbeitszufriedenheitsforschung zuzuordnen ist. Smith et al. verstehen Arbeitszufriedenheit eher als Einstellungskonstrukt, wobei sie besonders die emotionale Komponente betonen.

Ziel des JDI ist eine Beschreibung der aktuellen Arbeitssituation aus Sicht des Beschäftigten. Zu diesem Zweck werden insgesamt 72 Items zur Erfassung von fünf verschiedenen Facetten der Arbeitszufriedenheit entwickelt. Diese Facetten sind: (1) Bezahlung, (2) Vorgesetzte, (3) Kollegenschaft, (4) die Tätigkeit selbst sowie (5) die Aufstiegsmöglichkeiten. Dem Probanden steht eine dreistufige Antwortskala zur Verfügung. Er kann die Items mit »Ja« (3 Punkte), »Weiß nicht« (1 Punkt) und »Nein« (0 Punkte) beantworten.

In der Praxis hat sich der JDI bewährt. Es handelt sich um ein verständliches und leicht anwendbares Verfahren, das sich sowohl für die Einzel- als auch die Gruppendurchführung eignet. Als diskussionswürdig können das Fehlen eines Globalmaßes für die allgemeine Arbeitszufriedenheit sowie die Länge des Fragebogens angeführt werden. Durch den starken Fokus auf einzelne Facetten der Tätigkeit wird der Proband eingeschränkt, sodass er möglicherweise für ihn relevante Aspekte der Arbeitszufriedenheit bei der Bewertung nicht berücksichtigt bzw. diese Aspekte in die Bewertung der anderen Facetten einfließen lässt. Hierbei sind beispielsweise die Arbeitsbedingungen zu nennen, welche im JDI keine Berücksichtigung finden, jedoch trotzdem eine wichtige Rolle für die Arbeitszufriedenheit von Beschäftigten spielen.

Auf methodischer Ebene ist die Itemkonstruktion kritisch zu reflektieren. Zum einen enthält das Instrument einige mehrdeutige Items und zum anderen könnte das Vorhandensein einer sog. »Weiß-Nicht«-Kategorie als Ausweichoption benutzt werden (Hernandez, Drasgow & Gonzalez-Roma, 2004).

3.3.4 Skala zur Messung von Arbeitszufriedenheit (SAZ) 1972

Bei der Skala zur Messung der Arbeitszufriedenheit (SAZ, Fischer & Lück, 1972) handelt es sich um das erste Instrument dieser Art im deutschen Sprachraum. Die SAZ soll in erster Linie branchenübergreifend und gruppendiagnostisch eingesetzt werden sowie einzelne Facetten der Arbeitszufriedenheit berücksichtigen. Die SAZ ist weniger mit dem JDI oder dem MSQ vergleichbar. Es handelt sich eher, ähnlich der Job in

General Scale (JIG) (▶ Kap. 3.3.7), um einen Fragebogen, der die allgemeine Arbeitszufriedenheit durch einzelne Aspekte der Arbeit erfassen soll.

Die Aspekte der Arbeit, die in der SAZ Berücksichtigung finden, stammen aus einer Vielzahl empirischer Arbeiten zur Arbeitszufriedenheit. Die im Fragebogen enthaltenen Facetten sind:

1. Möglichkeiten zur persönlichen Entwicklung
2. Verhältnis zur Kollegenschaft
3. Aufstiegsmöglichkeiten
4. Verhaltensweise des Managements und der Firmenführung
5. Bezahlung
6. Bedingungen am Arbeitsplatz

Dabei soll der Proband auf einer fünfstufigen Antwortskala von insgesamt 37 Aussagen über den Arbeitsplatz treffen. Beispielhafte Formulierungen sind »Es wird zu viel Druck auf mich ausgeübt.«, »Wie empfinden Sie das Betriebsklima allgemein in Ihrer Firma?«. Der Wortlaut der Antwortskalen variiert je nach Itemformulierung. Es erfolgt eine Summation der Punkte über 36 der 37 Items. Der Maximalwert liegt damit bei 180, der Minimalwert der Arbeitszufriedenheit bei 36 Punkten. Die SAZK (Skala zur Messung von Arbeitszufriedenheit Kurzform) erfasst die allgemeine Arbeitszufriedenheit mit lediglich acht Aussagen. Hinsichtlich ihrer Anwendbarkeit gelten die gleichen Einschränkungen wie für die Job in General Scale von Ironson et al. (1989) (▶ Kap. 3.3.7).

3.3.5 Arbeitszufriedenheitskurzfragebogen (AZK) 1976

Der Arbeitszufriedenheitskurzfragebogen (AZK) wird von Bruggemann (1976) entwickelt, um die Arbeitszufriedenheitstypen des Zürcher Modells zu erfassen. Jedes Item des Fragebogens erhebt einen Arbeitszufriedenheitstypen (▶ Kap. 3.3.7), wobei die konstruktive Arbeitsunzufriedenheit mit zwei Items beschrieben wird. Der Fragebogen sieht nur vor, genau einen Arbeitszufriedenheitstypen zu analysieren, weshalb die Probanden gebeten werden, eine der sechs Beschreibungen für sie selbst als zutreffendste auszuwählen (▶ Kasten 5).

> **Kasten 5: Items des Arbeitszufriedenheitskurzfragebogens AZK nach Bruggemann (1976)**
>
> »Ich bin (eher) zufrieden ... Die Stelle hat meine Bedürfnisse und Wünsche bisher erfüllt, und ich kann mich in Zukunft noch verbessern ...« (Progressive Arbeitszufriedenheit)
> »Ich bin (eher) zufrieden ... Die Stelle hier entspricht meinen Bedürfnissen und Wünschen, und ich möchte, daß alles so bleibt wie bisher ...« (Stabilisierte Arbeitszufriedenheit)
> »Ich bin (eher) zufrieden ... Die Stelle hier entspricht nicht gerade meinen Bedürfnissen und Wünschen, aber es könnte viel schlimmer sein ...« (Resignative Arbeitszufriedenheit)
> »Ich bin (eher) unzufrieden ... Es gibt auch keine Möglichkeiten für mich, etwas zu unternehmen und meine Lage zu verbessern ...« (Fixierte Arbeitsunzufriedenheit)
> »Ich bin (eher) unzufrieden ... Ich versuche, durch eigene Anstrengung und mit Hilfe anderer da etwas zu ändern ...« (Konstruktive Arbeitsunzufriedenheit)
> »Ich bin (eher) unzufrieden ... Wenn sich da nicht bald etwas ändert, suche ich mir eine andere Stelle ...« (Konstruktive Arbeitsunzufriedenheit)

Weist das Modell selbst lösbare Schwierigkeiten auf, so stellt sich die Kritik am entwickelten Arbeitszufriedenheits-Kurzfragebogen AZK fundamentaler dar (z. B. Baumgartner & Udris, 2006; Büssing, Bissels, Fuchs & Perrar, 1999; Fellmann, 1980; Fischer, 1989; Neuberger & Allerbeck, 1978). Beispielsweise wird bemängelt, dass der AZK die postulierten Typen nicht ausreichend operationalisiert. Alle Autoren sind sich einig, dass es mit dem AZK nicht gelingt, den Prozesscharakter abzubilden. Neuberger und Allerbeck (1978) betonen, dass die Fragen außerordentlich komplex formuliert sind und die Abfrage sich teilweise widerspricht. Die Mehrdeutigkeit erlaubt somit keine eindeutigen Ergebnisse (s. a. Fellmann, 1980). Neuberger und Allerbeck

(1978) können nachweisen, dass die Zusammenhänge zwischen Items, die bestimmte Arbeitszufriedenheitstypen definieren, nicht eindeutig oder sogar nicht vorhanden sind und konstatieren, dass »Bruggemanns Absicht, verschiedene Typen von Arbeitszufriedenheit voneinander abzuheben, im AZK nicht verwirklicht werden konnte« (S. 167).

Generell bilanzieren Baumgartner und Udris (2006) jedoch, dass sich »konzeptionelle Weiterentwicklungen und empirische Untersuchungen zur Konstruktvalidierung ...« lohnen dürften.

Eine Weiterentwicklung ist allerdings nur dann sinnvoll, wenn einerseits die bisherige Kritik am Modell aufgegriffen und konstruktiv bearbeitet wird, sowie andererseits ein valides und reliables Instrument zur Erhebung der Arbeitszufriedenheitstypen zur Verfügung steht. Dieses Ziel verfolgt der Fragebogen zur Erhebung von Arbeitszufriedenheitstypen FEAT (Ferreira, 2009) (▶ Kap. 2.5).

3.3.6 Arbeitsbeschreibungsbogen (ABB) 1978

Auch der Arbeitsbeschreibungsbogen (ABB, Neuberger & Allerbeck, 1978) erfasst die Arbeitszufriedenheit in verschiedenen Facetten, die aus empirischen Forschungsergebnissen entnommen werden. Neun Aspekte der Arbeitssituation werden von den Befragten eingeschätzt:

1. Kollegenschaft
2. Vorgesetzte
3. Tätigkeit
4. Äußere Bedingungen
5. Organisation und Leitung
6. Berufliche Weiterbildung
7. Bezahlung
8. Arbeitszeit
9. Arbeitsplatzsicherheit

Je Facette (Beispiel: Kollegenschaft) bekommen die Probanden eine Liste von Adjektiven (stur, hilfsbereit, unfähig etc.), die sie auf einer vierstufigen Skala mit »ja«, »eher ja«, »eher nein« oder »nein« als mehr oder weniger zutreffend einstufen sollen. Darüber hinaus ermöglicht der ABB die Erfassung einer Gesamtarbeitszufriedenheit. Hierzu befindet sich am Ende jeder Facette eine siebenstufige Gesichter-Skala. Die Formulierung für den Aspekt »Kollegenschaft« lautet beispielhaft: »Alles in allem: Wie zufrieden sind Sie mit Ihren Kollegen?«. Die Gesamtzufriedenheit soll auf diese Weise über alle Facetten hinweg berechnet werden können.

Positiv zu bewerten ist, dass im ABB die wesentlichen Kritikpunkte am englischsprachigen JDI aufgegriffen und verändert werden. Erstens wird die Möglichkeit geschaffen, zusätzlich zu den Facetten der Arbeitszufriedenheit ein Globalmaß zu ermitteln. Zweitens wird der ABB um wichtige Aspekte der Arbeitssituation (insbesondere äußere Bedingungen und Arbeitszeit) ergänzt, deren Fehlen im JDI kritisiert wird. Somit wird die Arbeitssituation umfassender messbar. Drittens wird im ABB auf die sog. »Weiß-Nicht«-Kategorie in den Antwortskalen verzichtet. Der Proband hat keine Ausweichoption, sodass die Wahrscheinlichkeit für brauchbare und interpretierbare Datensätze erhöht und der Interpretationsspielraum verringert wird. Kritisch zu betrachten ist – ähnlich wie beim JDI – die potenzielle Unvollständigkeit der Facetten. Der Fokus des Arbeitnehmers wird während der Beantwortung des Fragebogens eingeschränkt, da die Aspekte der Arbeitszufriedenheit bereits vorgegeben sind. Es ist möglich, dass auf diese Weise wichtige andere Bedingungen (z. B. Umweltveränderungen, Zeitdruck) als Quelle niedriger Arbeitszufriedenheit nicht identifiziert werden bzw. die Einschätzungen der Probanden zu anderen Facetten kontaminieren.

3.3.7 Job in General Scale (JIG) 1989

1989 entwickeln Ironson et al. die Job in General Scale (JIG) als Ergänzung zum JDI. Der Fragebogen bietet die Möglichkeit, für die einzelnen Facetten des JDI einen Wert der Gesamtarbeitszufriedenheit zu entwickeln. Dies ist aufgrund der Skalenkonstruktion (explizite Mehrdimensionalität) des JDI bis zur Entwicklung der JIG nicht möglich (Ironson et al., 1989). Die JIG unterscheidet sich vom JDI in drei wesentlichen Aspekten: Sie ist globaler, betont stärker die evaluative als die emotionale Komponente der Arbeitszufriedenheit und hat einen eher längsschnittlich als querschnittlich ausgerichteten Rahmen.

3 Erhebungsmethoden

Die JIG enthält in ihrer aktuellsten Version 18 Items über die Gefühle einer Person gegenüber ihrer Arbeit. Format und Auswertungsmodus des JIG entsprechen dem JDI. Aufgrund der angestrebten Eindimensionalität des Fragebogens können die Werte der Probanden über alle 18 Items hinweg zu einem Wert der Gesamtarbeitszufriedenheit aufsummiert werden. (▶ Kasten 6: Items der Job In General Scale (JIG) (in Anlehnung an Spector, 1997 und Ironson et al., 1989)

Kasten 6: Items der Job In General Scale (JIG) (in Anlehnung an Spector, 1997 und Ironson et al., 1989)

Think of your job in general. All in all, what is it like most of the time? In the blank beside each word or phrase below, write
___Y___ for »Yes« if it describes your job
___N___ for »No« if it does NOT describe it
___?___ if you cannot decide

__ pleasant
__ bad
__ great
__ waste of time
__ good
__ undesirable
__ worthwhile
__ worse than most
__ acceptable
__ superior
__ better than most
__ disagreeable
__ makes me content
__ inadequate
__ excellent
__ rotten
__ enjoyable
__ poor

Eine validierte deutsche Version des Fragebogens liegt zurzeit nicht vor. Die JIG ist ein in der Praxis ökonomisch anzuwendendes Verfahren zur Erfassung der allgemeinen Arbeitszufriedenheit. Sie eignet sich in erster Linie zur Ergänzung des JDI. Die Erhebung eines Arbeitszufriedenheitsgesamtwertes ist dann vorteilhaft, wenn innerhalb oder zwischen Unternehmen eine Art Benchmarking vorgenommen werden soll oder wenn die Arbeitszufriedenheit zu Forschungszwecken (z. B. Zusammenhänge mit anderen organisationalen Outcomes) eingesetzt werden soll.

3.3.8 Fragebogen zur Erhebung von Arbeitszufriedenheitstypen (FEAT) 2009

Der FEAT basiert auf dem Zürcher Modell und dem Zurich Model Revisited (▶ Kap. 2.5) sowie der Auseinandersetzung mit vielversprechenden Modellkomponenten (▶ Kap. 2.6). Die folgenden Ausführungen zeigen die Entwicklungsschritte des Zurich Model Revisited sowie des FEAT detailliert auf.

Theorienbasierte Entwicklung

Bei der Entwicklung des Zürcher Modells beziehen sich Bruggemann et al. (1975) auf das Modell von Maslow (1943, ▶ Kap. 2). Die Erfüllung und Sicherung der *physiologischen Bedürfnisse* können durch Lohn/Gehalt und Sozialleistungen erzielt werden (S. 65). Der FEAT erhebt diese Bedürfnisse mit Fragen beispielsweise nach ausreichend Einkommen aber auch mit der Frage nach ausreichend Pausen (um akute physiologische Bedürfnisse zu befriedigen).

Das *Sicherheitsbedürfnis* beinhaltet ein Bedürfnis nach Schutz, Ordnung, Gesetzlichkeit und Verhaltensregelung. Der FEAT greift dies auf durch beispielsweise die Fragen nach dem Schutz vor arbeitsbedingten Erkrankungen, Ordnung und Sauberkeit am Arbeitsplatz und die Sicherheit vor Kündigung.

Das *soziale Bindungsbedürfnis* wird von Bruggemann et al. (1975) spezifiziert durch beispielsweise Interaktionsfrequenz bezogen auf Kollegenschaft, Vorgesetzte und Untergebene (S. 65). Diese Bedürfnisse werden beispielsweise durch die Frage nach der Möglichkeit, private Probleme besprechen zu können, mit dem FEAT erhoben.

Das *Bedürfnis nach Achtung und Wertschätzung* richtet sich laut Bruggemann et al. (1975) beispielsweise auf das Ansehen der Position im Betrieb und auf Akzeptanz und Anerkennung. Der FEAT erhebt dieses Bedürfnis durch Fragen nach dem Respekt der Kollegenschaft, der Anerkennung durch den Vorgesetzten und den empfundenen Stolz auf den eigenen Betrieb oder die Möglichkeit, einen wichtigen Beitrag für den Betrieb zu leisten.

Die höchste Stufe der Bedürfnisse gibt Maslow (1943) mit dem *Bedürfnis nach Selbstverwirklichung* an, welches von Bruggemann et al. (1975) beispielsweise durch Anforderungen an Fähigkeiten und Komplexität bzw. Abwechslung bei der Arbeit spezifiziert wird. Der FEAT erhebt diese Bedürfnisse beispielsweise durch Fragen nach den Anforderungen bei der Arbeit oder der Möglichkeit, Verantwortung zu übernehmen. Die Erfüllung des Bedürfnisses nach Selbstverwirklichung am Arbeitsplatz spezifizieren Bruggemann et al. (1975) durch Kontrolle über Arbeitsmethoden und Kontrolle über Arbeitstempo. Die wahrgenommene Kontrollierbarkeit der Arbeitssituation wird jedoch erst durch Büssing et al. (1999) ergänzt und im Zurich Model Revisited weiterverfolgt. Die wahrgenommene Kontrollierbarkeit der Arbeitssituation ist hierbei für Büssing et al. (1999) grundlegend, um eine Interaktion zwischen Person und Arbeit zu regulieren und kann nicht nur als Bedürfnis, sondern sogar als Bewältigungsressource angesehen werden (Büssing et al., 1999). Daher ergänzt Büssing das Modell durch die Kernvariable der wahrgenommenen Kontrollierbarkeit, die im FEAT durch insgesamt sechs Items erfasst wird und die sowohl auf die momentane Situation als auch auf die zukünftige Einschätzung der Kontrollierbarkeit der Arbeitssituation abzielen. Beispiele für die Erhebung der vier Kernvariablen finden sich in 7.

Mit den physiologischen Bedürfnissen führt Maslow (1943) den Begriff der *Homöostase* ein, denn der Organismus erlebt bei Nicht-Befriedigung einen Mangelzustand, der reguliert werden will. Das Homöostaseprinzip wird bereits von Bruggemann et al. (1975) im Zürcher Modell realisiert, denn es handelt sich beim Zürcher Modell um ein Prozessmodell. Es werden drei verschiedene Prozesse beschrieben, die zur Ausprägung verschiedener Typen der Arbeitszufriedenheit führen. Zu einem bestimmten Zeitpunkt

Kasten 7: Beispielitems zur Erhebung der vier Kernvariablen des Zurich Model Revisited, umgesetzt im Fragebogen zur Erhebung von Arbeitszufriedenheitstypen FEAT (www.arbeitundmensch. de) (▶ Tab. 3.2–3.5)

Tab. 3.2: Beispielitems zur Erhebung der ersten Kernvariable (Soll-Istwert-Vergleich und Erfassung der Wichtigkeit)

Sie erwarten von Ihrer Arbeitsstelle ...			
1 ... dass Ihnen die Arbeit Freude macht	Stimmt gar nicht!	☐☐☐☐☐	Stimmt absolut!
Wie wichtig ist Ihnen das?	Vollkommen unwichtig!	☐☐☐☐☐	Lebenswichtig!
Bietet Ihnen das Ihre jetzige Arbeitsstelle?	Nicht im Geringsten!	☐☐☐☐☐	Zu 100 Prozent!
2 ... dass Ihre Kolleg/-innen Sie respektieren.	Stimmt gar nicht!	☐☐☐☐☐	Stimmt absolut!
Wie wichtig ist Ihnen das?	Vollkommen unwichtig!	☐☐☐☐☐	Lebenswichtig!
Bietet Ihnen das Ihre jetzige Arbeitsstelle?	Nicht im Geringsten!	☐☐☐☐☐	Zu 100 Prozent!

Tab. 3.3: Beispielitems zur Erhebung der zweiten Kernvariable (Wahrgenommene Kontrollierbarkeit)

23	Wenn bei Ihrer Arbeit etwas nicht richtig läuft, haben Sie dann die Möglichkeit, etwas zu verändern?	Nein, nie	☐☐☐☐☐	Ja, immer
24	Bitte schätzen Sie Ihre **künftigen** Möglichkeiten ein, etwas bei Ihrer Arbeit zu verändern.	Ich werde deutlich weniger Möglichkeiten haben	☐☐☐☐☐	Ich werde deutlich mehr Möglichkeiten haben

Tab. 3.4: Beispielitems zur Erhebung der dritten Kernvariable (Veränderung des Anspruchsniveaus)

29	Stellen Sie sich selbst Ansprüche an die Arbeit, die Sie leiten (z. B. dass Ihre Arbeit besonders gut oder schnell ausgeführt sein soll)?	Nein, nie ❑❑❑❑❑ Ja, immer
30	Werden sich diese Ansprüche in nächster Zeit verändern?	Sie werden deutlich sinken ❑❑❑❑❑ Sie werden deutlich steigen

Tab. 3.5: Beispielitems zur Erhebung der vierten Kernvariable (Problemlösungsversuche)

33	Wenn Sie Probleme an Ihrem Arbeitsplatz haben, versuchen Sie selbst, eine Lösung zu finden?	Nein, nie ❑❑❑❑❑ Ja, immer
34	Werden Sie in nächster Zeit versuchen, an Ihrem Arbeitsplatz etwas zu verändern?	Ganz sicher nicht ❑❑❑❑❑ Ganz sicher

während des Prozesses werden Bedürfnisse und Erwartungen entweder befriedigt oder nicht. Bei Befriedigung oder Nicht-Befriedigung verändert sich das Anspruchsniveau während im Falle der Nicht-Befriedigung Problemlöseverfahren vorgenommen werden. Dieser Vorgang entspricht dem andauernden Versuch, einen Spannungsausgleich und damit eine Homöostase zu erreichen. Nicht befriedigte Bedürfnisse führen zu Spannungen, welche durch Veränderung des Anspruchsniveaus oder aber durch Problemlöseverfahren reduziert werden sollen.

Gleichzeitig verlässt das Zürcher Modell die stufenweise Betrachtung von Bedürfnissen. Bruggemann et al. (1975) nehmen hierzu wie folgt Stellung: »... Es ist vielmehr davon auszugehen, dass Bedürfnisse – sobald

3.3 Exemplarische Darstellung von Instrumenten

sie über das Moment der puren Lebenserhaltung hinausgehen – eine solch vielfältige und auch widersprüchliche soziokulturelle Überformung erhalten, dass die »ursprüngliche« Bedürfniskategorie weitgehend zur Leerformel wird.« (S. 123).

Die *Valenzen* der Bedürfnisobjekte werden im Zürcher Modell zwar postuliert und unterstellt, jedoch nicht direkt im Modell oder aber im Fragebogen berücksichtigt. Der FEAT erhebt die Valenzen direkt durch die Frage nach der Wichtigkeit der einzelnen Aspekte.

Die Zwei-Faktoren-Theorie nach Herzberg besagt, dass Arbeitszufriedenheit nicht nur eine *Dimension* im Sinne von »vorhanden« vs. »nicht vorhanden« besitzt, sondern dass arbeitende Menschen Befriedigung (Zufriedenheit) einerseits wahrnehmen können, aber andererseits auch lediglich Unzufriedenheit abwesend sein kann. Es gibt demzufolge kein paralleles Kontinuum, welches von Arbeitszufriedenheit hin zu Arbeitsunzufriedenheit verläuft. Hierdurch lässt sich beispielsweise erklären, dass die Unzufriedenheit mit der erhaltenen monetären Gegenleistung für die Arbeit die Arbeitszufriedenheit deutlich mehr schmälert, als dass die Zufriedenheit mit dem Gehalt die Arbeitszufriedenheit steigern würde (Herzberg et al., 1959). In welchem Ausmaß die einzelnen Faktoren der Arbeitszufriedenheit bzw. Arbeitsunzufriedenheit diese determinieren, ist bisher noch nicht eindeutig geklärt. Sicher jedoch ist, dass es sich um ein systematisches Beziehungsmuster (Herzberg et al., 1959) handelt. Daraus folgt, dass die Erhebung von Arbeitszufriedenheit nicht als Ergebnis einen einzelnen Wert aufweisen kann, sondern vielmehr eine Repräsentation dieses systematischen Beziehungsmusters sein muss. Das Zürcher Modell arbeitet mit diesem Ansatz und definiert Arbeitszufriedenheitstypen, die viel mehr als ein einzelner Wert Ausdruck über die verflochtenen Beziehungen zwischen Arbeit, Mensch und Zufriedenheit geben und die der geforderten Mehrdimensionalität Rechnung tragen. Durch die Erweiterung des Modells mit der Kernvariablen »Kontrollierbarkeit der Arbeitssituation« sowie aller theoretisch möglichen Ausprägungen der Kernvariablen, werden den Beziehungsmustern höchstmögliche Variabilität und Abbildbarkeit verliehen.

Auch verweist Herzberg (1957) darauf, dass die *Arbeitstätigkeit* an sich nicht alleine zur Arbeitszufriedenheit oder Arbeitsunzufriedenheit führt, sondern dass das *(Arbeits)Umfeld* und dessen Relationen mit in eine wirklichkeitsnahe Beurteilung einfließen müssen. Das Zurich Model Revisited geht hier sehr viel weiter, indem es nicht nur zur Erhebung der ersten Kernvariablen das Arbeitsumfeld und die Arbeitstätigkeit selbst berücksichtigt, sondern – wie bereits im Zürcher Modell und dessen Erweiterung durch Büssing – zahlreiche *Regulierungs- bzw. Copingprozesse* des Menschen.

Ein für Hackman und Oldham (1975) wichtiger Aspekt der Arbeitszufriedenheit im Job Characteristics Model ist der *Dispositionsspielraum* der Beschäftigten im Sinne von *Kontrolle und Rückmeldung*. Aber auch die Möglichkeit, die eigenen *Bedürfnisse zu befriedigen*, spielt bei der Entstehung und Aufrechterhaltung von Arbeitszufriedenheit eine große Rolle. Gerade um die Thematik der Kontrollwahrnehmung im Rahmen des Zürcher Modells und der Entstehung von Arbeitszufriedenheits(typen) hat sich Büssing (1988, 1992) intensiv und nachhaltig bemüht. Seine Modifikationen am Zürcher Modell sind im Zurich Model Revisited beibehalten (▶ Praxisbeispiel zur wahrgenommenen Kontrollierbarkeit).

Praxisbeispiel zur wahrgenommenen Kontrollierbarkeit

Wahrgenommene Kontrollierbarkeit, wie sie im Zurich Model Revisited als zweite Kernvariable implementiert ist, bezieht sich nicht auf die tatsächlichen Arbeitsbedingungen, sondern vielmehr auf die Kontrolle, die die Beschäftigten wahrnehmen. Im Laufe eines Projektes, welches zum Ziel hat die Ergonomie einer Fließproduktion zu erfassen, befragen wir Beschäftigte mit dem FEAT (neben weiteren Fragebögen). Zu unserem großen Erstaunen geben die Beschäftigten hohe wahrgenommene Kontrollierbarkeit an, obwohl man als Außenstehende niemals die Idee haben könnte, dass Beschäftigte in getakteter Fließarbeit Kontrollierbarkeit wahrnehmen. Dieses Ergebnis ist so überraschend, dass wir in den anschließenden Workshops nochmals darauf zu sprechen kommen. Es ist ein Mann, vielleicht 55 Jahre alt, der mich zur Seite nimmt und mir zublinzelt. Selbstverständlich hätte die Belegschaft Kontrolle, meint er und nimmt mich mit zum Fließband. Er zeigt auf Sensoren, die dafür angebracht sind, Störungen zu ermitteln. »Wir müssen«, erklärt er »vier Stunden ohne Unterbrechung durcharbeiten. Ein paar von uns schaffen das nicht und müssen auf Toilette. Es reicht ein kleines Zeichen und das hier kommt zum Einsatz ...« und er nimmt eine Sprühdose in die Hand. Nichts Gefährliches, verspricht er, aber es macht genug Nebel, um die Sensoren zu stören. Diese halten das Band an, die Person, die dringend die Toilette aufsuchen muss, schleicht sich davon und der Meister kommt, um die Lage zu untersuchen. Bis er feststellt, dass nichts festzustellen ist, sind alle wieder auf ihrem Platz und das Band wird wieder gestartet. »Das«, so versichert mir der Mitarbeiter »ist die wirkliche Kontrolle«.

Die Konzepte von Neuberger (1976) gehen hauptsächlich über die Berücksichtigung seiner fundierten Kritiken zum Zürcher Modell in die Entwicklung und Modifizierung des Zurich Model Revisited ein. Besonders relevant bei Neubergers Konzeption ist auch hier, dass die Arbeitszufriedenheit einerseits *erfahrungsbedingt*, andererseits aber auch *erfahrungsbedingend* ist. Den Ausblick auf künftige Ereignisse trägt der FEAT beispielsweise durch die Einschätzung zukünftiger Entwicklungen im Rahmen der Kernvariablen zwei, drei und vier Rechnung. Aber auch dem erwarteten Zustand wird mit der ersten Kernvariable große Aufmerksamkeit gewidmet, indem die Erwartungen an die eigene Arbeitsstelle für jedes Item erhoben werden.

Neuberger postuliert, dass Arbeitszufriedenheit sowohl eine kognitiv-emotionale Einstellung als auch evaluative (bewertende) Komponenten zur Arbeitssituation beinhaltet. Ebenso weisen Weiss und Cropanzano (1996) darauf hin, dass Arbeitszufriedenheit *affektive und kognitive Komponenten* repräsentiert, die sich gegenseitig beeinflussen. Entsprechend postulieren sie, dass eine Reaktion auf wahrgenommene Arbeitszufriedenheit affektiv basierte Verhaltensweisen sein können. Hierzu zählt beispielsweise der *Problemlösestil*. Zu kognitiv basierten Verhalten werden bewusste Entscheidungen gezählt, wie beispielsweise *Fluktuation*. Die affektiven Ereignisse bei der Arbeit werden über die Einstellung der Person zu ihrer Arbeit beeinflusst und hierüber wiederum das Verhalten gesteuert. Somit ist die Verhaltenskomponente nicht über die Messung der Arbeitszufriedenheit vorhersagbar, denn beide Konstrukte sind unterschiedlicher Art. Jedoch greift das Zurich Model Revisited besonders die Problematik des Problemlösens auf, welches eine Kernvariable einnimmt. Als bewusste, also kognitiv basierte Entscheidung, wird die Anpassung des Anspruchsniveaus im Prozess der Ausbildung von Arbeitszufriedenheitstypen beibehalten.

Die folgende Tabelle (▶ Tab. 3.6) stellt die in Tab. 2.3 herausgearbeiteten relevanten Aspekte von Modellen, Theorien und Konzepten der Arbeitszufriedenheit und deren Umsetzungen im Zurich Model Revisited und damit im FEAT dar.

Tab. 3.6: Konklusion Theorien und Konzepte der Arbeitszufriedenheit und deren Umsetzungen im Zurich Model Revisited (ZMR)

Theorie/ Konzept	Für Modellarbeit relevant	Berücksichtigung im ZMR
Hierarchisches Modell der Bedürfnisbefriedigung Maslow 1943	Bedürfnisse werden durch Valenz eines Objektes gesteuert Bedürfnisse: 1. physiologische Bedürfnisse/2. Sicherheitsbedürfnis/3. soziale Bindungsbedürfnisse/4. Bedürfnis nach Achtung und Wertschätzung/5. Bedürfnis nach Selbstverwirklichung Homöostase Stufenmodell verwerfen	1. Valenz durch Erhebung Wichtigkeit der einzelnen Facetten berücksichtigt 2. Bedürfnisse werden im Rahmen der Facetten des FEAT abgefragt und gehen in den Arbeitszufriedenheits-Typ ein 3. Homöostase durch Regelkreis und Anpassungsmechanismen verwirklicht 4. Stufenmodell durch Regelkreis ersetzt
Zwei-Faktoren-Theorie Herzberg 1957	Mehrdimensionalität von Arbeits(un)zufriedenheit Bezieht nicht nur Arbeitstätigkeit sondern auch -umfeld mit in die Beurteilung	5. Umsetzung des systematischen Beziehungsmusters durch Arbeitszufriedenheits-typen 6. Berücksichtigung von Arbeitsumfeld und -tätigkeit durch FEAT sowie Regulierungs- bzw. Copingprozesse
Job Characteristics Model Hackman und Oldham 1975	Anforderungsvielfalt, Ganzheitlichkeit, Bedeutsamkeit, Autonomie im Sinne von Kontrolle und Rückmeldung Wichtigkeit der Person hinsichtlich Leistungsmotiv und Bedürfnis nach persönlicher Entfaltung	7. Kontrollwahrnehmung durch Repräsentation einer Kernvariable 8. Bedürfnisse werden im Rahmen der Facetten des FEAT abgefragt und gehen in den AZ-Typ ein

Tab. 3.6: Konklusion Theorien und Konzepte der Arbeitszufriedenheit und deren Umsetzungen im Zurich Model Revisited (ZMR) – Fortsetzung

Theorie/ Konzept	Für Modellarbeit relevant	Berücksichtigung im ZMR
Neuberger 1976	Arbeitszufriedenheit ist erfahrungsbedingt (also retrospektiv) aber auch erfahrungsbedingend (im Sinne von Erwartungen und Prophezeiungen). Demzufolge andauernder Vergleich zwischen erwarteten und tatsächlichen Arbeitssituation	9. Erwartungen an die Arbeitsstelle durch FEAT in Kernvariable 1 Zukunftsperspektive durch FEAT in Kernvariable 2, 3 und 4
Affective Events Theory Weiss und Cropanzano 1996	Affektives Erleben bei der Arbeit führt den Menschen dazu, affektiv basierte Verhaltensweise herauszubilden (z. B. Problemlösung) oder kognitiv basierte (bewusste Entscheidungen, wie beispielsweise Fluktuation)	10. Problemlöseverhalten erfasst Durch Kernvariable 3 Zudem Prozesse der Anpassung aufgrund kognitiver Reflexion (z. B. Anspruchsniveau)

Definitorische Festlegungen der Kernvariablen

Der FEAT hat sich zur Aufgabe gesetzt, die einzelnen modellgestützten Kernvariablen getrennt voneinander zu erheben und damit Änderungen im Arbeitszufriedenheitstyp auf Änderungen in den Kernvariablen zurückführen zu können. Ein weiterer Vorteil dieser Erhebung ist es, dass die häufig sehr verschachtelten Fragen (z. B. des Arbeitszufriedenheitskurzfragebogens, siehe hierzu Neuberger & Allerbeck, 1978) einfachen Formulierungen weichen können.

Um den FEAT erstellen zu können, ist es erforderlich, die einzelnen Kernvariablen definitorisch festzulegen, um eine notwendige Konstruktvalidität zu erreichen. Im Folgenden werden die theoretischen Überlegungen dargestellt, die zur Festlegung der Fragebogenitems führen.

3 Erhebungsmethoden

Kernvariable 1: Soll-Istwert-Vergleich Arbeitssituation und Erwartungen

Arbeitszufriedenheitsinstrumente erheben in der Regel unterschiedliche Dimensionen der Arbeitszufriedenheit (oftmals als Facetten bezeichnet), z. B. Zufriedenheit mit den Entwicklungsmöglichkeiten, den monetären Zuwendungen, mit den Vorgesetzten usw. Statistisch betrachtet sind diese Facetten jedoch zeitlich nicht stabil (Ferreira, 2006). Inhaltlich können diese Facetten den im Zürcher Modell geforderten Soll-Ist-Vergleich zwischen Erwartungen und gegebener Arbeitssituation beschreiben und es ist lohnenswert, diese einzeln zu betrachten.

Arbeitssituation

Six und Kleinbeck (1989) empfehlen, Arbeitszufriedenheit im Kontext des verwendeten Instrumentariums, der Arbeitssituation, des Bezugssystems und des gesellschaftlichen Hintergrundes zu betrachten. Einen vergleichbaren Ansatz verfolgen Borg und Staufenbiel (1991), welche die Facetten der Arbeitszufriedenheit in kognitive, affektive und materielle einteilen. Hält man sich bei der Beschreibung der Arbeitssituation das Arbeitssystemmodell vor Augen (Luczak, 1997), so fehlen bei diesen Klassifikationen noch die instrumentellen, also arbeitsplatzbezogenen Einflüsse. Eine sehr umfangreiche Sammlung möglicher Facetten der Arbeitszufriedenheit stellt Roedenbeck (2004) zusammen, wobei es weder hinsichtlich möglicher zusätzlicher Varianzaufklärung noch hinsichtlich der Handhabbarkeit eines Fragebogens sinnvoll und notwendig ist, sämtliche mögliche beeinflussende Facetten zu erheben. Daher stützt sich die folgende Zusammenstellung auf die eben genannten Klassifikationen, auf bisherige untersuchte Facetten sowie auf solche, die sich in eigenen Untersuchungen als einflussreich erwiesen haben (Ferreira, 2001). Es handelt sich um die folgenden Facetten mit den näher beschriebenen Inhalten:

Im Bereich der kognitiven Facetten

- Anforderung durch die Arbeit
- Verantwortung
- Zufriedenheit

Im Bereich der sozialen Facetten

- Raum für private Angelegenheiten
- Unterstützung durch Kolleg/-innen
- Respekt durch Kolleg/-innen
- Anerkennung/Zeit durch Vorgesetzte

Im Bereich der affektiven Facetten

- Freude an der Tätigkeit
- Stolz auf Arbeitgeber
- Identifikation mit dem Betrieb

Im Bereich der materiellen Facetten

- Vergütung
- Aufstiegschancen
- Sicherheit des Arbeitsplatzes
- Im Bereich der instrumentellen Facetten
- Freizeit/Urlaub/Pausen/Arbeitszeit
- Gesundheitlicher Schutz
- Arbeitsplatzausstattung/Ordnung, Sauberkeit
- Umgebungsbedingungen
- Erwartungen

Diese einzelnen Facetten geben Aufschluss über den subjektiv wahrgenommenen Istzustand der Arbeitssituation. Um diese Facetten auch für den Sollzustand nutzen zu können und somit erstens eine Vergleichbarkeit zu ermöglichen und zweitens den Vorgaben des Zürcher Modells zu folgen, bedarf es einer Erweiterung und auch Klärung hinsichtlich der Erwartungen. Im ursprünglichen Zürcher Modell von Bruggemann handelt es sich bei dem Soll-Istwert-Vergleich zwischen Arbeitssituation und Erwartungen (KV1) um »*konkrete Bedürfnisse und Erwartungen bezogen auf die Arbeitssituation*« (Baumgartner & Udris, 2006, S. 114). Es geht hierbei um den Vergleich der eigenen Erwartungen an eine Arbeitssituation mit der vorliegenden Arbeitssituation. Erwartungen sind nach Heckhausen (1989) die »*erlebte Wahrscheinlichkeit, mit der man erstrebenswerte Ziele (Werte) zu erreichen ... hofft*« (S. 7). Demzufolge ist neben den Erwartungen auch der Wert (die Wichtigkeit) der einzelnen Erwartungen zu erfragen.

Wichtigkeit

Neben der Beurteilung des Soll- und des Istwertes ist auch die Erhebung der Wichtigkeit (also der Arbeitswert) der einzelnen Facetten relevant. Dies ist kein neuer Ansatz. Vielmehr wird dieses Vorgehen in der Literatur kontrovers diskutiert. In der Arbeitszufriedenheitsforschung erhofft man sich durch die zusätzliche Erhebung der Wichtigkeit detailliertere Hinweise auf möglichen Handlungsbedarf (Borg, 2006). Jedoch wird gleichzeitig angemerkt, dass die Wichtigkeit bereits in den Zufriedenheitsantworten eingeschlossen ist und somit könnte die Gewichtung Redundanzen aufweisen.

Die Messung der Arbeitszufriedenheit anhand von Facetten soll zu einem deutlichen, differenzierten Bild der Gesamtarbeitszufriedenheit führen. Jedoch zeigen Forschungsergebnisse, dass Personen mit gleichen Bewertungen für gleiche Facetten dennoch unterschiedliche Zufriedenheitsbewertungen haben können; eine mögliche Erklärung dafür ist, dass die Wichtigkeit jeder Facette interpersonell variieren kann (Locke, 1969). Demzufolge kann die Erhebung der Wichtigkeit für jede Facette einen deutlicheren Überblick über die Arbeitszufriedenheit für jede Person verschaffen (Quinn & Mangione, 1973).

Kernvariable 2: Wahrgenommene Kontrollierbarkeit

Das Zürcher Modell wird von Büssing durch die zweite Kernvariable *Wahrgenommene Kontrollierbarkeit* (z. B. Büssing & Bissels, 1998) erweitert. Es gibt unterschiedliche Definitionen von Kontrolle und Kontrollierbarkeit. Einen gemeinsamen Nenner finden die Definitionen in der Möglichkeit zur Beeinflussung einer Situation. Dementsprechend beziehen sich auch Büssing et al. (1999) bei der Kontrollwahrnehmung einer Person auf die Beeinflussbarkeit der eigenen Arbeitssituation. In der 1988 veröffentlichten Schrift über Kontrollmotivation und Tätigkeit definiert er Kontrollmotivation als »... Motivation nach Erhalt/Verbesserung von Handlungsergebnissen, -folgen und -möglichkeiten« (Büssing, 1988, Zusammenfassung vor Seite 1). Gemäß dieser Definition ist Kontrollwahrnehmung die Wahrnehmung vom Erhalt/ Verbesserung von 1. Handlungsergebnissen, 2. Handlungsfolgen und 3. Handlungsmöglichkeiten.

Daraus folgt, dass Beschäftigte sowohl den Erhalt als auch Verbesserungen der Handlungskomponenten bewusst feststellen müssen, um de facto Kontrolle wahrzunehmen. Erhalt ist hierbei eine gegenwärtige Feststellung, während die Verbesserung eine Veränderung über die Zeit beschreibt.

Zu den Handlungskomponenten selbst schreibt Büssing (1988, S. 13) »Kontrolle ist an Handlungen gebunden, die Handlungsergebnisse und -folgen entsprechend eigenen Motiven nach sich ziehen. D. h. Kontrolle ist ein Maß für die Erreichbarkeit von Handlungszielen entsprechend den eigenen Motiven ... Getragen wird Kontrolle von motivierten Tätigkeiten und den zugehörigen zielgerichteten Handlungen.«

Folglich müssen zur Erhebung der Wahrgenommenen Kontrollierbarkeit (KV2) erfasst werden:

- Handlungsmöglichkeiten hinsichtlich des Erhalts (im Sinne von vorhanden sein) sowie der Verbesserung der Möglichkeiten,
- Handlungsergebnisse hinsichtlich des Erhalts (im Sinne von Einfluss haben auf/vorhanden sein) sowie der Verbesserung der Ergebnisse,
- Handlungsfolgen hinsichtlich des Erhalts (im Sinne von Einfluss haben auf/vorhanden sein) sowie der Verbesserung der Folgen.

Kernvariable 3: Anspruchsniveau(veränderung)

Die Anspruchsniveau(veränderung) (KV3) des Zürcher Modells beschreibt die Veränderung des Anspruchsniveaus als Folge von Befriedigung oder Nicht-Befriedigung von Bedürfnissen und Erwartungen (Baumgartner & Udris, 2006). Es ist notwendig, eine Definition auszuwählen, die dem Grundgedanken des Zürcher Modells Rechnung trägt. Die Veränderung des Anspruchsniveaus ist hier als ein Problemlösungsversuch anzusehen und somit nur indirekt auf die Anpassung der eigenen Leistungen ausgerichtet (Lewin, Dembo, Festinger & Sears, 1944); vielmehr führt sie zu einer Veränderung persönlicher Zielstrukturen (Büssing & Bissels,

1996). Büssing zitiert entsprechend zwei Definitionen des Anspruchsniveaus, deren Auslegungen zur Erhebung des Anspruchsniveaus im Sinne des Zürcher Modells Verwendung finden können. Zum einen handelt es sich um die Definition von Heckhausen (1955, S. 119), die Anspruchsniveau wie folgt beschreibt: »*Die einem Versuchsleiter von einer Versuchsperson mitgeteilte Zielsetzung in Bezug auf eine ihr nicht mehr unbekannte, jetzt erneut auszuführende und mehr oder weniger gut zu meisternde Aufgabe, sofern diese Zielsetzung innerlich übernommen ist*«. Die zweite Auslegung, auf die sich Büssing und Bissels (1996) beziehen, ist die 1930 von Hoppe aufgestellte: »*Die Gesamtheit dieser mit jeder Leistung sich verschiebenden, bald unbestimmten, bald präzisen Erwartungen, Zielsetzungen oder Ansprüchen an die zukünftige eigene Leistung wollen wir das Anspruchsniveau ... nennen*« (S. 10).

Beiden Definitionen gemeinsam ist eine Zielsetzung, die gemäß Heckhausen innerlich übernommen sein muss. Somit wird die Anspruchsniveau (veränderung) durch das momentan vorhandene Anspruchsniveau sowie die damit verbundenen, sich verändernden Zielsetzungen, bestimmt.

Kernvariable 4: Problemlösungsversuche

Die vierte Kernvariable des Zürcher Modells enthält mögliche Problemlösungsversuche sowie die Verfälschung der Situationswahrnehmung. Lediglich der Arbeitszufriedenheitstyp *Pseudo-Arbeitszufriedenheit* greift auf die *Verfälschung der Situationswahrnehmung* zurück. Neuberger (1974a) verweist darauf, dass jeder Arbeitszufriedenheitstyp einen gewissen Anteil von Situationsverfälschung beinhalten könnte und eine Differenzierung nur schwerlich möglich sei. Fischer (1989) hält eine Operationalisierung dieses Arbeitszufriedenheitstyps für aussichtslos, da alle denkbaren Verfälschungsmöglichkeiten eines kognitiven Systems berücksichtigt werden müssten. Aus diesen Gründen, und da der empirische Nachweis dieses Typs bisher nur vereinzelt möglich war, bleibt die Verfälschung der Situationswahrnehmung in den weiteren Überlegungen unberücksichtigt.

Aus der Forschung zur Kontrollwahrnehmung (siehe Wahrgenommene Kontrollierbarkeit KV2) abgeleitet, können bewusste Problemlösungsversuche (und diese sind im Zürcher Modell gemeint) auf zwei Ebenen erfolgen. Rothbaum, Weisz und Snyder (1982) unterscheiden zwischen primärer und sekundärer Kontrolle. Primäre Kontrolle bezieht sich auf Veränderungen, die in der Umwelt vorgenommen werden können. Bezogen auf die Arbeitssituation sind dies solche Veränderungen, die an den Facetten der Arbeitszufriedenheit vorgenommen werden können, um eine Aversivität zu verringern oder zu beseitigen. Die sekundäre Kontrolle bezieht sich auf die internen Prozesse, die eine Person anwendet, um die Situation subjektiv weniger aversiv erscheinen zu lassen. Im weitesten Sinne können hierzu auch Veränderungen des Anspruchsniveaus zählen (s. o.), müssen zur Erhebung der Problemlösungsversuche (KV4) jedoch ausgeschlossen werden, um eine Redundanz zu vermeiden.

Eine Definition von Problemlösung, die sinnvoll in das Zürcher Modell adaptiert werden kann, liefern Mayer und Wittrock (1996, S. 47) »*Problem solving is cognitive processing directed at achieving a goal when no solution method is obvious to the problem solver.*« Die Problemlösungsversuche (KV4) werden darauf basierend erfasst über die folgenden Kennzeichen des Problemlösens:

- Kognitiv (und dementsprechend bewusst),
- tritt im Rahmen eines Prozesses auf,
- umfasst Repräsentation und Manipulation von Wissen,
- ist zielgerichtet,
- und – basierend auf Baumgartner und Udris (2006), die von Problemlösungsverhalten sprechen – handlungsinitiierend.

Erhebung der Kernvariablen

Der Soll-Istwert-Vergleich zwischen Arbeitssituation und Erwartungen (KV1) wird mithilfe von 22 Facetten erfasst, welche die Arbeitssituation beschreiben. Jede der Facetten wird hinsichtlich der drei Bereiche Sollwerte (Erwartungen), Istwerte und Wichtigkeit bewertet, woraus sich 66 Items ergeben. Die Skalierung des gesamten Fragebogens ist durchgängig fünfstufig. Die Antwortmöglichkeiten sind ungewöhnlich extrem gewählt. Diese Form der Antwortvorgaben geht auf die Ergebnisse von Borg (2006, S. 63) zurück, die zeigen, dass »*die Verteilungen von Ratings zu Arbeitswerteitems immer deutlich linksschief sind*«. Borg schlägt deshalb vor, »*extremere*

Formulierungen als lediglich sehr wichtig« für die obere Schranke der Antwortskala (zu) wählen, z. B. »würde ich meinen rechten Arm dafür geben«.

Die Wahrgenommene Kontrollierbarkeit (KV2) wird mit insgesamt sechs Items erhoben, welche die Handlungsfolgen, -ergebnisse und -möglichkeiten sowie deren Veränderungen erheben. Die Items werden zu einem Wert mit den Ausprägungen Kontrollierbarkeit vorhanden oder Kontrollierbarkeit nicht vorhanden verrechnet.

Die Anspruchsniveau(veränderung) (KV3) wird mit vier Items durch die Frage nach eigenen Ansprüchen an die Arbeit und deren Veränderung, an eigene Zielvorgaben sowie deren Veränderungen erhoben. Die Antwortmöglichkeiten werden als qualitative Abfrage formuliert, um das Verstehen der Frage für jede Zielgruppe zu ermöglichen.

Problemlösungsversuche (KV4) werden mit vier Items erhoben, wobei die Ergebnisse zu »fehlendes Problemlösen« oder »vorhandenes Problemlösen« verrechnet werden.

Statistische Kennwerte des FEAT

Der FEAT ist zwischenzeitlich an mehr als 140 Stichproben deutschlandweit bei etwa 20 000 Personen angewendet. In Abhängigkeit von den verwendeten Stichproben (Homogenität, Stichprobengröße) ergeben sich leichte Schwankungen in den Reliabilitätskennwerten, die gemittelt in der folgenden Tabelle (▶ Tab. 3.7) dargestellt sind.

Tab. 3.7: Reliabilitätskennwerte (Cronbach's Alpha) der einzelnen Skalen des FEAT, gemittelt über mehrere Stichproben

Skala	Itemanzahl	Reliabilität nach Cronbachs Alpha
Kernvariable 1: Soll-Istwert-Vergleich Arbeitssituation und Erwartungen Gesamtwert	Je 22 Facetten für Sollwert, Istwert und Wichtigkeit = 66 Items	0,901
Sollwert	22 Items	0,867
Wichtigkeit	22 Items	0,891
Istwert	22 Items	0,860

Tab. 3.7: Reliabilitätskennwerte (Cronbach's Alpha) der einzelnen Skalen des FEAT, gemittelt über mehrere Stichproben – Fortsetzung

Skala	Itemanzahl	Reliabilität nach Cronbachs Alpha
Kernvariable 2: Wahrgenommene Kontrollierbarkeit	6 Items	0,732
Kernvariable 3: Anspruchsniveau(veränderung)	4 Items	0,806
Kernvariable 4: Problemlösungsversuche	4 Items	0,702

3.4 Hinweise für die Praxis

Die vorherigen Ausführungen verdeutlichen, dass der Einsatz eines Arbeitszufriedenheitsinventars gut überlegt und geplant sein muss. Bei der Anwendung von mehr oder weniger standardisierten Instrumenten sollte im Vorfeld eine sorgfältige Betrachtung der theoretischen und methodischen Konzeption des Verfahrens sowie der damit verfolgten Ziele erfolgen. Dabei sollten die problematischen Aspekte des Konstruktes der Arbeitszufriedenheit bewusst wahrgenommen und bei der Interpretation der Daten berücksichtigt werden. Neuberger (1980) gibt einige allgemeine Empfehlungen, die bei der Messung von Arbeitszufriedenheit in der betrieblichen Praxis nach Möglichkeit eingehalten werden sollten.

- Die Erfassung der Arbeitszufriedenheit sollte mehrmals erfolgen (u. a. um als betriebliches Bezugs- bzw. Kontrollsystem zu dienen).
- Den Beschäftigten sollten Partizipation bei Planung und Durchführung der Befragung ermöglicht werden.
- Die Reflexion der Ergebnisse sollte dezentral (z. B. in Kleingruppen) erfolgen.

- Es sollte ausreichend Zeit für die Diskussion der Ergebnisse zur Verfügung stehen.
- Die Befragung sollte als erster Schritt in einem ganzheitlichen Prozess und somit als Anregung zur Intervention verstanden werden.
- Für alle Beschäftigten sollte ein Experte bzw. Ansprechpartner zur Verfügung stehen, der Fragen beantworten kann.

Aus empirischen Erfahrungen heraus sollten weiterhin:

- Die Beschäftigten über den Sinn und Zweck der Untersuchung informiert werden,
- die Beschäftigten zeitnah über die Ergebnisse informiert werden,
- der Untersuchung Maßnahmen folgen,
- die Maßnahmen mit den Beschäftigten diskutiert und gemeinsam umgesetzt werden,
- eine Evaluierung der Maßnahmen erfolgen.

4 Abgrenzung zu anderen Konzepten

Oftmals mangelt es Erhebungsmethoden der Arbeitszufriedenheit an Validität, da sie nicht Arbeitszufriedenheit sondern verwandte Konzepte wie Lebenszufriedenheit, Commitment, Organizational Citizenship Behaviour (OCB), Glücks- und Flowerleben oder Subjektives Wohlbefinden, Berufszufriedenheit oder Arbeitsplatzzufriedenheit erfassen. Eine wissenschaftliche Abgrenzung zu diesen Konzepten ist daher notwendig und wird im folgenden Kapitel vorgenommen. Prinzipiell kann eine Interkorrelation der die berufliche Arbeit betreffenden Konstrukte nicht ausgeschlossen werden, denn es handelt sich immer um subjektive Wahrnehmungen der Beschäftigten, die selbstverständlich die unterschiedlichen Konstrukte in einen individuellen Verständniszusammenhang bringen.

4.1 Commitment

Neben der Arbeitszufriedenheit, als eine der wichtigsten Konstrukte in der Arbeits- und Organisationspsychologie, etabliert sich seit den 1960er Jahren das Konzept des organisationalen Commitments (Felfe & Six, 2006).

4.1.1 Definition und Bedeutung

Zahlreiche Publikationen diskutieren Definitionen, Ursachen, Bedingungen und Konsequenzen von Commitment (siehe beispielsweise Meta-Analyse von Mathieu & Zajac, 1990). Das starke Interesse aus Forschung und Praxis am Konzept des organisationalen Commitments liegt - ähnlich wie beim Konstrukt der Arbeitszufriedenheit – in den zahlreichen empirischen Hinweisen auf Zusammenhänge mit wichtigen arbeitsrelevanten Verhaltensweisen wie Arbeitsleistung oder Fluktuation (Landy & Conte, 2010). Beispielsweise bestätigt Weinert (1998), dass Commitment ein besserer Prädiktor von Kündigungsabsichten als Arbeitszufriedenheit ist.

Bei Commitment handelt es sich allgemein nach Landy und Conte (2010) um die »… psychologische und emotionale Verbundenheit eines Individuums mit einer Beziehung, einem Ziel oder einem Beruf« (S. 415). Organisationales Commitment im Spezifischen wird als Bindung der Beschäftigten an die Organisation verstanden (Mathieu & Zajac, 1990). Eine häufig zitierte Definition stammt von Meyer und Herscovitch (2001, S. 301): »*Commitment is a force that binds an individual to a course of action of relevance to one or more targets*«.

4.1.2 Messung von Commitment

Um Commitment in Forschung und Praxis messbar zu machen, gibt es, ähnlich wie bei der Arbeitszufriedenheit, eine Vielzahl von Erhebungsinstrumenten. Eines der am häufigsten eingesetzten Verfahren ist nach der Meta-Analyse von Mathieu und Zajac (1990) der Organizational Commitment Questionnaire (OCQ, Porter & Smith, 1970). Der Fragebogen eignet sich insbesondere zur Messung der affektiven Komponente des Commitments. Diese besteht nach Porter, Steers, Mowday und Boulian (1974) aus den drei Elementen:

- Akzeptanz und Glaube an die Werte der Organisation
- Bereitschaft, sich zusätzlich anzustrengen, um der Organisation bei der Zielerreichung zu helfen
- Starker Wunsch, in der Organisation zu verbleiben

Die 15 Items des OCQ erfassen diese drei Elemente als eindimensionales Commitment-Konstrukt (Maier & Woschée, 2002).

4.1.3 Abgrenzung zu Arbeitszufriedenheit

Bereits 1987 analysiert Mottaz die Beziehung von Arbeitszufriedenheit und organisationalem Commitment. Er findet heraus, dass beide Konzepte ähnliche Determinanten haben. Sowohl Arbeitszufriedenheit als auch Commitment lassen sich in erster Linie durch Merkmale der Tätigkeit vorhersagen. Individuelle Charakteristika der Person haben eher geringe Effekte. Bezüglich der Beziehung zwischen Arbeitszufriedenheit und Commitment findet Mottaz ein reziprokes Verhältnis, wobei die Arbeitszufriedenheit eher das organisationale Commitment beeinflusst als umgekehrt.

Zu etwas anderen Ergebnissen hinsichtlich der Prädiktoren für Arbeitszufriedenheit und Commitment kommen Glisson und Durick (1988). Sie zeigen auf, dass Arbeitszufriedenheit und Commitment unterschiedliche Determinanten haben. Während Arbeitszufriedenheit analog zu Mottaz (1987) vor allem durch Charakteristiken der Tätigkeit vorhergesagt werden kann, ist dies bei Commitment nicht der Fall. Hier liefern Merkmale der Organisation den wichtigsten Beitrag zur Vorhersage. Die Merkmale der Person sind weder hinsichtlich der Arbeitszufriedenheit noch hinsichtlich des Commitments von zentraler Bedeutung. Die Ergebnisse bezüglich des Zusammenhangs beider Konzepte sind uneinheitlich. Die wichtigste Erkenntnis besteht darin, dass Personen mit niedriger Arbeitszufriedenheit durchaus ein starkes Commitment haben können, sodass die Unabhängigkeit beider Konstrukte empirisch untermauert wird.

Meta-Analysen (Mathieu & Zajac, 1990; Meyer et al., 2002) finden tendenziell eher hohe korrelative Zusammenhänge zwischen Arbeitszufriedenheit und Commitment. Je nach Operationalisierung der beiden Konstrukte (z. B. globale Messung der Arbeitszufriedenheit vs. Facetten der Arbeitszufriedenheit) schwanken die Befunde (Felfe & Six, 2006). So stehen insbesondere die Zufriedenheit mit der Tätigkeit selbst und affektives Commitment in einem engen Zusammenhang ($r = .65$). Dies spricht nach Felfe und Six (2006) für die affektive Komponente als wesentliche Gemeinsamkeit von Arbeitszufriedenheit und Commitment, da beiden Konzepten eine emotionale Bewertung zugrunde liegt. Andere Commitment-Konzepte, wie beispielsweise kalkulatorisches Commitment, korrelieren sogar negativ mit der Arbeitszufriedenheit, sodass einerseits von einer

Gemeinsamkeit, andererseits aber auch von einer wesentlichen Unterscheidung beider Konstrukte ausgegangen werden muss. Neben diesen empirischen Gemeinsamkeiten und Unterschieden von Arbeitszufriedenheit und organisationalem Commitment, nennen Felfe und Six (2006) auch einige konzeptionelle Differenzierungen. Während Arbeitszufriedenheit das Resultat eines Bewertungsprozesses darstellt, bildet Commitment eher die langfristige emotionale Bindung eines Individuums an die Organisation ab. Wie Glisson und Durick (1988) empirisch belegen, können sich beide Konzepte auch unabhängig voneinander entwickeln. Van Dick (2004) erklärt dies durch den Unterschied, dass es sich bei Commitment um eine globale und überdauernde Reaktion gegenüber der Organisation handelt, während Arbeitszufriedenheit eher kurzfristig und zeitlich weniger stabil ist. Eine wesentliche theoretische Gemeinsamkeit beider Konstrukte besteht darin, dass bei beiden eine affektive und eine kognitive Komponente beteiligt sind. Diese Gemeinsamkeit ist wie beschrieben bereits empirisch untermauert.

Auch die Ähnlichkeit der Konsequenzen beider Konzepte, wie beispielsweise die Verringerung von Fluktuation, kann als Gemeinsamkeit aufgefasst werden, wobei jedes Konzept zusätzlich einen unterschiedlichen Vorhersagebeitrag leisten kann. Zusammenfassend lässt sich festhalten, dass es sich bei Arbeitszufriedenheit und Commitment um »... relativ nahe Verwandte handelt« (Felfe & Six, 2006, S. 42).

Die Kausalbeziehung zwischen beiden Konzepten ist bislang nicht gänzlich geklärt. Tett und Meyer (1993) halten zwei Wirkrichtungen für denkbar. Zum einen könnte Commitment ein Mediator der Beziehung zwischen Arbeitszufriedenheit und deren Konsequenzen sein. Zum anderen könnte Arbeitszufriedenheit ein Mediator zwischen Commitment und dessen Konsequenzen sein. Beide Positionen lassen sich theoretisch begründen (Felfe & Six, 2006). Des Weiteren ist auch eine reziproke Beziehung denkbar. Empirisch gibt es Evidenz für alle drei Modelle, sodass bisher kein Konsens über die Kausalbeziehung getroffen werden kann.

In einer Längsschnittstudie mit drei Messpunkten untersuchen Neininger, Lehmann-Willenbrock, Kauffeld und Henschel 2010 insgesamt 360 Beschäftigte über einen Zeitraum von drei Jahren. Sie finden Belege in ihrer Studie, dass Arbeitszufriedenheit eine Folge des Commitments ist. Neininger et al. (2010) bestätigen die Auswirkungen des organisatorischen

Commitments auf die Arbeitszufriedenheit und zeigen, dass hohes organisatorisches Commitment mit hoher Arbeitszufriedenheit zusammenhängt. Die Autoren können weiterhin belegen, dass der Zusammenhang zwischen organisatorischem Commitment und Arbeitszufriedenheit im Laufe der Zeit stärker wird.

4.2 Organizational Citizenship Behavior (OCB)

In nahezu jeder Organisation lassen sich Beschäftigte finden, deren Anstrengungen und Arbeitseinsatz weit über das hinausgehen, was aufgrund der offiziellen Stellenbeschreibung von ihnen erwartet wird. Im Prinzip handelt es sich um ein Verhalten, das mehr beinhaltet, als es die formalen Rollenerwartungen vorschreiben (Smith et al., 1983). Dieses Verhalten nennt man Organizational Citizenship Behaviour (OCB).

4.2.1 Definition und Bedeutung

OCB trägt insbesondere zur Stabilität des sozialen Systems am Arbeitsplatz bei, da es sich oftmals um Kooperation und Hilfe gegenüber anderen Menschen in der Organisation handelt. Einen Mangel an theoretischer Konzeptualisierung dieses alltäglichen Phänomens nehmen Smith et al. (1983) zum Anlass, dessen Dimensionalität und Bedingungen empirisch zu überprüfen. Sie beschreiben jenes Verhalten, das über die Erwartungen hinausgeht, als Organizational Citizenship Behavior (OCB). Diese erste systematische Studie hat eine Vielzahl weiterer Forschungsarbeiten angeregt, wobei das Interesse an OCB bis heute anhält. Insbesondere zu den Bedingungen für das Entstehen von OCB gibt es eine unüberschaubare Anzahl an empirischen Untersuchungen, da die betriebliche Praxis nach Interventionsmöglichkeiten sucht, um OCB erhöhen zu können.

4.2.2 Dimensionen von OCB

In ihrer Studie identifizieren Smith et al. (1983) faktorenanalytisch zwei wesentliche Dimensionen von OCB. Neben Altruismus als situationsspezifisches Hilfeverhalten gegenüber anderen Mitgliedern der Organisation, zeigen die Autoren die Dimension »generalized compliance« auf. Letztere beinhaltet Verhaltensweisen, die der Organisation als Ganzes dienlich sind. Es handelt sich um das Bewusstsein der Beschäftigten, ein gutes Mitglied der Organisation zu sein, indem beispielsweise Regeln und Normen eingehalten werden. Diese zweifaktorielle Struktur von Smith et al. (1983) bildet bis heute die Basis der meisten empirischen Arbeiten zu den Bedingungen von OCB. In ihrer Meta-Analyse zur Dimensionalität von OCB merken LePine, Erez und Johnson (2002) kritisch an, dass zwar eine Vielzahl von Studien Zusammenhänge zwischen den beiden OCB-Dimensionen belegen können, es aber kaum Überprüfungen der Dimensionen untereinander sowie eine breitere Konzeptualisierung des Konstruktes gibt. Allein die Definition des Begriffs ist vielfältig und uneinheitlich (z. B. Extrarollen-Performanz oder Prosoziales Verhalten). Organ (1988) erweitert das Konstrukt OCB auf fünf Dimensionen (»altruism«, conscientiousness«, »sportmanship«, »courtesy« und »civic virtue«). Eine Gegenüberstellung der Konzeptionen findet sich in in der folgenden Tabelle 4.1.

Tab. 4.1: Gegenüberstellung der Dimensionen von OCB nach Smith et al. (1983) und Organ (1988) (auch zusammenfassend dargestellt bei Staufenbiel & Hartz, 2000)

Dimension bei Smith et al. (1983)	Dimension bei Organ (1988)	Verhaltensbeispiel
Altruismus	Hilfsbereitschaft (altruism)	freiwillige Hilfe bei der Einarbeitung eines neuen Beschäftigtes
Generalized Compliance	Gewissenhaftigkeit (conscientiousness)	sparsamer Umgang mit Ressourcen wie Papier, Drucker etc.
	Unkompliziertheit (sportmanship)	kleine Unannehmlichkeiten werden für kurze Dauer ertragen

Tab. 4.1: Gegenüberstellung der Dimensionen von OCB nach Smith et al. (1983) und Organ (1988) (auch zusammenfassend dargestellt bei Staufenbiel & Hartz, 2000) – Fortsetzung

Dimension bei Smith et al. (1983)	Dimension bei Organ (1988)	Verhaltensbeispiel
	Eigeninitiative (civic virtue)	eigenständige Anmeldung zu Weiterbildungen
	Rücksichtnahme (courtesy)	frühzeitige Absprache, wenn Termine nicht wahrgenommen werden können

Im Kern entspricht das Konstrukt jedoch weiterhin der ursprünglichen Version von Smith et al. (1983). Entgegen vieler Befunde können LePine et al. (2002) die Unabhängigkeit der Dimensionen meta-analytisch nicht bestätigen. Nach Meinung der Autoren handelt es sich bei den jeweiligen Dimensionen um identische Indikatoren für ein latentes Konstrukt. Zu ähnlichen Schlussfolgerungen kommen auch Hoffman, Blair, Meriac und Woehr (2007). Mithilfe konfirmatorischer Faktorenanalysen bestätigen die Autoren statt der fünffaktoriellen Struktur von Organ (1988), ein eindimensionales Modell für OCB, nach dem sich die fünf Facetten zu einem Gesamtwert addieren lassen. Um diesen Gedanken weiter zu verfolgen, sind nach LePine et al. (2002) zunächst theoretische Grundüberlegungen zur Messung und Dimensionalität von OCB notwendig. Bisher fehlt eine theoretische Einbettung in ein theoretisches, durch Verknüpfung von Aussagen herleitbares Netzwerk, da sämtliche empirische Befunde auf den faktorenanalytischen Überlegungen von Smith et al. (1983) basieren.

4.2.3 Messung von OCB

Es gibt zahlreiche Fragebögen zur Erhebung von OCB. Als erschwerend für die Vergleichbarkeit von Untersuchungen kann die häufige Modifikation der Fragebögen angeführt werden. Bei OCB handelt es sich um ein Verhalten, das über die eigentlichen Erwartungen einer Organisation hinausgeht.

4 Abgrenzung zu anderen Konzepten

So kommt es in der betrieblichen Praxis vor, dass solche Items aus Fragebögen entfernt werden, die den durchschnittlichen Erwartungen einer Organisation entsprechen (Staufenbiel & Hartz, 2000). Aus der Vielzahl an englischsprachigen Items in verschiedenen Publikationen, haben Staufenbiel und Hartz (2000) eine deutschsprachige Version mit 20 Items entwickelt (▶ Kasten 8).

Kasten 8: Items des deutschsprachigen Fragebogens zur Erfassung von OCB »Fragebogen zur Erfassung des leistungsbezogenen Arbeitsvehraltens FELA« (Staufenbiel & Hartz, 2000) ([R] zu invertierende Items)

Dimension	Items
Hilfsbereitschaft	hilft neuen Kollegen bei der Einarbeitung
	hilft anderen bei Überlastung
	ausgleichend bei Meinungsverschiedenheiten
	ermuntert niedergeschlagene Kollegen
Gewissenhaftigkeit	kommt immer pünktlich
	weist besonders wenig Fehlzeiten auf
	nimmt nur frei, wenn äußerst dringend
	beachtet Vorschriften mit größter Sorgfalt
Umkompliziertheit	beklagt sich über Belanglosigkeiten[R]
	macht aus Mücke Elefanten[R]
	sieht nur Fehler im Unternehmen[R]
	kritisiert häufig an Kollegen herum[R]
	äußert Vorbehalte gegenüber Veränderung[R]
Eigeninitiative	beteiligt sich aktiv an Besprechungen
	informiert sich über neue Entwicklungen
	macht innovative Vorschläge
	bildet sich laufend arbeitsbezogen fort
	initiativ, um Unternehmen zu schützen
Rücksichtsnahme	beugt Schwierigkeiten mit Kollegen vor
	informiert frühzeitig, wenn er nicht kommt

([R] zu invertierende Items)

Ähnlich inkonsistent wie im amerikanischen Sprachraum fallen die Befunde zur Dimensionalität dieses Fragebogens aus. Zwar können sich faktorenanalytisch vier Subskalen extrahieren lassen, nicht jedoch die fünfte Dimension Rücksichtnahme. Evidenz für eine einfaktorielle Lösung kann jedoch nicht aufgezeigt werden, obwohl die Interkorrelationen der einzelnen Subskalen ähnlich hoch sind wie bei LePine et al. (2002). Zusammenfassend lässt sich festhalten, dass zwar eine Vielzahl von Messinstrumenten zur Erfassung von OCB existiert, diese jedoch aufgrund ständiger Modifikationen nur schwer miteinander vergleichbar sind. Des Weiteren fehlt eine solide Basistheorie zur Dimensionalität von OCB, sodass die Konstruktvalidität der Messinstrumente diskussionswürdig bleibt.

4.2.4 Gründe und Konsequenzen von OCB

Wie bereits im Rahmen der Definition von OCB angedeutet, existiert eine Vielzahl von Forschungsarbeiten zu den Bedingungen für dessen Zustandekommen. Hintergrund dieses regen Interesses ist in erster Linie die Idee, aus den Forschungsarbeiten Interventionsansätze zu generieren, die Unternehmen eine systematische Erhöhung von OCB bei ihren Beschäftigten ermöglichen. Aufgrund der Vielzahl an Forschungsergebnissen zu den Bedingungen von OCB, kann hier lediglich ein (unvollständiger) Überblick gewährleistet werden.

Bereits 1983 in ihrem Artikel zur Dimensionalität von OCB, beschreiben Smith et al. potenzielle Gründe. Die Erhebung sieht vor, dass Vorgesetzte das OCB ihrer Beschäftigten einschätzen. Die Dimension Altruismus kann direkt durch den Bildungsgrad und den Wohnsitz (ländlich) der Beschäftigten sowie deren Arbeitszufriedenheit vorhergesagt werden. Ein unterstützendes Verhalten der Führungskraft und das Persönlichkeitsmerkmal Neurotizismus der Beschäftigten haben lediglich einen indirekten Einfluss über die Arbeitszufriedenheit. Der einzige gemeinsame Prädiktor für beide OCB-Dimensionen ist der ländliche Wohnsitz der Befragten. Arbeitszufriedenheit wirkt sich weder direkt noch indirekt auf die Generalized Compliance aus. Direkten Einfluss auf diese Dimension hat hingegen ein unterstützendes Verhalten der Führungskraft. Die Wichtigkeit des Führungsverhaltens für das Zustandekommen von OCB wird in zahlreichen anderen Publikationen bestätigt. Beispielsweise können Podsakoff, MacKenzie, Moorman und Fetter (1990) zeigen, dass sich ein transformationaler Führungsstil auf das Vertrauen der Beschäftigten in die Führungskraft auswirkt. Dieses Vertrauen wiederum erhöht das Auftreten von OCB. Die Autoren können hingegen keinen signifikanten Zusammenhang zwischen Arbeitszufriedenheit und OCB ermitteln. Auch Meierhans, Rietmann und Jonas (2008) können einen indirekten Effekt von unterstützendem und fairem Führungsverhalten auf das OCB von Bankangestellten in der Schweiz feststellen. Mediatorvariable dabei ist das Commitment. Beide Studien sprechen dafür, dass Organisationen vermehrte Anstrengungen unternehmen sollten, um ihre Vorgesetzte hin zu einem unterstützenden Führungsstil zu entwickeln, um OCB bei den Beschäftigten zu fördern.

Neben diesen eher organisationalen Variable werden auch Motive der Person als potenzielle Ursachen für OCB untersucht. Rioux und Penner (2001) vermuten, dass dem Auftreten von OCB persönliche Bedürfnisse des Individuums zugrunde liegen. Diese Hypothese kann empirisch bestätigt werden. Offensichtlich beeinflusst eine prosoziale Werthaltung das Auftreten der Dimension Altruismus, während organisationales Commitment als Motiv die Generalized Compliance erhöht. Eine praktische Implikation dieser Resultate kann eine gezielte Personalauswahl sein, welche die Motive der Kandidaten berücksichtigt (Rioux & Penner, 2001).

Anders als bei den Gründen stellt sich der Stand der empirischen Befunde zu den Konsequenzen von OCB dar. Podsakoff, Whiting, Podsakoff und Blume (2009) bemängeln, dass es bisher keinerlei Zusammenfassungen des aktuellen Forschungsstandes gibt. In ihrer Meta-Analyse können die Autoren zahlreiche Zusammenhänge zwischen OCB und individuellen sowie organisationalen Outcome-Variablen feststellen. Dabei sind auch relevante Moderatorvariablen aus vorherigen Forschungsarbeiten berücksichtigt. Die folgende Tabelle stellt die wichtigsten Ergebnisse von Podsakoff et al. (2009) zusammenfassend dar (▶ Tab. 4.2).

Diese Ergebnisse von Podsakoff et al. (2009) verdeutlichen, weshalb es in Forschung und Praxis ein derart hohes Interesse an OCB gibt. Insbesondere der hohe Zusammenhang mit der Arbeitsleistung stellt für Unternehmen eine Motivation dar, OCB zu fördern. Aufgrund der beschriebenen Gründe und Konsequenzen von OCB sollten Organisationen einerseits eine adäquate Personalauswahl betreiben, bei der OCB-relevante Motive und

Tab. 4.2: Zusammenfassender Überblick über die Outcomes von OCB auf individueller und organisationaler Ebene

Individuelle Ebene	Organisations- bzw. Gruppenebene
höhere Bewertung der Arbeitsleistung durch den Vorgesetzten ($r = .60$) vermehrte Entscheidungen über zusätzliche Entlohnung ($r = .57$) weniger Fluktuation und Absentismus ($r = -.16$)	höhere Arbeitsleistung von Arbeitseinheiten wie z. B. Produktivität, Effizienz etc. ($r = .43$) erhöhte Kundenzufriedenheit ($r = .23$) weniger Wechsel der Arbeitseinheit ($r = -.22$)

Persönlichkeitsmerkmale fokussiert werden, andererseits aber auch Investitionen in Programme zur Führungskraftentwicklung tätigen.

Nicht unerwähnt bleiben soll eine Studie von Bolino und Turnley (2005), die sich explizit mit den negativen Konsequenzen von OCB beschäftigt hat. Die Autoren untersuchen den Einfluss der OCB-Komponente Eigeninitiative auf Rollenkonflikte, Stress am Arbeitsplatz und den Work-Family-Konflikt. Dafür werden 98 Paare (Alumni einer Privatuniversität) per Fragebogen befragt. Es zeigen sich deutliche Zusammenhänge zwischen einem hohen Grad an Eigeninitiative und den genannten problematischen Outcomes. Moderiert wird dieser Zusammenhang durch das Geschlecht. Die negativen Auswirkungen von OCB sind bei Frauen deutlich stärker als bei Männern (Bolino & Turnley, 2005). Die Autoren sprechen sich dafür aus, dass Unternehmen zum einen OCB bei ihren Beschäftigten fördern sollten, zum anderen jedoch darauf achten sollten, dass freiwilliges Engagement nicht übermäßige Beanspruchungen hervorruft.

4.2.5 Abgrenzung zu Arbeitszufriedenheit

Der fundamentale konzeptuelle Unterschied zwischen OCB und Arbeitszufriedenheit besteht darin, dass es sich bei Arbeitszufriedenheit um eine Einstellung gegenüber der Arbeit handelt, während OCB ein spezifischer Aspekt der Arbeitsleistung, also ein konkretes Verhalten ist. Aufgrund der häufig postulierten Beziehung zwischen Arbeitszufriedenheit und Leistung (Judge & Bono, 2001) vermuten die meisten Autoren ebenfalls direkte

Einflüsse der Arbeitszufriedenheit auf OCB. Ilies, Fulmer, Spitzmuller & Johnson (2009, S. 947) gehen davon aus, dass Personen, »... *die von einer zufrieden machenden Arbeitsumgebung profitieren, sich dafür revanchieren, indem sie sich in OCB engagieren.*« Diesen direkten Zusammenhang der Arbeitszufriedenheit mit OCB können LePine et al. (2002) in ihrer Meta-Analyse bestätigen. In verschiedenen Studien wird von einer durchschnittlichen, bereinigten Korrelation von r = .24 zwischen beiden Variablen berichtet. Ähnliches stellt die Meta-Analyse von Hoffman et al. (2007) dar. Neben diesem offensichtlich positiven Einfluss von Arbeitszufriedenheit auf verschiedene Facetten von OCB scheint Arbeitszufriedenheit auch eine wichtige Funktion als Mediator zwischen anderen arbeitsrelevanten Konstrukten und OCB einzunehmen. Bereits Smith et al. (1983) stellen fest, dass Aspekte des Führungsverhaltens sowie das Persönlichkeitsmerkmal Neurotizismus sich lediglich über die Arbeitszufriedenheit auf OCB auswirken. Zu ähnlichen Resultaten kommen auch Ilies et al. (2009) für die Persönlichkeitsmerkmale Verträglichkeit und Gewissenhaftigkeit. Zwar haben beide auch einen direkten Einfluss auf OCB, wirken jedoch stärker über den Mediator Arbeitszufriedenheit.

Ein weiterer interessanter Ansatz zum Zusammenhang von OCB und Arbeitszufriedenheit geht von einer umgekehrten Beziehung aus (Tepper, Duffy, Hoobler & Ensley, 2004). In ihrer Studie können die Autoren zeigen, dass sich OCB der Kollegenschaft positiv auf die Arbeitszufriedenheit der anderen Beschäftigten auswirken kann, wenn dieses OCB aufgrund einer positiven Führung durch den Vorgesetzten nicht als Anbiedern wahrgenommen wird. In diesem Falle führt das OCB eines Beschäftigten zu geringerer Arbeitszufriedenheit.

4.3 Subjektives Wohlbefinden und Lebenszufriedenheit

Themen wie subjektives Wohlbefinden oder Lebenszufriedenheit erfreuen sich großer Beliebtheit in den verschiedensten Disziplinen sowie auch in populärwissenschaftlichen Publikationen. Dies ergibt sich aus den interdisziplinären Forschungsarbeiten zum Thema des subjektiven Wohlbefindens unter anderem aus der Philosophie, der Soziologie, der Psychologie und der Medizin (v. a. psychische Gesundheit) (Diener, Oishi & Lucas, 2003).

4.3.1 Definitionen und Bedeutung

Das große öffentliche Interesse verdankt das Themengebiet insbesondere dem philosophischen Ansatz. Subjektives Wohlbefinden wird als Indikator und notwendige Bedingung für die Lebensqualität des Individuums und der Gesellschaft verstanden. Aufgrund dieses öffentlichen, auch populärwissenschaftlichen Interesses, ist eine große Begriffsvielfalt entstanden, bei der subjektives Wohlbefinden, Glück oder Lebenszufriedenheit mehr oder weniger synonym verwendet werden (Staudinger, 2000). Lediglich die Subjektivität ist allen Definitionen gemeinsam. Die erste Definition des subjektiven Wohlbefindens veröffentlichte Wilson (1967, zitiert nach Diener, Suh, Lucas & Smith, 1999). Er beschreibt eine charakteristische Person mit hohem subjektivem Wohlbefinden als jung, gesund, gut ausgebildet, extravertiert, optimistisch, verheiratet etc.

An dieser sehr breiten und undifferenzierten Definition aus 1967 verändert sich bis heute kaum etwas. Nach wie vor ist subjektives Wohlbefinden eher ein allgemeines Forschungsgebiet als ein spezifisches Konstrukt (Diener et al., 1999). Lediglich über die zweifaktorielle Struktur der Phänomene, die unter subjektivem Wohlbefinden verortet sind, herrscht Einigkeit. Neben einer eher affektiven Komponente (das Vorliegen positiver und das Fehlen negativer Emotionen) hat subjektives Wohlbefinden eine kognitive Komponente. Als kognitive Komponente wird häufig die Lebenszufriedenheit verstanden. Somit kann Lebenszufriedenheit begrifflich vom Konzept des subjektiven Wohlbefindens abgegrenzt werden. Es handelt sich bei der Lebenszufriedenheit um den kognitiven Aspekt des Wohlbefindens (▶ Abb. 4.1, vgl. auch Diener et al., 1999).

Außer dieser zweifaktoriellen Struktur, die über verschiedene Studien hinweg repliziert werden kann (Staudinger, 2000), gibt es kaum ausdifferenzierte Theorien zur Erklärung interindividueller Differenzen im subjektiven Wohlbefinden. Es liegt lediglich eine Vielzahl an empirischen Forschungsergebnissen zu dessen potenziellen Gründe (und teilweise auch zu dessen Konsequenzen) vor (▶ Kap. 4.3.2).

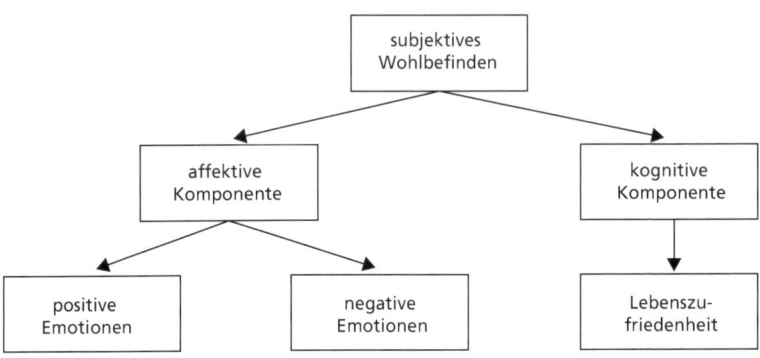

Abb. 4.1: Komponenten des subjektiven Wohlbefindens

4.3.2 Einflussfaktoren auf das subjektive Wohlbefinden

Obwohl eine Vielzahl empirischer Befunde bezüglich interindividueller Differenzen im subjektiven Wohlbefinden vorliegen, kritisieren Diener et al. (2003), dass häufig nur einzelne Aspekte wie z. B. die affektive Komponente untersucht werden. In ihrem Review orientieren sich die Forscher an der oben beschriebenen Struktur des subjektiven Wohlbefindens und stellen die Persönlichkeit sowie die Kultur als Hauptdeterminanten für Unterschiede im subjektiven Wohlbefinden dar. Die Autoren nehmen an, dass beide Faktoren zum einen die durchschnittliche Ausprägung des subjektiven Wohlbefindens beeinflussen und zum anderen als Moderatorvariable den Einfluss anderer Variablen auf das Erleben des subjektiven Wohlbefindens moderieren.

Zunächst werden demografische Variablen und andere situative Einflüsse (Einkommen etc.) als Hauptdeterminanten des subjektiven Wohlbefindens vermutet. Diener et al. (1999) stellen jedoch nur geringe Zusammenhänge fest. Stattdessen ermittelten sie eine gewisse zeitliche Stabilität des subjektiven Wohlbefindens, da sich die Werte selbst nach kritischen Ereignissen schnell wieder hin zum Ausgangsniveau veränderten. Des Weiteren können starke Zusammenhänge mit Traits (zeitstabile Persönlichkeitsmerkmale) dargestellt werden. Insbesondere das Vorliegen von Extraversion bzw. das Fehlen von Neurotizismus scheint mit hohen Wohlbefindenswerten zu korrelieren, sodass von einer genetischen Determinante ausgegangen wird. Die Kausalbeziehung zwischen den Trait-Variablen und dem subjektiven Wohlbefinden ist jedoch nach wie vor ungeklärt (Diener et al., 2003). Beide Richtungen des Einflusses oder aber auch ein reziprokes Verhältnis ist möglich. Darüber hinaus ist eine Vielzahl an Moderatorvariablen, wie beispielsweise die Werte der Person, deren Zielorientierung oder Umwelteinflüsse, denkbar. Neben diesen zeitstabilen Charakteristiken der Persönlichkeit werden auch andere Aspekte der Persönlichkeit im Zusammenhang mit subjektivem Wohlbefinden untersucht. Dazu gehören beispielsweise Coping-Strategien oder der Attributionsstil (Diener et al., 1999).

Als zweite Hauptdeterminante des subjektiven Wohlbefindens vermuten Diener et al. (2003) kulturelle Unterschiede. Zwar sind die durchschnittlichen Ausprägungen von Lebenszufriedenheit als kognitive Komponente des subjektiven Wohlbefindens häufig über verschiedene Nationen hinweg gleich, es zeigen sich jedoch Unterschiede, wenn spezifische ethnische Gruppen betrachtet werden (z. B. European Americans vs. Asian Americans). Auch im subjektiven Wohlbefinden als Ganzes gibt es kulturelle Differenzen. Deren Ursachen liegen im Wohlstand (hiermit ist weniger das Einkommen, als vielmehr damit verbundene Charakteristika wie Demokratie und Menschenrechte gemeint), unterschiedlichen Selbstregulationsmechanismen oder unterschiedlicher Zielorientierung. In Abhängigkeit davon, welche Normen eine Kultur forciert, sind positive Gefühle bzw. subjektives Wohlbefinden mehr oder weniger stark ausgeprägt.

4.3.3 Messung von Lebenszufriedenheit und subjektivem Wohlbefinden

Eines der populärsten deutschsprachigen Instrumente zur Erfassung der Lebenszufriedenheit ist der Fragebogen zur Lebenszufriedenheit (FLZ) von Fahrenberg, Myrtek, Schumacher und Brähler (2000). Er dient der Messung der globalen und bereichsspezifischen Lebenszufriedenheit im Rahmen klinisch-diagnostischer Fragestellungen (Fahrenberg, 2003). Dabei beurteilen die Befragten sowohl die vergangenen und gegenwärtigen, als auch die zukünftigen Lebensbedingungen in zehn verschiedenen Bereichen. Jeder Bereich wird als Subskala der Lebenszufriedenheit durch sieben Items repräsentiert. Beispielitems zeigt Kasten 9.

Kasten 9: Subskalen und Beispielsitems des FLZ (vgl. Fahrenberg, 2003, S. 147)

Subskala	Beispielitem
Gesundheit	»Mit meinem körperlichen Gesundheitszustand bin ich …«
Arbeit und Beruf	»Mit meiner Position an meiner Arbeitsstelle bin ich …«
Finanzielle Lage	»Mit dem was ich besitze, bin ich …«
Freizeit	»Mit dem Erholungswert meiner Feierabende und meiner Wochenenden bin ich …«
Ehe und Partnerschaft	»Mit dem Verständnis, das mir mein Partner entgegenbringt, bin ich …«
Beziehung zu den eigenen Kindern	»Wenn ich daran denke, wie meine Kinder und ich miteinander auskommen, bin ich …«
Eigene Person	»Mit meinen Fähigkeiten und Fertigkeiten bin ich …«
Sexualität	»Wenn ich daran denke, inwiefern mein Partner und ich in der Sexualität harmonieren, bin ich …«
Freunde, Bekannte, Verwandte	»Mit den Ausgaben (Miete bzw. Abzahlung) für meine Wohnung bin ich …«

Zur Beantwortung der Items steht eine siebenstufige Skala von (1) sehr zufrieden bis (7) sehr unzufrieden zur Verfügung. Als Index für die allgemeine Lebenszufriedenheit wird ein Summenscore aus den Subskalen gebildet. Hinsichtlich seiner psychometrischen Eigenschaften ist der FLZ als positiv zu beurteilen, wobei insbesondere die große bevölkerungsrepräsentative Normstichprobe für individualdiagnostische Zwecke hervorzuheben ist. Angreifbar ist die theoretische Fundierung des FLZ. Die Itemkonstruktion erfolgt weniger anhand konzeptioneller, als empirischer Überlegungen. Dem Instrument liegt somit kein ausdifferenziertes, theoretisches Konzept zugrunde.

Im englischsprachigen Raum ist die Satisfaction with Life Scale (SWLS, Diener, Emmons, Larsen & Griffin, 1985) eines in Forschung und Praxis am häufigsten eingesetzte Instrument zur Erfassung der Lebenszufriedenheit. In der Praxis findet es vor allem in der Klinischen, Medizinischen und Gesundheitspsychologie Verwendung (Schumacher, 2003). Im Gegensatz zum FLZ von Fahrenberg et al. (2000), das Lebenszufriedenheit in unterschiedlichen Bereichen erfasst, ermöglicht die SWLS lediglich die Bestimmung eines Maßes für die globale Lebenszufriedenheit. Theoretisch basiert das Instrument auf der vorangehend beschriebenen Theorie des Subjective Well-Being (Diener et al., 2003). Die SWLS erfasst lediglich die kognitiv-evaluative Komponente, insbesondere die allgemeine Lebenszufriedenheit durch Selbstbeurteilung. Hierzu beantworten die Befragten fünf Items auf einer siebenstufigen Skala (▶ Kasten 10), wobei (7) stimme völlig zu und (1) stimme überhaupt nicht zu bedeutet.

Kasten 10: Übersetzte Items der SWLS (in Anlehnung an Schumacher, 2003)

Item
1 »In den meisten Bereichen entspricht mein Leben meinen Idealvorstellungen.«
1 »Meine Lebensbedingungen sind ausgezeichnet.«
3 »Ich bin mit meinem Leben zufrieden.«
4 »Bisher habe ich die wesentlichen Dinge erreicht, die ich mir für mein Leben wünsche.«
5 »Wenn ich mein Leben noch einmal leben könnte, würde ich kaum etwas ändern.«

Aus den Itemrohwerten wird ein Summenscore gebildet, der die allgemeine Lebenszufriedenheit wiedergibt. Die Autoren stellen die Gütekriterien der SWLS ausführlich dar. Besonders hervorzuheben ist der ökonomische Aspekt dieses Instrumentes zur Erfassung der allgemeinen Lebenszufriedenheit. Mit nur fünf Items dauert die Bearbeitung des Fragebogens inklusive der Auswertung maximal fünf Minuten.

Neben diesen beiden Instrumenten zur Erfassung der kognitiven Komponente des subjektiven Wohlbefindens, ist auch die Messung der affektivemotionalen Komponente von Interesse. Diese kann mithilfe bereits bestehender Verfahren, wie z. B. der Positive and Negative Affect Schedule (Watson, Clark & Tellegen, 1988) durchgeführt werden. Der Fragebogen liegt auch als deutschsprachige Version von Krohne, Egloff, Kohlmann & Tausch (1996) vor (Schumacher, 2003).

4.3.4 Paradox der Lebenszufriedenheit

Wie bei den referierten überdurchschnittlich hohen Werte bei der Erhebung von Arbeitszufriedenheit, kommen Studien, in denen nach dem subjektiven Wohlbefinden bzw. der Lebenszufriedenheit gefragt wird, zu ähnlichen Ergebnissen (Sonnenmoser, 2007). Da selbst bei problematischen Lebensbedingungen diese hohe Lebenszufriedenheit kaum sinkt (manchmal sogar steigt), spricht man in den Sozialwissenschaften vom sog. Wohlbefindensparadox. Beispielsweise sind die Lebensbedingungen weltweit äußerst verschieden, sodass unterschiedliche Werte bezüglich des subjektiven Wohlbefindens erwartet würden. Tatsächlich jedoch liegt der Mittelwert in 43 verschiedenen Ländern, bei exakt 6.33 (Veenhoven, 1993). Dies entspricht einem überdurchschnittlichen Wert.

Zwar existieren einige Erklärungsansätze, eine einheitliche theoretische oder empirische Begründung für derartige Befunde ist bislang jedoch nicht etabliert (Sonnenmoser, 2007). Zunächst vermutet man messmethodische Gründe für das Zustandekommen der hohen Wohlbefindenswerte, wie beispielsweise mangelnde Reliabilität und Stabilität der Messverfahren (Staudinger, 2000). Dies ist jedoch nicht ausreichend belegt, sodass Persönlichkeitsmerkmale für die Messwerte in Betracht kommen. Hier sind unter anderem die Big Five (Costa & McCrae, 1985, ▸ Kap. 5.2) zu nennen. Extravertierte und wenig Introvertierte scheinen positivere Gefühle zu haben, sodass das Wohlbefinden höher eingeschätzt wird (Staudinger, 2000). Andere Autoren beobachten in Längsschnittstudien, dass das subjektive Wohlbefinden einen relativ konstanten Durchschnittswert (Baseline) hat. Widrige Lebensumstände bringen negative oder positive Ausschläge, die jedoch von kurzer Dauer sind. Selbstregulationsmechanismen (sozialer Vergleich mit anderen; Änderung des Anspruchsniveaus) führen nach einiger Zeit zu einer Rückkehr zum Wohlbefindensniveau der Baseline (Sonnenmoser, 2007). Insgesamt betrachtet gibt es zwar keine ausreichende theoretische Konzeption, es kann jedoch davon ausgegangen werden, dass das subjektive Wohlbefinden aufgrund seiner zeitlichen Konstanz, eher durch Persönlichkeitsmerkmale als durch situative Gegebenheiten bestimmt wird.

4.3.5 Abgrenzung zu Arbeitszufriedenheit

Bereits zu Beginn der Forschungsarbeiten zum subjektiven Wohlbefinden wird der Zusammenhang zwischen dessen kognitiver Komponente der Lebenszufriedenheit und Arbeitszufriedenheit empirisch untersucht. Kornhauser (1965, zitiert nach Iris & Barret, 1972) vermutet den sog. »Spillover-Effekt«. Danach wirkt sich eine geringe Arbeitszufriedenheit auf die Lebenszufriedenheit aus, indem diese ebenfalls abnimmt. Er kann keine Hinweise auf einen kompensatorischen Effekt finden, nach welchem Unzufriedenheit mit der Tätigkeit durch andere Lebensbereiche ausgeglichen werden könnte. Zum gleichen Ergebnis kommen Iris und Barret (1972). Lebens- und Arbeitszufriedenheit korrelierten relativ hoch miteinander, wobei die Autoren Hinweise darauf finden, dass sich die Arbeitszufriedenheit eher auf die Lebenszufriedenheit auswirkt als umgekehrt. Die hohen Korrelationen zwischen Arbeitszufriedenheit und Wohlbefinden bzw. Lebenszufriedenheit können immer wieder repliziert werden (z. B. Schmidt, Neubach & Heuer, 2007 mit $r = .64$).

Empirische Evidenz für den Spillover-Effekt können Iverson und Maguire (2000) bei australischen Minenarbeitern aufzeigen. Neben den direkten Einflüssen der Arbeits- auf die Lebenszufriedenheit, kann die Arbeitszufriedenheit als wichtige Moderatorvariable für den Einfluss anderer Variablen (z. B. organisationale Variablen, Persönlichkeitsmerkmale) auf die Lebenszufriedenheit identifiziert werden. Jedoch weist Rode

(2004) in seiner Langzeitstudie darauf hin, dass es sich beim Zusammenhang von Arbeits- und Lebenszufriedenheit möglicherweise um eine Scheinkorrelation handelt, die durch das Vorliegen bestimmter Persönlichkeitsmerkmale, in diesem Falle der Persönlichkeitsmerkmale Core Self-Evaluations (▸ Kap. 5.3), zustande kommt. Dieser Befund spricht dafür, dass die Arbeitszufriedenheitsforschung Merkmale der Person stärker in ihre Untersuchungen einfließen lassen sollte (▸ Kap. 5).

In Ermangelung einer eindeutigen theoretischen Fundierung des subjektiven Wohlbefindens sowie der Vielfalt an theoretischen Konzepten zur Arbeitszufriedenheit, ist es schwierig, Arbeits- und Lebenszufriedenheit auf konzeptioneller Ebene voneinander abzugrenzen. Eine grobe Orientierung geben Sczesny und Thau (2004). Die Autoren verstehen Arbeitszufriedenheit als Bewertung des arbeitsspezifischen Wohlbefindens (z. B. Zufriedenheit mit der Tätigkeit). Somit ist Arbeitszufriedenheit ein kontextgebundenes Konstrukt. Bei der Lebenszufriedenheit handelt es sich nach Sczesny und Thau um eine kontextunspezifische Bewertung des psychischen und körperlichen Wohlbefindens. Zusammenfassend lässt sich festhalten, dass eine theoretische Abgrenzung von Arbeits- und Lebenszufriedenheit erst durch eindeutige Konzeptualisierungen beider Konstrukte ermöglicht werden kann.

4.4 Flow-Erleben

Flow-Erleben beschreibt ein Glücksgefühl, das man nicht etwa im Urlaub erlebt oder beim Nichtstun, sondern vielmehr, wenn man sich intensiv mit einer Aufgabe auseinandersetzt und hierbei völlig die Zeit vergisst.

4.4.1 Definition und Bedeutung

Der Begriff des Flow-Erlebens wird 1975 durch Csikszentmihalyi geprägt. Darunter versteht man das vollständige Aufgehen in einer Tätigkeit, die

4.4 Flow-Erleben

man trotz starker Beanspruchung noch gut unter Kontrolle hat. Dieses Phänomen wird aufgrund seiner vermuteten Zusammenhänge mit Leistung in den unterschiedlichsten Bereichen empirisch untersucht. Insbesondere sportliche Aktivitäten stehen von Beginn der Flow-Forschung bis heute im Fokus des Interesses (Stoll & Lau, 2005; Reinhardt, Lau, Hottenrott & Stoll, 2007). Doch auch in die Arbeits- und Organisationspsychologie weckt das Flow-Erleben Ende des vergangenen Jahrhunderts zunehmend Interesse (Schallberger & Pfister, 2001).

Die Beschreibung der Komponenten, die Flow-Erleben ausmachen, basieren auf qualitativen Daten (Rheinberg, 2006). Rheinberg (2006) zeigt eine Möglichkeit, diese Komponenten zusammenzufassen. Die nachfolgend beschriebenen Zustände werden sowohl bei Freizeitaktivitäten als auch im Arbeitsbereich beobachtet (Rheinberg, 2000, S. 153).

- Man fühlt sich optimal beansprucht und hat trotz hoher Anforderung das sichere Gefühl, das Geschehen noch gut unter Kontrolle zu haben.
- Handlungsanforderungen und Rückmeldungen werden als klar und interpretationsfrei erlebt, sodass man jederzeit und ohne Nachdenken weiß, was jetzt als richtig zu tun ist.
- Der Handlungsablauf wird als glatt erlebt. Ein Schritt geht flüssig in den nächsten über, als liefe das Geschehen gleitend wie aus einer inneren Logik.
- Man muss sich nicht willentlich konzentrieren, vielmehr kommt die Konzentration wie von selbst, ganz so wie die Atmung. Es kommt zur Ausblendung aller Kognitionen, die nicht unmittelbar auf die jetzige Ausführungsregulation gerichtet sind.
- Das Zeiterleben ist stark beeinträchtigt; man vergisst die Zeit und weiß nicht, wie lange man schon dabei ist. Stunden vergehen wie Minuten.
- Man erlebt sich selbst nicht mehr abgehoben von der Tätigkeit, man geht vielmehr gänzlich in der eigenen Aktivität auf. Es kommt zum Verlust von Reflexivität und Selbstbewusstheit.

Da aufgrund dieser Vielzahl von Komponenten eine eindeutige Bestimmung des Vorliegens von Flow problematisch erscheint, wird nur noch die Komponente der erlebten Anpassung zwischen Anforderungen und Fähigkeiten als relevanter Indikator angesehen (Rheinberg, 2006). Die

4 Abgrenzung zu anderen Konzepten

sog. Flow-Kanal-Modelle basieren auf dieser Annahme. Im ersten Modell von Csikszentmihalyi (1975) wird die Fähigkeit zum Handeln (niedrig/hoch) mit den Handlungsanforderungen (niedrig/hoch) in Beziehung gesetzt. Jenseits der Diagonalen (Flow-Kanal), die durch den Ursprung des Koordinatensystems geht, liegen die Bereiche Angst und Langeweile (▶ Abb. 4.2). Dieses Modell fassen 1991 Csikszentmihalyi und Csikszentmihalyi zu einem Quadranten-Modell (▶ Abb. 4.3) und 1995 zu einem Acht-Kanal-Modell (▶ Abb. 4.4) zusammen.

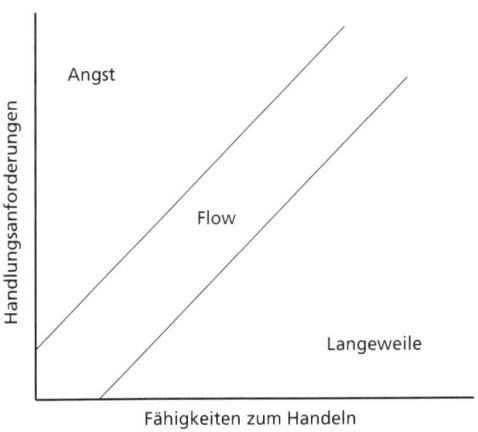

Abb. 4.2: Erstes Flow-Kanal-Modell (nach Csikszentmihalyi & Csikszentmihalyi, 1985).

Letzteres differenziert den Flow-Kanal von den Kanälen Erregung, Steuerung/Kontrolle, Langeweile, Entspannung, Apathie, Besorgtheit/Sorge und Angst. Demnach entsteht Flow-Erleben, wenn sowohl die Fähigkeiten als auch die Anforderungen in einem überdurchschnittlichen Bereich liegen. Was im ursprünglichen Flow-Kanal-Modell noch ein Flow-Erleben der Person gewesen wäre (niedrige Anforderungen und geringe Fähigkeiten), da lediglich die Balance der beiden Dimensionen als relevant betrachtet werden, entspricht im Acht-Kanal-Modell dem Kanal »Apathie«.

4.4 Flow-Erleben

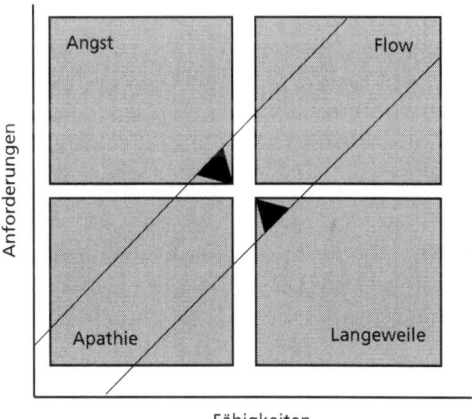

Abb. 4.3: Modifiziertes Flow-Kanal-Modell (nach Csikszentmihalyi & Csikszentmihalyi, 1991).

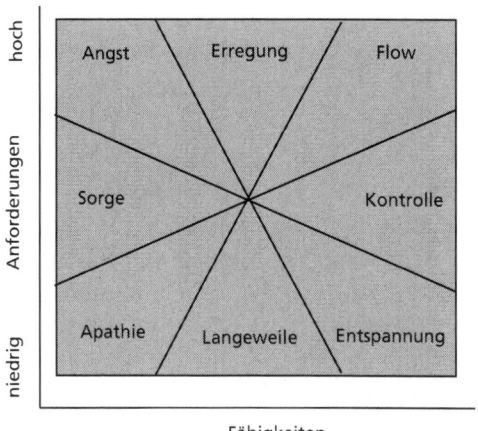

Abb. 4.4: Acht-Kanal-Modell (nach Csikszentmihalyi, 1995).

4.4.2 Messung von Flow Erleben

Die standardisierte Erfassung des Flow-Erlebens, um quantitative Daten zu gewinnen, stellt sich als äußerst problematisch dar. Rheinberg (2006) gibt zu bedenken, dass der Zustand des Flow-Erlebens impliziert, dass die Person währenddessen ohne Selbstreflexion ist. Es ist also schwierig für die Probanden, einen solchen Zustand retrospektiv einzuschätzen. Aufgrund dessen sollte die Messung möglichst direkt während der Tätigkeit stattfinden. Eine solche Möglichkeit der verhaltensnahen Erfassung bietet die sog. Experience Sampling Method (ESM, Schallberger & Pfister, 2001). Dabei bekommt der Proband während eines festgelegten Zeitraums (z. B. eine Woche) zu bestimmten Zeitpunkten ein Signal. Dieses kann beispielsweise eine programmierbare Uhr sein, die an fünf zufällig ausgewählten Zeitpunkten auf das Beantworten der Fragen hinweist (Schallerberger & Pfister, 2001). Meist wird mit der Versuchsperson ein Probetag vereinbart, um möglichen Messfehlern durch falsche Anwendung vorzubeugen.

Das Signal fordert den Probanden auf, seine aktuelle Tätigkeit sowie sein aktuelles Befinden zu schildern. In Anlehnung an das theoretische Konzept von Csikszentmihalyi wird das Flow-Erleben häufig als Balance zwischen Anforderungen und Fähigkeiten oder als Balance zwischen hohen Anforderungen und hohen Fähigkeiten operationalisiert. Der Proband bekommt nach dem Signal jeweils eine Frage zu diesen beiden Komponenten. Rheinberg, Manig, Kliegl, Engeser und Vollmeyer (2007) geben zu bedenken, dass die Validität der Daten mittels ESM in erster Linie von eben diesen eingesetzten Fragen abhängt. Teilweise werden Items verwendet, die nicht unmittelbar die zwei Flow-Komponenten repräsentieren. Es werden z. B. Fragen nach der Gesundheit oder der Zusammenarbeit mit der Kollegenschaft gestellt, sodass eine Aussage über das Vorliegen von Flow kaum möglich ist. Insgesamt betrachtet handelt es sich bei ESM zwar um ein zeitintensives Verfahren, das jedoch eine hohe ökologische Validität bietet und Flow-Erleben tätigkeitsnah erfassen kann (Rheinberg, 2006).

Eine alternative Methode zum Experience Sampling ist der Einsatz der Flow-Kurzskala (FKS, Rheinberg, Vollmeyer & Engeser, 2003). Deren 13 Items orientieren sich Komponenten des Flow-Erlebens (▶ Kap. 4.4.1). Des Weiteren werden aktuelle Besorgnisse der Probanden erfragt. Somit ergeben sich die zwei Subskalen »Besorgnis« und »Flow-Erleben« (▶ Kasten 11).

Für die Beantwortung der Items steht eine siebenstufige Skala (1= trifft nicht zu bis 7= trifft zu) zur Verfügung. Daraus kann pro Skala ein summativer Gesamtwert ermittelt werden.

Kasten 11: Items der Flow-Kurzskala (in Anlehnung an Rheinberg, 2018, S. 443)

Subskala	Item
Flow	1. Ich fühle mich optimal beansprucht.
	2. Meine Gedanken bzw. Aktivitäten laufen flüssig und glatt.
	3. Ich merke gar nicht, wie die Zeit vergeht.
	4. Ich habe keine Mühe, mich zu konzentrieren.
	5. Mein Kopf ist völlig klar.
	6. Ich bin ganz vertieft in das, was ich gerade mache.
	7. Die richtigen Gedanken/Bewegungen kommen wie von selbst.
	8. Ich weiß bei jedem Schritt, was ich zu tun habe.
	9. Ich habe das Gefühl, den Ablauf unter Kontrolle zu haben.
	10. Ich bin völlig selbstvergessen.
Besorgnis	11. Es steht für mich Wichtiges auf dem Spiel.
	12. Ich darf jetzt keine Fehler machen.
	13. Ich mache mir Sorgen über einen Misserfolg.

Rheinberg (2006) schlägt vor, die FKS nicht als Alternative, sondern als Ergänzung zur ESM einzusetzen. Aufgrund der Ökonomie, aber auch der theoretischen Konzeption der FKS eignet sie sich, um das Flow-Erleben betreffende Fragen während des ESM zu erfassen. Die Gütekriterien der FKS sind als sehr positiv einzuschätzen, da die interne Konsistenz mit einem Cornbachs α von .90 bei derart heterogenen Items als sehr hoch zu bewerten ist. Außerdem liegen Normen für verschiedene Stichproben und Tätigkeiten vor.

4.4.3 Gründe und Konsequenzen von Flow-Erleben

Obwohl Csikszentmihalyi den Begriff des Flow-Erlebens bereits 1975 etablierte, bleiben die diesbezüglichen Forschungsbemühungen meist in wenigen bestimmten Bereichen wie z. B. dem Sport verankert. Insbesondere vermutet man einen leistungssteigernden Effekt des Flow-Erlebens. Diesen Zusammenhang konnten Rau und Riedel (2004) für Marathonläufer der mittleren Leistungsfähigkeit nicht bestätigen. Insgesamt betrachtet bleiben die Ergebnisse zu Flow-Erleben der Sportpsychologie inkonsistent (Stoll & Lau, 2005), da ein eindeutiger Zusammenhang nicht nachgewiesen werden konnte. Lediglich im Bereich der pädagogischen Psychologie, insbesondere im Bereich der Lernleistung, konnte mehrfach gezeigt werden, dass Flow-Erleben sich positiv auf den Lernzuwachs auswirken kann (Rheinberg, 2006).

Eine Verortung des Konstruktes in die arbeits- und organisationspsychologische Forschung hat bisher kaum stattgefunden. Einige wenige Studien (u. a. Schallberger & Pfister, 2001; Rheinberg et al., 2003) haben den Zusammenhang zwischen Arbeitszufriedenheit und Flow-Erleben als Teilaspekt ihrer Studien untersucht. Eine Ausnahme in diesem Kontext bietet eine Untersuchung von Rau und Riedel (2004). Anhand einer Stichprobe aus verschiedensten Branchen konnten die Autoren zeigen, dass Merkmale der Tätigkeit vermutlich eine wichtige Bedingung für das Auftreten von Flow-Ereignissen sein könnten. Die Arbeitsplätze von Personen mit positivem Arbeitserleben unter Flow-Bedingungen sind hinsichtlich des Lernpotenzials, der Verantwortung und der Kooperation/ Kommunikation besser gestaltet als die Arbeitsplätze der Personen ohne Flow-Erleben.

Insgesamt kann festgehalten werden, dass es bisher kaum empirische Ergebnisse hinsichtlich der Gründe und Konsequenzen von Flow-Erleben im Arbeitskontext gibt. Zunächst fehlt eine grundlegende theoretische Einordnung des Konzeptes in andere arbeitspsychologische Theorien (▶ Kap. 4.4.4). In einem weiteren Schritt sollten die Bedingungen für Flow-Erleben am Arbeitsplatz systematisch erforscht werden. Neben Merkmalen der Tätigkeiten (Rau & Riedel, 2004) könnten Merkmale der Person (Reiss, 2000) wichtige Prädiktoren für Flow-Erleben sein. Denkbar wäre beispielsweise, dass es sich bei Flow um ein ähnliches Persönlichkeitsmerkmal wie *Sensation Seeking* handelt. Darüber hinaus könnten experimentelle Studien Auskunft darüber geben, wie Flow-Erleben hervorgerufen werden kann. Ein weiterer Fokus der Forschungsbemühungen sollte die Konsequenzen von Flow darstellen. Wie stellen sich die Zusammenhänge mit Leistungsmaßen oder Arbeitszufriedenheit dar? Eine wesentliche Frage dabei bleibt, ob es sich bei Flow überhaupt um einen wünschenswerten oder eher zu vermeidenden Zustand am Arbeitsplatz handelt. Bei Tätigkeiten mit hohem Unfallrisiko (z. B. Bauarbeiten, Bedienen von Fahrzeugen) könnte sich Flow-Erleben negativ auswirken. Beispielsweise konnte Rheinberg (2006) einen signifikanten Zusammenhang zwischen Flow-Erleben und der Anzahl von Motorradunfällen auf einer Teststrecke finden.

4.4.4 Abgrenzung zu Arbeitszufriedenheit

Die vorherigen Ausführungen legen nahe, dass ein Flow-Erleben bei der Arbeit als eine gewisse Arbeitsfreude verstanden werden kann (Ulich, 2005). Diese Arbeitsfreude ist jedoch konzeptionell vom traditionellen Bild der Arbeitszufriedenheit abzugrenzen. Während Arbeitsfreude nur dort zustande kommt, wo der Beschäftigte während des Arbeitsprozesses einen tatsächlichen Einfluss auf die gesamte Art und Weise der Tätigkeitsausführung hat (Friedmann et al., 1953, zitiert nach Ulich, 2005), handelt es sich bei der Arbeitszufriedenheit eher um eine ergebnisbezogene Einstellung (Temme & Tränkle, 1996, zitiert nach Ulich, 2005).

Empirisch untersuchen einige empirische Studien den Zusammenhang von Flow-Erleben und Arbeitszufriedenheit. Wiederholt gibt es Berichte vom Paradoxon der Arbeit. Schallberger und Pfister (2001) untersuchten mittels ESM das Flow-Erleben sowie die Arbeitszufriedenheit bei berufstätigen Erwachsenen. Die Autoren kommen zu dem paradoxen Ergebnis, dass die Arbeitnehmer zwar bei der Arbeit häufiger Flow-Erlebnisse hatten, ihre Zufriedenheit jedoch in der Freizeit größer war. Als Erklärung für diesen Befund dient das (Nicht-)Vorhandensein positiver und negativer Aktivierung. Während die Arbeit einerseits eine Hauptquelle positiver Aktivierung ist (Grund für das Flow-Erleben) ist sie gleichzeitig auch die Hauptquelle für negative Aktivierung (Grund für die geringere Arbeitszufriedenheit). Schallberger und Pfister (2001) schließen daraus, dass im Arbeitsleben punktuell eine positive Aktivierung positiver erlebt wird als in der Freizeit, jedoch im Freizeitleben die Abwesenheit negativer Aktivierung zentraler ist. Diese Abwesenheit ist in der Freizeit eher gegeben, sodass die Zufriedenheit höher ist als am Arbeitsplatz. Eine Erweiterung dieser Untersuchung nehmen Rheinberg et al. (2007) vor. Zunächst konnten sie das Paradoxon der Arbeit bestätigen. Die Autoren um Rheinberg finden jedoch einen alternativen Erklärungsansatz für dessen Zustandekommen. Die Zielausrichtung scheint eine wichtige Moderatorvariable darzustellen. Eine starke Zielausrichtung wirkt sich positiv auf das Flow-Erleben, nicht aber auf die Arbeitszufriedenheit aus. Eine bisher hypothetische, nicht aber empirisch gestützte, Erklärung ist die Tatsache, dass die Ausrichtung auf ein Ziel während der Tätigkeit positiv auswirkt (man weiß, wofür man etwas tut), dies jedoch noch nicht zur Zufriedenheit führt, da das reale Ziel noch nicht erreicht ist. Diese Erklärung spricht dafür, dass Arbeitsfreude (hier Flow-Erleben) eher prozessbezogen und Arbeitszufriedenheit eher ergebnisbezogen ist (s. o.).

Ob diese Abgrenzung tatsächlich notwendig ist oder ob nicht eher eine Verortung eines Konstruktes wie das des Flow-Erlebens in der Arbeitszufriedenheitsforschung notwendig ist, diskutiert Baumgartner und Udris (2006). Zukünftige Forschungsfragen betreffen zum einen die Einordnung des Flow-Erlebens in den Kontext arbeitspsychologischer Theorien und zum anderen die kausale Wirkrichtung zwischen Flow-Erleben und Arbeitszufriedenheit. Beispielsweise wäre eine interessante Fragestellung, ob die Häufigkeit des Auftretens von Flow-Ereignissen das Zustandekommen bestimmter Arbeitszufriedenheitstypen beeinflusst.

5 Personelle und situative Einflüsse auf Arbeitszufriedenheit

Die Arbeitszufriedenheit variiert je nachdem, welche Person man befragt. Menschen, die die gleiche Tätigkeit ausüben, sind trotzdem nicht gleichermaßen zufrieden damit. Daraus resultiert die Notwendigkeit, sich auch mit den Einflüssen der Persönlichkeit zu beschäftigen. Dies soll in den folgenden Abschnitten erfolgen.

5.1 Emotionen

Emotionen spielen eine sehr bedeutende Rolle in unserem alltäglichen Leben. Sie sind ein wichtiger Faktor bei zwischenmenschlichen Beziehungen, bei der Interaktion mit dem Umfeld sowie beim Treffen von Entscheidungen bei der Arbeit und im alltäglichen Leben.

Emotionen bilden das primäre Motivationssystem des Menschen (Izard, 1977) und die Motivation wiederum bestimmt die Verhaltensweise des Menschen. So wird eine Person flüchten, wenn sie Angst hat oder weinen, wenn sie traurig ist.

5.1.1 Definition und Bedeutung

Eine vollständige Definition von Emotionen muss nach Izard (1977) diese drei Aspekte einbeziehen:

1. Erleben oder bewusstes Empfinden eines Gefühls (kognitive/subjektive Komponente)
2. Prozesse im Gehirn und Nervensystem (physiologische Komponente)
3. Beobachtbares Ausdrucksverhalten (Mimik, Gestik) (Verhaltenskomponente)

Emotionen sind teilweise genetisch prädisponiert (Pekrun, 1999), obwohl die Kultur und die Situation ebenfalls eine wichtige Rolle bei der Bestimmung der Emotionen, insbesondere bei ihrer äußerlichen Repräsentation, spielen. Die Art des individuellen Ausdrucks von Emotionen wird von Familie, Gesellschaft und Kultur deutlich beeinflusst, denn hier wird festgelegt, welcher emotionale Ausdruck in welcher Situation gezeigt werden darf oder nicht.

In enger Beziehung mit Emotionen stehen Stimmungen. Stimmungen sind im Gegensatz zu Emotionen länger andauernd und deutlich weniger intensiv (Brandstätter, Schüler, Puca & Lozo, 2013). Wegge (2004) weist darauf hin, dass Emotionen im Gegensatz zu Stimmungen objektbezogen bzw. ereignisbezogen sind. Um eine Stimmung zu empfinden muss diese nicht zwingend auf ein Objekt oder ein Ereignis zurückführbar sein.

Nach Weiss und Cropanzano (1996) sind Stimmungen als »*Dauertönungen des Erlebens*« häufig ein Resultat mehrerer Emotionen. Da Emotionen und Stimmungen viel gemeinsam haben, werden sie oft zusammen unter dem Namen *Affekt* untersucht (Grey & Watson, 2001, S. 25).

Die Affektivität oder affektive Disposition ist ein Persönlichkeitsmerkmal, das die Neigung von Personen, bestimmte Emotionen zu erleben, beschreibt. Wie Weiss und Cropanzano (1996) herausarbeiten, sagen die Persönlichkeitsmerkmale generelle emotionale Tendenzen voraus. Es gibt zwei Arten von affektiver Disposition oder Affektivität (Wegge, 2004):

- *Positive Affektivität (PA):* Die Personen, die diese Disposition aufweisen, neigen dazu, positive Emotionen zu erleben. Sie sind eher aufmerksam, stolz, interessiert, erregt, begeistert, aktiv.

- *Negative Affektivität (NA):* Die Personen mit NA neigen dazu, negative Emotionen zu erleben. Solche Personen fokussieren die negativen Seiten von Situationen und sind eher aufgeregt, nervös, ärgerlich oder fühlen sich schuldig.

5.1.2 Basisemotionen

Als einen Versuch der Klassifizierung von Emotionen kann die Definition von Basisemotionen aufgefasst werden. Basisemotionen stellen dabei solche grundsätzlichen Emotionen dar, aus denen alle anderen Emotionen abgeleitet werden können. Obwohl es einen Konsens darüber gibt, dass sie existieren, gibt es bisher keine empirischen Befunde darüber, welche Emotionen als Basisemotionen gelten und wie viele es davon gibt. Einen hervorragenden Überblick über unterschiedliche Theorien und deren postulierte Basisemotionen geben Ortony und Turner (1990).

Ortony und Turner (1990) stellen 13 Theorien vor (beginnend mit James aus dem Jahr 1884 bis hin zu Frijda aus dem Jahr 1986), die alle einigen wenigen Emotionen einen besonderen Status zuschreiben. Diese Emotionen werden als grundlegend beschrieben und gelten somit als Basisemotionen. Die Auffassung, wie viele dieser Basisemotionen es jedoch gibt, ist äußerst unterschiedlich. Ebenso unterschiedlich ist die Auffassung darüber, welche Emotionen zu den Basisemotionen zählen. Ortony und Turner (1990) arbeiten jedoch heraus, dass die Emotionen Wut, Glück, Traurigkeit und Angst in fast allen Theorien enthalten sind. Die Problematik beim Vergleich der Theorien beginnt bereits damit, dass verschiedene Forscher für vermutlich gleiche Emotionen unterschiedliche Begriffe verwenden.

Der Grund, warum nach Basisemotionen gesucht wird, liegt vermutlich darin, dass es offenbar universelle Emotionen über alle Kulturen hinweg gibt, die mit charakteristischen Gesichtsausdrücken verbunden sind. Ortony und Turner (1990) vermuten, dass es sich hierbei um Emotionen handelt, die wir zum Überleben benötigen, wie z. B. die Wahrnehmung einer Bedrohung, die mit Reaktionsmustern wie Flucht verbunden ist. Um das Dilemma zu minimieren, schlagen die Autoren vor, sich auf sinnvolle Komponenten von Emotionen und auf Mechanismen wie Generalisierung und Spezialisierung zu konzentrieren.

In einer Definition von Brandstätter et al. (2013) werden heute Basisemotionen in ihrem mimischen Ausdruck als universell angesehen und damit kulturübergreifend.

5.1.3 Emotionenauslöser und -ursachen

Das Hervorrufen einer Emotion setzt ein auslösendes Ereignis voraus. Dieses Ereignis kann entweder aus dem Organismus selbt (intern) oder aus der Umwelt (extern) stammen. Interne Prozesse, die Emotionen verursachen, sind Gedanken, Erinnerungen oder ein körperlicher Sinneseindruck (Stanley & Burrows, 2001). Eine Emotion kann nicht nur durch verschiedene Ereignisse ausgelöst werden, ebenso kann ein Ereignis verschiedene Emotionen hervorrufen (Wegge, 2004). Wegge (2004) deutet an, dass der Publikumseffekt, d. h., die Anwesenheit von anderen Personen, die Auslösung von Emotionen sowie ihre Intensität mitbestimmen kann. Z. B. wird eine Person, die stolpert und fällt, Scham fühlen, wenn sie weiß, dass sie dabei von anderen Personen beobachtet wird.

Emotionen können als Bewertung oder Beurteilung einer Situation entstehen. Das bedeutet, dass ein Reiz eine Emotion auslösen kann, wenn das Gehirn die Bedeutung dieses Reizes – bewusst oder unbewusst – bewerten kann (Arnold, 1960). Die kognitive Emotionstheorie von Lazarus (1966) zeigt die Natur der Emotionen auf, und zwar als Bewertung nicht etwa der objektiv vorliegenden Situation, sondern der individuellen und subjektiven Interpretation der Situation.

Auch die Kultur bestimmt die Auslösung von Emotionen, wie beispielsweise Scham oder Stolz. Interkulturelle Unterschiede beeinflussen nicht nur die Auslösung, sondern auch den Ausdruck von Emotionen.

Wegge fasste die üblichen Arten von Emotionsauslöser und welche Emotionen diese hervorrufen nach verschiedenen Studien zusammen (Wegge, 2004):

- *Angeborene Auslöser*: z. B. Furcht (laute, plötzliche Geräusche), Ekel (Geruchs- oder Geschmacksreize);
- *Lebens- und Umweltbedingungen*: z. B. Gereiztheit (Lärm), Gewaltbereitschaft (Hitze), Glück (Zufriedenheit mit Partner, Finanzen);

- *Alltagsereignisse*: z. B. gute Stimmung (Witze), Stolz (Erfolg, Lob);
- *kritische Lebensereignisse*: z. B. Trauer (Verlust einer geliebten Person), Angst/Wut (körperlichen Verletzungen/Einschränkungen);
- *sozialer Kontext*: z. b. Ärger/Freude (in Gesellschaft von anderen), Traurigkeit (eher beim Alleinsein);
- *eigenes Denken und Verhalten*: z. b. positive Stimmung (Konsum von Koffein oder Alkohol, Erinnerung an schöne Erlebnisse, Ansehen lustiger Filme o. ä.).

Trotz der großen Anzahl von Studien, die sich mit Emotionen beschäftigen, gibt es noch keine Einigkeit darüber, welche Faktoren genau die Auslösung der Emotionen ermöglichen.

Eine wichtige Determinante der Auslösung von Emotionen sind die Persönlichkeitsmerkmale. Sie können die Auslösung von bestimmten Emotionen sowie ihre Intensität mitbestimmen. Sowohl die Persönlichkeitsmerkmale sind teilweise erblich bedingt, als auch das Erleben von Emotionen. So spielt Affektivität (PA und NA) eine wichtige Rolle beim Emotionserleben. Die Studien von George (1996) zeigen, dass Personen mit NA ängstlicher sind und mehr negative Emotionen erleben als Personen mit niedriger NA bzw. höherer PA (Wegge, 2004, S. 696). Dass eine Person PA bzw. NA als Persönlichkeitsmerkmale aufweist, bedeutet nicht, dass sie ausschließlich positive bzw. negative Emotionen erlebt. Beispielsweise würden Personen mit einer hohen PA, die keine negativen Emotionen erleben, eine Funktionsstörung beim Verhalten zeigen. Sie wären nicht fähig, bei bedrohlichen oder gefährlichen Situationen richtig zu reagieren (Lyubomirsky, King & Diener, 2005).

Aufgrund der großen Bedeutung von Emotionen im Arbeitsleben, muss betrachtet werden, welche Arbeitsmerkmale in welcher Art die Auslösung von Emotionen ermöglichen.

Wie Wegge und Neuhaus (2002) in ihrer Studie über die Emotionen in Organisationen andeuten, gibt es eine Analogie zur Zweifaktorentheorie von Herzberg zwischen Arbeitszufriedenheit und Emotionen. Nach dieser Theorie wird die Arbeitszufriedenheit von Hygiene- und Motivationsfaktoren verursacht. Wie bei der Arbeitszufriedenheit gibt es Arbeitsmerkmale, die nur positive Emotionen induzieren aber die Abwesenheit dieser

Merkmale nicht unbedingt negative Emotionen auslöst (Hygienefaktoren). Einer von diesen Faktoren ist der von Fisher (2002) untersuchte Tätigkeitsspielraum. Sie berichtet, dass ein großer Tätigkeitsspielraum positive Emotionen induziert. Andere Arbeitsmerkmale, wie z. B. Rollenkonflikte, werden die Entstehung negativer Emotionen auslösen. Bei ihrer Abwesenheit werden aber auf keinen Fall positive Emotionen entstehen. Welche Arbeitsmerkmale positive oder negative Emotionen auslösen, hängt von der Art der Arbeit ab.

Eine andere Quelle von Emotionen bei der Arbeit ist die Gruppenarbeit. Die Arbeit in Gruppen fördert ständige Interaktion mit anderen Personen, was zur Auslösung sowohl positiver (wie Freude oder Liebe) als auch negativer (wie Scham oder Neid) Emotionen führt. De Dreu, West, Ficher und Maccurtain (2001) betrachten das Bedürfnis des Menschen einer Gruppe anzugehören. Die Annahme und Einbeziehung in der Gruppe löst Glück, Freude, Zufriedenheit und Beruhigung aus. Die entgegengesetzten Emotionen (Angst, Depressivität, Kummer, Neid oder Einsamkeit) werden bei Absage, Ausschließung oder Ignorierung innerhalb der Gruppe verursacht.

5.1.4 Funktionen von Emotionen

Freud (1920) beschreibt, dass Emotionen den Menschen vor negativen Konsequenzen schützen, und positive Konsequenzen maximieren. Sie sind essenziell beim Überleben des Organismus (Watson & Clark, 1994; Fridja, 1994). Sie aktivieren durch biologisch programmierte oder gelernte Prozesse einen beschützenden Mechanismus in Form von Verhalten , beispielsweise in gefährlichen oder bedrohlichen Situationen. Weiterhin bedeutend ist die kommunikative Funktion von Emotionen. Sie ist ein wichtiger Aspekt des zwischenmenschlichen Verhaltens. Emotionen erlauben es, verbal oder non-verbal (Gesichtsausdruck) mit anderen Personen zu kommunizieren, beispielsweise um zu erklären, wie sich ein Ereignis auf uns auswirkt. Schon 1872 erklärte Darwin die Bedeutung des mimischen Ausdrucks als Kommunikationsmedium. Scherer und Wallbott (1990, S. 353) beschreiben die vier kommunikativen Funktionen des Emotionsausdrucks:

- Anzeige vom aktuellen Zustand für die anderen Mitglieder der Gruppe
- Anzeige der Verhaltensintention, das heißt, dass die Handlungsabsichten anhand des mimischen Ausdrucks signalisiert werden können
- Soziale Repräsentation (Signalgebung) verursacht in der Gruppe Gefühlsansteckung oder Stimmungsübertragung wie z. B. das Fluchtverhalten bei Tieren
- Anzeige und Veränderung von Beziehungen innerhalb der Gruppen

Die Emotionen dienen auch dazu, Informationen sowohl uns selbst als auch anderen Personen zu vermitteln (informationale Funktion). Sie stellen nützliche Informationen für die Denk- und Entscheidungsprozesse bereit (Reisenzein, 1994). Durch die so gewonnenen Informationen werden unsere Handlungsweisen und das Verhalten bestimmen. Das bedeutet auch, dass diese Informationen die Motivation zum Handeln beeinflussen (Fridja, 1994). Aus diesem Grund stehen informationale und motivationale Funktion in enge Verbindung. Wird beispielsweise eine positive Emotion erlebt, dann findet eine Annäherung an das auslösende Ereignis statt. Durch häufigere Annäherung an das auslösende Ereignis wird versucht, diese positive Emotion öfter zu erleben. Beispielsweise wird eine Person ihr Lieblingslied häufig hören, weil es Freude hervorruft. Im Gegenteil neigt das Verhalten einer Person zur Vermeidung der Ereignisse, die negative Emotionen verursachen. Die Emotionen bestimmen auch die Intensität und die Dauer der Verhaltensweise.

5.1.5 Wirkungen von Emotionen

Emotionen wirken insbesondere auf die Wahrnehmung eines Menschen, die Beurteilung von Objekten und das Gedächtnis (Meyer & Herscovitch, 2001).

Hinsichtlich des Einflusses der Emotionen auf die Wahrnehmung schreibt Izard (1977), dass jemand, der in einer positiven Stimmung ist und sich glücklich fühlt, alles positiver wahrnimmt. Andererseits wird ein trauriger Mensch alles negativer oder sogar kritisch interpretieren (eingeschränkte Wahrnehmung).

Die Emotionen wirken auch auf die Beurteilung von Objekten. Etwas wird positiv bzw. negativ beurteilt, wenn es positive bzw. negative Emotionen auslöst. Aus diesem Grund wird uns ein Lied gefallen, wenn es positive Emotionen bei uns auslöst.

Eine weitere Wirkung der Emotionen erfolgt auf das Gedächtnis. An Erlebnisse, die sowohl positiv als auch negativ hoch emotionale Erregung verursachen, wird man sich langfristig besser erinnern können als an neutrale Erlebnisse. Die Emotionen helfen auch bei assoziativen Verbindungen im Gedächtnis (Levenson, 1994). Diese Wirkungen werden bei Lernprozessen ausgenutzt.

Emotionen haben auch wichtige physiologische Wirkungen, denn sie aktivieren verschiedene Teile des Nervensystems. Beispielsweise wird der linke Teil des präfrontalen Kortex bei positiven Emotionen aktiviert und der rechte bei negativen.

Die Emotionen wirken auch auf das Immunsystem (Bartrop, Luckhurst, Lazarus, Kiloh & Penny, 1977). Aufgrund der Komplexität der Beziehung zwischen Gehirn und Immunsystem ist es sehr schwer, detailliert nachzuweisen, wie dieser Einfluss entsteht. Depressive Personen haben in der Regel immune Funktionsstörungen (King, 2001). Andere Untersuchungen, wie die von Davidson et al. (2003, zitiert nach Wegge, 2004) zeigen, dass glückliche Personen mehr Antikörper bilden. Generell hat eine positive Einstellung eine gute Wirkung auf die Gesundheit.

Auch können Gesundheitsbeschwerden und Stress Effekte (negativer) Emotionen sein. Personen mit hohen Werten in NA zeigen mehr Gesundheitsbeschwerden als Personen mit niedrigen Werten. Dies bedeutet jedoch nicht, dass Personen mit hohen NA-Werten ungesünder leben, was mit Gesundheitsindikatoren gemessen und bewiesen werden kann (Wegge, 2004). Viele Autoren (z. B. Costa und McCrae, 1985) gehen davon aus, dass NA wenig mit körperlicher Gesundheit zu tun hat, sondern vor allem mit der Wahrnehmung körperlicher Symptome und mit körperlicher Gesundheit ebenfalls über Gesundheitsverhalten assoziiert ist (Zapf & Semmer, 2004).

5.1.6 Emotionen und Arbeit

Emotionen sind Faktoren, die unsere Verhaltensweise und deswegen unsere Beziehung mit anderen Personen mitbestimmen. Daher sind sie ein essenzieller Teil des Arbeitslebens und sollten hinsichtlich ihres Zustandekommens bei der Arbeit untersucht werden.

Emotionen werden durch bestimmte Ereignisse ausgelöst, und wirken auf das Verhalten und die zwischenmenschlichen Beziehungen. Bei der Arbeit müssen Emotionen motivieren und Verhalten aktivieren. Sie haben aber auch negative Konsequenzen, wie z. B. die Desorganisation von kognitiven Prozessen und Verhalten, Fehlentscheidungen usw. Weiterhin fungieren Emotionen als Moderatorvariable von anderen Belastungsfaktoren. Sie können die Beanspruchungswirkungen verringern oder verstärken (Wegge, 2004). Es gibt Tätigkeiten, die es erfordern, bestimmte Emotionen zu erleben oder zu verstecken. Solche Anforderungen befinden sich in der Regel in der Dienstleistungsbranche wie bei Krankenpflegern, Call-Center oder anderen kundenintensiven Tätigkeiten. Wenn diese Emotionen nicht mit den eigenen Emotionen übereinstimmen, wird eine emotionale Dissonanz erlebt. Diese hat deutliche negative Konsequenzen wie Stress, Burnout, emotionale Erschöpfung und Depersonalisation (Zapf & Semmer, 2004). Die emotionale Dissonanz steht in enger Beziehung mit dem Burnout-Syndrom und wird als spezieller Belastungsfaktor bei Personen angesehen, die im Dienstleistungssektor arbeiten.

5.1.7 Emotionen und Arbeitszufriedenheit

Erste Studien zur Arbeitszufriedenheit haben sich hauptsächlich mit der Bewertung des Soll-Ist-Vergleichs beschäftigt. Damit wird ein Schwerpunkt auf die kognitive Komponente der Arbeitszufriedenheit gelegt, während die emotionale Komponente vernachlässigt wird.

Wegge (2004) beschreibt, dass die Arbeit vielfältige Gelegenheiten bietet, Emotionen zu erleben, z. B. Interesse und Langeweile bei der Ausführung von Arbeitstätigkeiten, Scham oder Stolz bei den Arbeitsergebnissen, Ärger, Freude, Trauer und Eifersucht gegenüber Kollegenschaft und Kunden oder Dankbarkeit, Hass und Angst hinsichtlich der Vorgesetzten (Wegge, 2004). Aus diesem Grund sind Emotionen und Affekte bei der Arbeit wichtige Kenngrößen in der Forschung der Arbeitszufriedenheit und in der Organisationspsychologie. Eine bessere Kenntnis dieser Affekte bei der Arbeit könnte hilfreich sein, um die Steuerung von schädlichen oder nützlichen Konsequenzen der Emotionen zu vermeiden bzw. zu schaffen.

Trotz der angenommenen Bedeutung der Emotionen beim Arbeitsleben und bei der Arbeitszufriedenheit sowie der Annahme, dass Arbeitszufriedenheit eine affektive Reaktion auf die eigene Arbeit ist, gibt es bisher nicht viele empirische Befunde darüber, wie Emotionen bei der Arbeit in Arbeitszufriedenheitsskalen übersetzt werden kann. Folgerichtig zeigt Fisher (2000) den Bedarf an Untersuchungen von Korrelationen zwischen Messungen von Affekten (Emotionen und Stimmungen) bei der Arbeit und Arbeitszufriedenheitsmessungen auf. Die Hypothese von Fisher, dass echtzeitgemessene Emotionen und Stimmungen bei der Arbeit mit Arbeitszufriedenheit zusammenhängen, ist in den Untersuchungen nachgewiesen, bei denen Korrelationen mit Arbeitszufriedenheit von $r = .30$ für positive Emotionen, $r = -.29$ für negative Emotionen und $r = .30$ für Stimmungen nachgewiesen wurden. Diese nicht sehr starken Korrelationen können durch die kognitive Komponente der Arbeitszufriedenheit erklärt werden, die vermutlich eine größere Beziehung zu Arbeitszufriedenheitsurteilen hat als die affektive Komponente (Fisher, 2000).

Es konnten Korrelationen zwischen den affektiven Erlebnissen (emotionsauslösende Situationen bei der Arbeit) und Verhaltensweisen, wie Hilfeverhalten gegenüber der Kollegenschaft (affektiv basiertes Verhalten) und Fluktuationsabsicht (kognitiv basiertes Verhalten), nachgewiesen werden. Das Hilfeverhalten aber auch Gesundheitsbeschwerden kovariieren eng mit affektiven Arbeitserlebnissen (Wegge & Neuhaus, 2002). Emotionserlebnisse bei der Arbeit sind auch ein guter Prädiktor für Fluktuationsabsichten ($r = .60$) (van Katwyk et al., 2000) und Gesundheitsbeschwerden ($r = -.39$) (Wegge, 2004).

Weitere Ergebnisse der Untersuchungen von Fisher (2000) weisen darauf hin, dass die Häufigkeit, mit der positive Emotionen bei der Arbeit erlebt werden, hinsichtlich der Arbeitszufriedenheit wichtiger ist als ihre Intensität, d. h., dass die Frequenz des Erlebens positiver Emotionen eine höhere Bedeutung bei der Arbeitszufriedenheit hat als die Intensität dieser positiven Emotionen. Dies lässt schlussfolgern, dass Arbeitszufriedenheit eher dann entsteht, wenn viele und nicht sehr intensive positive Emotionen erlebt werden, als wenn wenige und dafür intensivere Emotionen wahrgenommen werden.

Connolly und Visweswaran (2000) erhoben die Korrelationen zwischen Arbeitszufriedenheit und positiver Affektivität, Arbeitszufriedenheit und negativer Affektivität sowie Arbeitszufriedenheit und affektiver Disposition. Die Zusammenhänge liegen bei $r = .49$ für positive Affektivität, $r = -0{,}33$ für negative Affektivität und $r = .36$ für affektive Disposition. Die Affektivität kann somit 10 bis 25 % der Varianz bei Arbeitszufriedenheit erklären, wodurch Affektivität sich als ein Prädiktor für Arbeitszufriedenheit anbietet.

Bei einer offenen Betrachtung der Thematik Emotionen und deren Zusammenhang zu Arbeitszufriedenheit kann der Gedanke entstehen, dass Arbeitszufriedenheit selbst eine Emotion sein könnte. Einerseits muss das verneint werden, denn Emotion ist eher ein kurzfristiger Zustand, der durch ein bestimmtes Ereignis ausgelöst wird, wohingegen die Arbeitszufriedenheit als die (längerfristige) Einstellung gegenüber der Arbeit definiert ist, die sowohl eine kognitive als auch eine emotionale Komponente hat (Six & Kleinbeck, 1989). Andererseits jedoch ist es unbestreitbar, dass diese beiden Konstrukte starke Überschneidungen haben, obwohl sie verschiedene sind.

Weiss und Cropanzano (1996) postulieren mit der *Affective Events Theory* (*AET*), dass Stimmungen und Emotionen bei der Arbeit das Rohmaterial sind, die sich kumulieren, um die affektive Komponente der Arbeitszufriedenheit auszubilden (Fisher, 2000). Damit bieten Weiss und Cropanzano eine Möglichkeit zur Integration der emotionspsychologischen Perspektive und einen Erklärungsansatz für das Zusammenspiel von spezifischen Emotionserlebnissen und Stimmungen bei der Arbeit.

Bestimmte Merkmale der Arbeitstätigkeit (z. B. Grad der Autonomie, hohe Arbeitsbelastung) führen zum Auftreten oder Ausbleiben von spezifischen Ereignissen, die verschiedene Emotionen bei der Arbeit, wie beispielsweise Stolz oder Ärger, auslösen können. Diese emotionalen Erlebnisse bei der Arbeit werden durch die Persönlichkeitsdisposition positive (PA) oder negative (NA) Affektivität der Beschäftigten Person beeinflusst.

Diese Emotionserlebnisse bestimmen einerseits das affekt-basierte Verhalten und gemeinsam mit den Merkmalen der Arbeitstätigkeit die Arbeitszufriedenheit. Die Arbeitszufriedenheit wiederum bestimmt das kognitiv-basierte Verhalten.

Die Affectiv Events Theory ist geeignet, um neue Beziehungen zwischen Arbeitszufriedenheit und Emotionen anzudenken und aufzuzeigen. Als wissenschaftlich fundiertes Denkmodell kann sie dazu dienen, weitere Zusammenhänge aufzuzeigen, die bisher in der Theorie vernachlässigt wurden, wie beispielsweise die Beziehung zwischen Arbeitszufriedenheit und affekt-basiertem Verhalten.

5.2 Big Five

Zur Erfassung und Beschreibung der Persönlichkeit gibt es unterschiedliche Ansätze. Ein Konzept, das fachübergreifend anerkannt ist, ist das Fünf-Faktoren-Modell der Persönlichkeit (McCrae & Costa, 1987). Dieses Modell umfasst fünf Faktoren, die sog. Big Five, welche die Persönlichkeit sowohl in Bezug auf den zwischenmenschlichen Bereich als auch auf Einstellungs-, Erlebens- und Motivationsbereich kennzeichnen (Ostendorf & Angleitner, 2004).

5.2.1 Definition und Bedeutung

Die fünf Persönlichkeitsfaktoren lauten Neurotizismus, Extraversion, Offenheit für Erfahrungen, Verträglichkeit und Gewissenhaftigkeit und sind im Sinne von Traits zu interpretieren, das heißt, sie bezeichnen relativ überdauernde, zeitstabile Eigenschaften einer Person. Im Folgenden werden die Big Five inhaltlich beschrieben (Costa & McCrae, 1992).

Neurotizismus beschreibt die emotionale Stabilität, d. h. die Art und Weise, wie Emotionen erlebt werden und u. a. mit negativen Emotionen umgegangen wird. Dabei stehen hohe Neurotizismuswerte für eine geringe emotionale Stabilität. Personen mit hohen Werten sind häufiger unsicher, nervös, ängstlich, verletzlich, launenhaft, erregbar oder besorgt und sie geben häufiger an, leicht aus dem seelischen Gleichgewicht zu geraten und öfter negative Gefühlszustände zu erleben bzw. von diesen überwältigt zu werden. Niedrige Neurotizismuswerte sprechen dementsprechend für emotionale Stabilität. Die Personen erleben sich selbst als ruhig und ausgeglichen, sicher, unempfindlich und nicht leicht zu beunruhigen.

Extraversion beschreibt die individuelle Aktivität und das zwischenmenschliche Verhalten. Personen mit hohen Extraversionswerten sind gesprächig, gesellig, aktiv und energiegeladen sowie spontan und fühlen sich in Gesellschaft anderer besonders wohl. Personen mit niedrigen Extraversionswerten, d. h. introvertierte Menschen, sind ruhig, reserviert, schüchtern, zurückgezogen, still und gehemmt sowie gerne allein bzw. in kleinen Gruppen.

Offenheit für Erfahrungen beschreibt das Interesse an und das Ausmaß der Beschäftigung mit neuen Erfahrungen, Erlebnissen und Eindrücken. Es werden dabei folgende Erfahrungen umfasst: die Offenheit für Fantasie, Ästhetik, Gefühle, Handlungen, Ideen sowie für das Normen- und Wertesystem. Personen mit hohen Offenheitswerten sind geistig beweglich, kreativ und neugierig und sie besitzen intellektuellen Ehrgeiz (Fehr, 2006). Ihre Interessen sind weit gestreut und sie haben eine Affinität zu Abwechslung und sind bereit, bestehende Normen zu hinterfragen. Hohe Offenheitswerte stehen für intensives Gefühlserleben, für Interesse an Kunst und für Visionen. Niedrige Werte stehen für Personen, die ihre Gefühle eher ignorieren und die sachlich sind. Niedrige Offenheitswerte weisen Menschen auf, die künstlerisch wenige Interessen haben und die häufig sehr pragmatisch denken und vorgehen (Fehr, 2006).

Verträglichkeit beschreibt, ähnlich wie Extraversion, vor allem interpersonelles Verhalten. Hohe Verträglichkeitswerte stehen für Verständnis, Wohlwollen, Mitgefühl und Wärme anderen Menschen gegenüber. Personen mit hohen Werten sind gutmütig, freundlich, selbstlos, kooperativ und tolerant sowie bemüht, anderen zu helfen. Personen mit niedrigen Werten sind hingegen tendenziell rücksichtslos, egoistisch und kompetitiv. Sie verhalten sich antagonistisch und misstrauisch anderen gegenüber, sind eifersüchtig, eigenwillig und negativistisch.

Gewissenhaftigkeit wird Personen mit hohen Werten auf diesem Faktor zugeschrieben. Sie sind sorgfältig, zuverlässig, beharrlich und verantwortungsbewusst. Sie sind zudem organisiert und handeln überlegt. Niedrige Werte sprechen hingegen für sorgloses, nachlässiges, unzuverlässiges, leichtfertiges und ungenaues Verhalten.

5.2.2 Big Five und Arbeitszufriedenheit

Die Beziehung zwischen den Big Five und Arbeitszufriedenheit wird vergleichsweise selten untersucht und häufig wird nur ein einzelner der Big Five Faktoren, v. a. Neurotizismus, berücksichtigt. Für den Zusammenhang zwischen den Big Five und Arbeitszufriedenheit liegen dennoch bestätigende metaanalytische Ergebnisse vor. Judge und Bono (2001) betrachten 334 Korrelationen aus 163 unabhängigen Stichproben. Sie berücksichtigen dabei Studien, die den Zusammenhang zwischen einem oder mehreren Big Five Faktoren und Arbeitszufriedenheit zum Gegenstand haben. Dabei werden sowohl Studien einbezogen, welche die Big Five direkt, beispielsweise mithilfe des NEO-FFI (Costa & McCrae, 1992) erfassen, als auch welche, die diese indirekt erfassten, unter anderem zwei Studien, die dispositionellen Optimismus erheben, welcher als Maß für Neurotizismus betrachtet wird. Judge und Bono (2001) kodieren diese verschiedenen Maße, sodass sie jeweils einem der Big Five Faktoren zugeordnet werden können. Arbeitszufriedenheit wird mit einem globalen Maß erfasst. Wird Arbeitszufriedenheit in Bezug auf spezifische Facetten der Arbeitssituation erhoben, z. B. mithilfe des »Job Descriptive Index« (JDI), errechnet sich daraus ein globales Arbeitszufriedenheitsmaß. Judge et al. finden konsistente Zusammenhänge der Arbeitszufriedenheit mit Neurotizismus von $r = -.31$ und Extraversion von $r = .25$. Zudem ergeben sich Zusammenhänge zwischen Arbeitszufriedenheit und Verträglichkeit von $r = .19$ sowie Arbeitszufriedenheit und Gewissenhaftigkeit von $r = .28$, welche jedoch weniger konsistent über die verschiedenen Studien hinweg sind. Der Zusammenhang zwischen Arbeitszufriedenheit und Offenheit für Erfahrungen beträgt lediglich $r = .02$ und ist nicht signifikant von null verschieden. Da die Autoren den Anspruch erheben, alle fünf Faktoren in einem integrativen Rahmen zu untersuchen und mit Arbeitszufriedenheit in Beziehung zu setzen, berechnen sie eine multiple Regressionsanalyse. Die multiple Korrelation beträgt $r = .41$, wobei sich Extraversion, Neurotizismus und Gewissenhaftigkeit als signifikante Prädiktoren der Arbeitszufriedenheit erweisen. Nach Judge et al. ist dies als Beleg für die dispositionelle Grundlage der Arbeitszufriedenheit zu werten.

Abele, Cohrs und Dette (2005) untersuchen in einer Längsschnittstudie mit 423 Mathematikabsolvierenden personelle, situative und interaktive

Einflüsse auf Arbeitszufriedenheit. Im Rahmen der personellen Einflüsse erfassen sie die Big Five, hinsichtlich der situativen Einflüsse unterscheiden sie zwischen objektiven und perzipierten Arbeitsbedingungen. Die Ergebnisse der Regressionsanalyse zeigen, dass der größte Zusammenhang zwischen perzipierten Arbeitsbedingungen und Arbeitszufriedenheit besteht. Sie klären 63 % der Varianz von Arbeitszufriedenheit auf. Der Grund für diesen starken Zusammenhang kann gemäß der Autorenschaft allerdings auch in der konzeptuellen Nähe der beiden Konzepte liegen, da die Erfassung beider Konstrukte auf subjektiven Urteilsprozessen beruht. Zwischen objektiven Arbeitsbedingungen und Arbeitszufriedenheit findet sich kein signifikanter, zwischen Persönlichkeit und Arbeitszufriedenheit hingegen ein geringer, jedoch signifikanter Zusammenhang. Die Big Five erklären alleine 10 % der Varianz von Arbeitszufriedenheit, wobei als Einzelprädiktoren nur Gewissenhaftigkeit ($r = .12$) und v. a. Neurotizismus ($r = -.23$) signifikant sind.

Die perzipierten Arbeitsplatzbedingungen klärten den größten Teil der Varianz auf. Der Zusammenhang zwischen Merkmalen der Person und perzipierten Arbeitsbedingungen ist größer als der zwischen objektiven und perzipierten Arbeitsbedingungen, was vermuten lässt, dass die Big Five neben einem direkten auch einen indirekten Einfluss auf Arbeitszufriedenheit haben. Abele et al. halten als Erklärung für diese Effekte mindestens 4 % für denkbar. Personen können Situationen unterschiedlich wahrnehmen oder unterschiedliche Situationen aufsuchen, die Arbeitsumgebung kann in systematischer Weise auf bestimmte Merkmale der Person reagieren oder Vorgesetzte können bestimmte Personen systematisch für bestimmte Arbeitsplätze auswählen.

Laut Ilies und Judge (2003) lässt sich durch die fünf Faktoren insgesamt jedoch nur weniger als ein Viertel der Varianz von Arbeitszufriedenheit erklären. Somit ist nachgewiesen, dass die fünf Faktoren zur Vorhersage der Arbeitszufriedenheit zwar herangezogen werden können, jedoch nicht als alleiniger Prädiktor genügen.

Dennoch zeigt der bisherige Forschungsstand, dass die Big Five geeignet erscheinen, um den Zusammenhang des personellen Einflusses auf Arbeitszufriedenheit zu untersuchen. Noch bleibt die Frage offen, auf welchem Weg der Einfluss erfolgt. Judge und Larsen (2001) vermuten, dass sie über kognitive, affektive und behaviorale Prozesse wirken. Auf kognitiver Ebene beeinflussen sie, wie Individuen Arbeitsmerkmale interpretieren. In affektiver Hinsicht wirken sie möglicherweise über ihren Einfluss auf die Stimmung auf Arbeitszufriedenheit. Aus behavioraler Sicht können Personen, die extravertiert, emotional stabil und gewissenhaft sind, arbeitszufriedener sein, da sie mit einer höheren Wahrscheinlichkeit zufriedenstellende Arbeitsergebnisse erzielen können.

5.3 Core Self-Evaluations

Ausgehend von einer umfangreichen Literaturstudie postulieren Judge, Locke, Durham und Kluger (1998) mit den Core Self-Evaluations (CSE) ein Konstrukt höherer Ordnung, um die dispositionelle Grundlage der Arbeitszufriedenheit näher zu klären. Sie verstehen darunter bedeutende Annahmen, die Individuen über sich selbst und ihr Funktionieren in der Welt haben.

5.3.1 Definition und Bedeutung

Judge und Bono (2001) zufolge handelt es sich bei den Core Self-Evaluations um ein breites, grundlegendes Persönlichkeitsmerkmal, das sich aus vier spezifischeren Persönlichkeitsmerkmalen zusammensetzt. Diese sind

1. Selbstwertgefühl,
2. Generalisierte Selbstwirksamkeitserwartung,
3. Locus of Control (Kontrollüberzeugung) und
4. Emotionale Stabilität (niedriger Neurotizismus).

Sie umfassen alle wiederum weitere, noch spezifischere Persönlichkeitsmerkmale. Judge und Bono (2001) wählen diese vier Core Self-Evaluations anhand dreier Kriterien aus:

a) Es handelt sich um Bewertungen (evaluation-focus) und nicht nur um eine Beschreibung,
b) diese Bewertungen sind grundlegend (fundamentality) sowie
c) umfassend (breadth or scope).

Im Folgenden werden die vier Core Self-Evaluations kurz beschrieben.
Selbstwertgefühl (self-esteem). Selbstwertgefühl ist die grundlegende Bewertung der eigenen Person und bezieht sich darauf, inwieweit sich eine Person selbst akzeptiert, mag und respektiert (Judge et al., 1998; Judge & Larsen, 2001).
Generalisierte Selbstwirksamkeitserwartung. Bandura (1997) definiert das Konstrukt der Selbstwirksamkeitserwartung aufgabenspezifisch. Es umfasst die persönliche Überzeugung, in einer bestimmten Situation Handlungsfähigkeit zu besitzen. Unter generalisierter Selbstwirksamkeitserwartung verstehen Judge et al. (1998) die Annahme einer Person, aufgrund ihrer Motivation, kognitiven Ressourcen und Handlungen bestimmte Ereignisse im Leben bewältigen zu können.
Locus of Control (LOC). Ursprünglich entwickelt Rotter (1966) das Konstrukt. Es beschreibt das Ausmaß, mit dem eine Person der Überzeugung ist, Ereignisse in ihrem Leben selbst kontrollieren zu können (interner LOC) bzw. inwieweit sie denkt, dass diese Ereignisse von externen Faktoren, wie der Umwelt, dem Schicksal oder dem Glück, abhängen (externer LOC). Es ähnelt zwar dem Konstrukt der generalisierten Selbstwirksamkeitserwartung, unterscheidet sich aber in einem wichtigen Punkt von diesem. Die Selbstwirksamkeitserwartung richtet sich auf das Vertrauen in die Handlung, der Locus of Control hingegen auf das Vertrauen, ein bestimmtes Ergebnis erzielen zu können (Judge et al., 1998).
Niedriger Neurotizismus. Neurotizismus ist einer der Big Five Faktoren (▶ Kap. 5.2) und wird als negativer Pol des Selbstwertgefühls verstanden. Es besteht eine Korrelation zwischen Neurotizismus und Negativer Affektivität (Judge et al., 1998).

5.3.2 Core Self-Evaluations und Arbeitszufriedenheit

Judge und Kollegenschaft (Judge et al., 1998; Judge, Bono & Locke, 2000; Judge & Bono, 2001) zeigen wiederholt, dass die Core Self-Evaluations und Arbeitszufriedenheit in einer signifikanten Beziehung zueinanderstehen und zu einem übergeordneten Konstrukt zusammengefasst werden können. So belegen Judge et al. (1998) für drei unterschiedliche Stichproben aus zwei Ländern sowohl einen direkten als auch einen indirekten Einfluss der Core Self-Evaluations auf Arbeitszufriedenheit. Neben einem signifikanten Haupteffekt zeigt sich ein vermittelnder Effekt (Mediatoreffekt) der wahrgenommenen Arbeitsmerkmale auf die Beziehung zwischen Core Self-Evaluations und Arbeitszufriedenheit. Die Ergebnisse lassen vermuten, dass die Art, wie sich Personen wahrnehmen, beeinflusst, wie sie ihre Arbeit erleben. Auch Judge et al. (2000) bestätigen den genannten direkten und indirekten Effekt der Core Self-Evaluations auf Arbeitszufriedenheit sowie einen weiteren indirekten Effekt über die Arbeitskomplexität. In einer zweiten Studie zeigen Judge et al. (2000), dass Arbeitszufriedenheit durch die Core Self-Evaluations über einen Zeitraum von 30 Jahren vorhergesagt werden kann. In einer Meta-Analyse von Judge und Bono (2001) zu der Beziehung der vier CSE-Merkmale mit Arbeitszufriedenheit ergeben sich folgende geschätzte True-Score-Korrelationen: Selbstwert $r = .26$, generalisierte Selbstwirksamkeitserwartung $r = .45$, internalen LOC $r = .32$ und emotionale Stabiliät $r = .24$. Somit gehören diese Persönlichkeitsmerkmale zu den besten dispositionellen Prädiktoren von Arbeitszufriedenheit.

Bezüglich der Frage, welchen Beitrag die vier CSE-Merkmale für das Konstrukt CSE haben, zeigt sich bei Judge et al. (1998, 2000), dass alle vier Variablen signifikante Faktorladungen auf den CSE-Faktor aufweisen, die Variablen Selbstwertgefühl und generalisierte Selbstwirksamkeitserwartung erweisen sich in beiden Arbeiten als am zentralsten für das CSE-Konzept und korrelieren nahezu perfekt mit dem CSE-Faktor. Bei Judge et al. (2000) ergibt sich für Selbstwertgefühl eine Korrelation von $r = .97$ und für generalisierte Selbstwirksamkeitserwartung von $r = .94$.

Dormann, Fay, Zapf und Frese (2006) unterscheiden sich in ihrer Vorgehensweise von den genannten Studien von Judge und Kollegenschaft insofern, dass sie nicht den Vorhersagebeitrag der CSE-Merkmale an der gesamten Arbeitszufriedenheit bestimmen, sondern lediglich den Beitrag, den diese zur Vorhersage des stabilen Anteils liefern. Sie unterscheiden somit zwischen stabilen und variablen Varianzanteilen der Arbeitszufriedenheit sowie Fehlervarianz. Dormann et al. (2006) erzielen bzgl. der Relevanz der einzelnen CSE-Merkmale für das CSE-Konzept ähnliche Ergebnisse wie die eben genannten von Judge und Kollegenschaft. Zudem ergeben sich signifikante Korrelationen zwischen allen CSE-Merkmalen und dem stabilen Anteil der Arbeitszufriedenheit. Die Korrelation liegt für Negative Affektivität bei $r = -.74$, für Locus of Control bei $r = .65$, für Selbstwirksamkeitserwartung bei $r = .52$ und für Selbstwertgefühl bei $r = .47$.

Dormann et al. (2006) beschäftigen sich außerdem ausführlicher mit der Konzeptualisierung der Core Self-Evaluations und können zeigen, dass diese am ehesten als kollektives Set anzusehen sind, d. h., dass alle vier CSE-Merkmale in direkter Beziehung zu dem stabilen Anteil der Arbeitszufriedenheit stehen und untereinander ebenfalls Beziehungen aufweisen. In diesem Fall leisten jedoch nur Negative Affektivität und internaler Locus of Control (▶ Kap. 5.8) einen signifikanten Vorhersagebeitrag und sie erklären gemeinsam 84 % der stabilen Varianz der Arbeitszufriedenheit. Die Forscher schlussfolgern, dass Kontrolle eine grundlegende Voraussetzung für generelles Wohlbefinden zu sein scheint, da sie als Signal für Sicherheit dient. Was die Art des Einflusses der Core Self-Evaluations auf Arbeitszufriedenheit betrifft, nehmen Dormann et al. (2006) an, dass diese Arbeitszufriedenheit durch zwei Prozesse beeinflussen. Zum einen beeinflussen sie, welche Umgebungen eine Person aufsucht, zum anderen formen sie die individuelle Wahrnehmung der Welt. Diese wiederum beeinflusst, wie jemand auf die Umwelt reagiert, was wiederum Arbeitszufriedenheit beeinflusst. Die Forscher vermuten somit, dass die Core Self-Evaluations hauptsächlich vermittelnd wirken.

Neben den genannten Korrelationen der Core Self-Evaluations mit Arbeitszufriedenheit spricht außerdem für ihre Berücksichtigung, dass Dormann et al. (2006) zeigen können, dass der CSE-Faktor über einen Zeitraum von zwei Jahren stabil ist ($r = .87$).

Die Core Self Evaluations scheinen sowohl einen direkten als auch einen indirekten Effekt, vermittelt über die Situation, auf Arbeitszufriedenheit zu haben. Es ist jedoch noch nicht eindeutig geklärt, welche Relevanz den einzelnen vier CSE-Merkmale dabei zukommt.

5.4 Intelligenz und Kreativität

Eine viel diskutierte Persönlichkeitseigenschaft ist die Intelligenz. Nach einer weitverbreiteten Auffassung ist die Bedeutung der Intelligenz vor allem im Arbeitsleben sehr groß: Intelligenten Menschen wird ein höherer Erfolg zugesprochen, sie haben mehr Aufstiegschancen und genießen höheres Ansehen. Im Kontext der Arbeitszufriedenheit ist Intelligenz jedoch noch vergleichsweise wenig untersucht.

5.4.1 Definition und Bedeutung von Intelligenz

Obwohl die Intelligenzforschung fast so alt ist wie die Psychologie selbst, gibt es bis heute keine einheitliche Definition dieses Konstruktes. Steinmayr und Amelang (2007) fassen die Gemeinsamkeiten der meisten Intelligenzdefinitionen zusammen, indem sie Intelligenz als eine Begabung ansehen, die interindividuell variieren kann. Intelligenz beschreibt die Fähigkeit, Probleme richtig zu lösen und auch neue Situationen zu bewältigen. Damit, so Steinmayr und Amelang (2007), ermöglicht Intelligenz zielgerichtete Lösungsstrategien, die durch Versuch und Irrtum entstehen. Somit beschreibt Intelligenz eine Fähigkeit, Zusammenhänge einerseits zu erfassen, andererseits aber auch herzustellen und zu deuten.

Allgemein ausgedrückt ist Intelligenz somit die Fähigkeit einer Person, kognitive Aufgaben zu lösen (Bourne & Ekstrand, 2005).

Nach Cattell (1963) lassen sich kognitive Leistungen in die Komponenten kristalline und fluide Intelligenz unterteilen.

Die kristalline Intelligenz besteht aus dem erworbenen Wissen und der Fähigkeit, auf dieses Wissen auch zuzugreifen. Hierzu zählen beispielsweise der Wortschatz, das Allgemeinwissen und Erfahrung. Gemessen wird die kristalline Intelligenz mit Wortschatztests, Tests zur Überprüfung des Allgemeinwissens oder mit Rechentests. Diese Intelligenzkomponente ist stark wissens- und kulturabhängig. Laut Cattell (1963) handelt es sich bei der kristallisierten Intelligenz um den durch Lernvorgänge ausgelösten Komplex schulischer und familiärer Erfahrungen.

5.4 Intelligenz und Kreativität

Die fluide Intelligenz ist als Fähigkeit zu interpretieren, Zusammenhänge, die komplex sind, zu erkennen und auch Probleme zu lösen. Hierzu zählen z. B. die Schnelligkeit der Wahrnehmung, Reaktionszeit und induktives Denken. Erhoben wird diese Intelligenz mit Matrizenaufgaben und Anordnungen räumlicher Art, die zur Lösung logische Schlussfolgerungen erfordern. Nach Cattell handelt es sich bei der fluiden Intelligenz um die vom Lernschicksal und den Umgebungsbedingungen unabhängige, genetisch veranlagte Intelligenz.

Fluide Intelligenz nimmt im Alter systematisch ab, während die kristalline Intelligenz bleibt, bzw. zunehmen kann. Die fluide Intelligenz kann durch Wissen und Erfahrung der kristallinen Intelligenz kompensiert werden (▶ Abb. 5.1; vgl. Cattell, 1971).

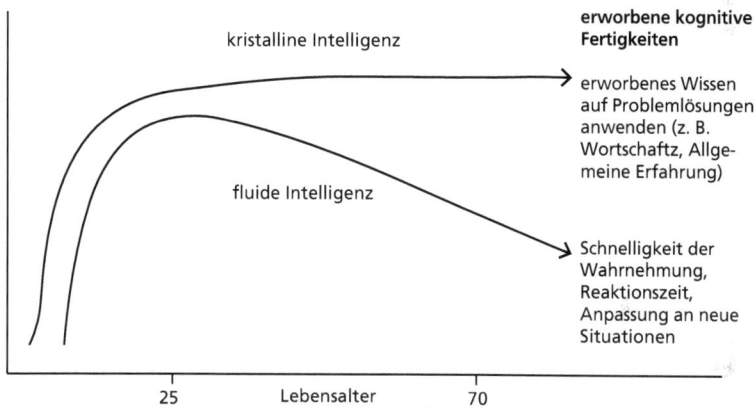

Abb. 5.1: Schematische Darstellung des Verlaufs von Intelligenzleistung bei zunehmendem Alter

In der neueren Kognitionsforschung werden zwei grundlegende Bestandteile der menschlichen Intelligenz benannt: Die Geschwindigkeit der Informationsverarbeitung (Speed of Information Processing) sowie die Kapazität des Arbeitsgedächtnisses (Working Memory Capacity). Personen mit einer höheren Intelligenz sind fähig, Informationen schneller aufzunehmen und zu verarbeiten sowie schneller auf das Kurz- und Langzeitgedächtnis zuzugreifen (Borkenau, Eggloff, Eid, Hennug, Neubauer & Spinath, 2005). Das Konstrukt Intelligenz ist vor allem im Betriebsalltag von Interesse. Borkenau et al., (2005) berichten über Zusammenhänge zwischen Intelligenz und Berufserfolg zwischen r = .51 und r = .62. Der Zusammenhang zwischen Studienerfolg und Intelligenz liegt zwischen r = .32 und r = 36.

Intelligenztests werden in der Industrie in Kombination mit anderen Fähigkeitstests (wie technisches Verständnis, Maschineschreiben, Sozialverhalten oder Führungsqualitäten) zur Beurteilung der Fähigkeiten von einzustellendem Personal verwendet.

Im Einklang mit der Umgebungstheorie wird in den 1970er Jahren die These entwickelt, dass die Arbeitsplatz- und Tätigkeitsgestaltung einen wesentlichen Einfluss auf die Entwicklung der geistigen Leistungsfähigkeit hat. Obwohl viele Untersuchungen zu diesem Thema methodische Schwächen haben, kann die Schlussfolgerung gezogen werden, dass die Intelligenz durch Tätigkeiten auf niedrigem Niveau negativ und durch anspruchsvolle positiv beeinflusst wird. Schleicher (1973), der in einer Querschnittsanalyse 500 Männer im Alter von 16 bis 68 Jahren unter Anwendung mehrerer Teile des Intelligenz-Struktur-Tests (I-S-T, Amthauer, 1953) untersuchte, konnte diese Schlussfolgerungen empirisch stützen.

5.4.2 Definition und Bedeutung von Kreativität

Intelligenzleistungen und kreative Leistungen sind zwar sehr eng miteinander verbunden, können jedoch nicht direkt aufeinander übertragen werden (Oerter, 1980). Dennoch postuliert Csikszentmihalyi (1990), dass kreative Persönlichkeiten über eine hohe Kernintelligenz verfügen. Einen großen Unterschied zur Intelligenz ist für Oerter die Tatsache, dass Kreativität zu einem beträchtlichen Teil erlernbar ist. Einen vielversprechenden Ansatz für die Arbeitswelt liefern die Einschätzungen von Binnig (1989), nach denen Kreativität eine Eigenschaft eines jeden Menschen ist, die unabhängig macht, indem der Mensch sich selbst Fragen und Arbeitsaufträge sucht und Freude an innovativen Tätigkeiten hat. In starker Anlehnung an die Definitionen von Intelligenz geht Binnig davon aus, dass Kreativität die Fähigkeit ist, bereits vorhandenen Informationen einerseits umzustrukturieren, andererseits aber auch zu vermehren. Eine genauere Unterteilung der Kreativität bietet Matussek (1980), in dem er postuliert, dass Kreativität durch divergierendes Denken bestimmt wird. Divergierendes Denken ist verbesserbar und besteht aus Flüssigkeit, Flexibilität und vernetztem Denken. Auch hier werden die Parallelen zu den Definitionen von Intelligenz deutlich. Aus allgemeinpsychologischer Sicht müssen Intelligenz und Kreativität voneinander getrennt betrachtet werden, denn Intelligenz ermöglicht effektive Lösungen von bestehenden Problemen; Kreativität jedoch führt zu neuen Fragen und originellen, teilweise überraschenden Problemlösungen (Asendorpf, 2011).

Allen Definitionen von Kreativität ist gemeinsam, dass sich Kreativität erarbeiten lässt und nicht im Widerspruch zu logischem Denken steht, sondern vielmehr ein notwendiger Bestandteil von Lösungen schwieriger Probleme ist (Weinert, 1991). Csikszentmihalyi (1990) schränkt jedoch ein, dass Kreativität wenigstens ansatzweise als angeborene Fähigkeit vorhanden sein muss, um sie aufzubauen.

5.4.3 Intelligenz, Kreativität und Arbeitszufriedenheit

Laut Wirth (2008) ist das einzige bereits vorliegende Modell, das die konkreten Zusammenhänge zwischen Intelligenz und Arbeitszufriedenheit beschreibt, das kausale Modell von Ganzach (1998). Es geht von einem sozial-kognitiven Ansatz aus und bezieht eine weitere entscheidende Komponente, die Arbeitskomplexität (AK), ein. Diese steht in Zusammenhang mit verbesserten Arbeitsbedingungen und umfasst Herausforderungen, Kontrollmöglichkeiten und Verantwortungen, die eine Tätigkeit mit sich bringt und somit die ausführende Person stimuliert.

Zur Erklärung seines Ansatzes bedient sich Ganzach zunächst einiger Erkenntnisse aus der Literatur. So geht er davon aus, dass Intelligenz in positiver Beziehung zur Arbeitskomplexität steht, da Tätigkeiten sich darin unterschieden, inwieweit sie die intellektuellen Kapazitäten einer Person fordern (Gottfredson, 1986, zitiert nach Ganzach, 1998). Außerdem benennt er einen sog. Gravitationsprozess, der dem Zusammenhang zwischen Intelligenz und Arbeitskomplexität unterliegt. Dieser Prozess beinhaltet, dass Menschen von Tätigkeiten angezogen werden, die zu ihren Fähigkeiten passen (Wilk, Desmarais & Sackett, 1995, zitiert nach Ganzach, 1998).

Ein zweiter Grundgedanke, von dem Ganzach ausgeht, sagt aus, dass Intelligenz positiv mit der gewünschten Arbeitskomplexität korreliert. Je höher die Intelligenz einer Person, desto höher sollte ihr Anspruch an die Komplexität ihrer Tätigkeit sein. Dies passt sehr gut zu Erkenntnissen, die besagen, dass Menschen solche Lebenswelten wählen, die zu ihren persönlichen Eigenschaften passen (OReilly, Chatman & Caldwell, 1991, zitiert nach Ganzach, 1998).

Die genannten beiden Einflüsse von Intelligenz zieht Ganzach heran, um die Korrelationen zwischen Intelligenz und Arbeitszufriedenheit zu erklären. Das kausale Modell beinhaltet dabei, dass Intelligenz die Arbeitszufriedenheit über zwei gegensätzliche Prozesse steuern kann (vgl. Ganzach, 1998). Zum einen üben intelligentere Menschen komplexere Tätigkeiten aus. Höhere Komplexität wiederum geht nach Hackman und Oldham (1976; zitiert nach Ganzach, 1998) mit höherer Arbeitszufriedenheit einher (Arbeitskomplexität = Mediator). Zum anderen gibt es einen entgegengesetzten Einfluss: Intelligentere Menschen wünschen sich komplexe Tätigkeiten. Da es vielen Berufen jedoch an Komplexität mangelt (Hackam & Oldham, 1980), neigen diese intelligenten Personen zu niedrigerer Arbeitszufriedenheit (Arbeitskomplexität = Moderator).

Mittels einer empirischen Untersuchung kann Ganzach (1998) die folgenden drei Hypothesen bestätigen.

1. Intelligenz beeinflusst Arbeitszufriedenheit negativ, wenn die Arbeitskomplexität konstant bleibt.
2. Wenn die Arbeitskomplexität variiert wird, korreliert Intelligenz hingegen positiv mit Arbeitszufriedenheit.
3. Arbeitskomplexität moderiert den direkten negativen Effekt von Intelligenz auf Arbeitszufriedenheit: Je höher die Arbeitskomplexität, desto positiver ist der Zusammenhang zwischen Intelligenz und Arbeitszufriedenheit.

Zusammenfassend lässt sich feststellen, dass es keinen generellen direkten Einfluss der Intelligenz auf die Arbeitszufriedenheit gibt, sondern die

5.4 Intelligenz und Kreativität

Arbeitskomplexität als Moderatorvariable fungiert. Eine Bestätigung findet sich in den Ergebnissen, die nachweisen, dass innerhalb von Berufsgruppen (wenig Varianz in der Arbeitskomplexität) ein negativer Zusammenhang zwischen Intelligenz und Arbeitszufriedenheit besteht. Zwischen verschiedenen Berufsgruppen (hohe Varianz in der Arbeitskomplexität) weist Ganzach hingegen einen positiven Zusammenhang nach.

Der Zusammenhang zwischen Arbeitszufriedenheit und Kreativität ist deutlich schlechter untersucht. Al-Mashan (2000) stellt fest, dass Arbeitsdruck eine der Hauptursachen für niedrige Arbeitszufriedenheit ist, was zu geringer Leistung, mangelnder Motivation und geringer Kreativität führt, wodurch Arbeitsdruck als Moderator zwischen Arbeitszufriedenheit und Kreativität zu nennen sei. Zhou und George (2001) ziehen aus ihrer Studie den Schluss, dass unzufriedene Menschen kreativ sein können, solange sie engagiert und durchsetzungsfähig sind. Die Studie der Autoren konzentriert sich auf die Bedingungen, unter denen Unzufriedenheit am Arbeitsplatz zu Kreativität führt. In einer Stichprobe von 149 Beschäftigten kann gezeigt werden, dass mangelndes Feedback, fehlende Unterstützung durch die Kollegenschaft und ausbleibende organisatorische Unterstützung zu Unzufriedenheit führt und damit Kreativität hervorruft.

Wenn man davon ausgeht, dass Kreativität – wie oben beschrieben – neue Fragen und originelle, teilweise überraschende Problemlösungen produziert, müsste Kreativität ein sinnvoller Weg sein, auf einen Kontext zu reagieren, der bei der Arbeit Unzufriedenheit erzeugt.

Porcaro-Sousa, Fukuda und Laros (2015) schlussfolgern, dass das Arbeitsumfeld, organisationale Unterstützung, Unterstützung durch die Kollegenschaft, Anerkennung, Flexibilität und Zuversicht sowie positive Umgebungsmerkmale der Arbeit Kreativität und Zufriedenheit fördern. Die Autoren belegen mittels einem Strukturmodell, dass ein starker Zusammenhang zwischen den für die Kreativität günstigen Bedingungen (Unterstützung neuer Ideen, Unterstützung durch die unmittelbare Führungskraft und Handlungsfreiheit) und der Arbeitszufriedenheit besteht (Zufriedenheit mit Kollegenschaft, Zufriedenheit mit Entwicklungsmöglichkeiten und Zufriedenheit mit der Tätigkeit).

5.5 Selbstregulation

Die kontinuierliche Veränderung der Arbeitswelt und damit verbundenen Berufsanforderungen (wie z. b. neue Technologien, wachsende Kundenorientierung, wachsende Marktsegmentierung und Globalisierung) verlangen neue Kompetenzen wie z. b. Flexibilität, höhere Qualifikation, permanente Verbesserung der Arbeitsergebnisse, eigenverantwortliches Handeln und Serviceorientierung (Neubach & Schmidt, 2006).

Derartige Arbeitsanforderungen bedürfen entsprechender flexibler Verhaltenssteuerung, die immer wieder situationsabhängig angepasst wird (Neubach & Schmidt, 2006). Planung, Koordination und Überwachung der eigenen Verhaltensabläufe setzt Selbstregulation voraus und erfordert selbstregulatorische Kompetenzen.

5.5.1 Definition und Bedeutung

Wenn sich Personen Ziele setzen, daraufhin Handlungen vornehmen und diese Ziele aktiv verfolgen, indem sie Strategien anpassen und verändern, und schließlich kontrollieren und reflektieren, ob sie diese Ziele erreicht haben, spricht man von Selbstregulationsfähigkeiten. Nach Baumeister, Heatherton und Tice (1994) ist Selbstregulation unter anderem die Fähigkeit, sich selbst zu verändern.

Der Begriff der Selbstregulation kann mit einem häufig verwendeten Beispiel aus der Regelungstechnik erklärt werden. Man stelle sich eine Heizung vor, bei der eine bestimmte Temperatur angestrebt wird, der sog. Sollwert. Der Sollwert wird zu einem Istwert in Beziehung gesetzt, also zur aktuellen Raumtemperatur. Liegt eine Diskrepanz zwischen Soll- und Istwert vor, so wird eine Regulation durch das System vorgenommen, um den Istwert dem Sollwert anzugleichen. Nach Erreichung der gewünschten Temperatur werden keine weiteren Aktivitäten vorgenommen, bis eine neue Diskrepanz auftritt. In Übertragung auf die Selbstregulation stellen die Ziele der Person den Sollwert dar, die Selbstbeobachtung, also die Monitoring-Prozesse der Person, dienen dazu, den Istzustand festzustellen.

Die Selbstbewertung ist schließlich der Soll-Istwert-Vergleich. Im Falle einer Diskrepanz unternimmt die Person Anstrengungen, den Istwert an den Sollwert anzunähern, also mit dem Ziel kongruent zu werden, oder aber das Ziel selbst zu modifizieren. Dieses ist als Kern der Selbstregulation zu verstehen, und zeigt zahlreiche Parallelen zum Konzept der Homöostase im Zürcher Modell/Zurich Model Revisited (► Kap. 2.5) auf.

Modell der Selbstregulation nach Zimmerman

Zimmerman (2000) beschreibt Selbstregulation als wichtigste Fähigkeit des Menschen, da sie es uns ermöglicht, uns an sich verändernde Umstände anzupassen und dadurch unser Überleben zu sichern. Zimmerman (2000, S. 13) definiert Selbstregulation wie folgt: »Self-regulation refers to self-generated thoughts, feelings, and actions that are planned and cyclically adapted to the attainment of personal goals.«

Selbstregulation ist als eine Interaktion von Person, Verhalten und Umwelt zu verstehen. Zur persönlichen Zielerreichung plant die Person ihre Gedanken, Gefühle und Handlungen und passt sie im Sinne eines dynamischen Systems immer wieder an. Anhand einer Prozessdefinition kann auch erklärt werden, warum Personen bestimmte Arten der Handlung selbst regulieren, andere Arten jedoch nicht.

Selbstregulation wird als Kreislauf verstanden, bei dem das Feedback früherer Handlungen dazu genutzt wird, Strategien für den aktuellen Handlungsverlauf anzupassen. Diese Anpassungen sind notwendig, da sich die Person, ihr Verhalten und die Umwelt durch Lernvorgänge und Handlungen in ständiger Veränderung befinden. Um diese Veränderungen zurückzumelden und darauf reagieren zu können, postuliert Zimmerman einen Monitoring-Prozess durch drei Feedbackschleifen: die Selbstregulation des Verhaltens, die Selbstregulation der Umwelt und die verdeckte Selbstregulation.

Die Selbstregulation des Verhaltens beinhaltet beobachtende und strategische Anpassungsmaßnahmen in Bezug auf die Handlung, z. B. die Lernmethoden einer Person. Die Selbstregulation der Umwelt bezieht sich auf die Beobachtung und Anpassung von äußeren Bedingungen und Ergebnissen. Verdeckte Selbstregulationsmechanismen beziehen sich auf das Beobachten und Anpassen der kognitiven und affektiven Zustände der Person selbst.

Die Selbstregulation der Person ist umso effektiver, je genauer und konstanter sie sich selbst in Bezug auf diese drei Feedbackschleifen zu beobachten in der Lage ist. Der offene Charakter der Feedbackschleifen betont, dass es sich nicht nur um reaktive Anpassungsprozesse handelt, sondern dass die Person sich auch proaktiv verhalten kann, indem sie sich höhere Ziele setzt und nach größeren Herausforderungen strebt. Selbstregulation beinhaltet folglich triadische Prozesse, die sowohl proaktiv als auch reaktiv angepasst werden, um persönliche Ziele zu erreichen.

Der Selbstregulationsprozess nach Zimmerman (2000) gliedert sich in drei zyklische Phasen: Die Handlungsplanung, die Handlungsdurchführung oder volitionale Kontrolle und die Selbstreflexion (vgl. Zimmermann, 2000).

Die Phase der Handlungsplanung teilt sich in zwei miteinander verbundene Bereiche auf: die Aufgabenanalyse, mit den Unterbereichen Zielsetzung und strategische Planung sowie die selbstmotivierenden Überzeugungen. Zu ihnen gehören Selbstwirksamkeit, Ergebnis-Erwartung, intrinsisches Interesse/Werte und Zielorientierung.

Die Zielsetzung hat in der Aufgabenanalyse eine Schlüsselfunktion. Zimmerman betont, dass die Zielsysteme von hoch-selbstregulierten Personen hierarchisch organisiert sind, sodass prozessuale Ziele der Annäherung an distale Ziele dienen. Diese Unterziele erhalten eine eigene sinnstiftende Bedeutung, da sie zu den ferneren Zielen in Beziehung gesetzt sind und somit Teil des Erreichungsprozesses sind. Ein weiterer Teil der Aufgabenanalyse ist die Planung und Auswahl geeigneter Strategien. Sie müssen immer wieder neu an die spezifischen Anforderungen der Aufgabe und der Person angepasst werden. Aus dem Spektrum der selbstmotivierenden Überzeugungen ist die Selbstwirksamkeit besonders hervorzuheben. Selbstwirksamkeit bedeutet Vertrauen in die eigenen Fähigkeiten sowie die Überzeugung, die richtigen Strategien zur Zielerreichung zu haben. Das Erreichen des Ziels steigert wiederum die Selbstwirksamkeit der Person, sodass sich im Optimalfall eine positive Spirale ergibt, welche die Motivation der Person erhöht.

Die Phase der Handlungsdurchführung oder der volitionalen Kontrolle (performance oder volitonal control) gliedert sich in die Selbstkontrolle und die Selbstbeobachtung: die Person überwacht ihre eigenen Handlungsschritte, führt sie entsprechend eines Plans durch und bestimmt immer wieder den Istzustand. Die Selbstkontrolle beinhaltet die Aspekte Selbstinstruktion, bildliches Vorstellungsvermögen, Aufmerksamkeitsfokussierung sowie Aufgabenstrategien. Während Selbstinstruktion und die bildliche Vorstellung die Durchführung der Aufgabe programmatisch anleiten, helfen Techniken der Aufmerksamkeitsfokussierung, die Konzentration auch über längere Zeiträume aufrecht zu erhalten. Aufgabenstrategien strukturieren die Aufgabe, indem sinnvolle Aufgabeneinheiten gebildet und bearbeitet werden. Der Selbstbeobachtung sind Strategien wie Selbstaufzeichnung und Selbstexperimente zugeordnet. Für eine erfolgreiche Art der Selbstaufzeichnung sind nach Zimmerman (2000) vier Aspekte besonders wichtig: die zeitliche Nähe zum Ereignis, der Informationsgehalt des Feedbacks, die Genauigkeit der Aufzeichnungen und eine ressourcenorientierte (statt einer defizitorientierten) Art der Rückmeldung.

An die Handlungsphase schließt sich die Phase der Selbstreflexion (Self-reflection) an. Hier nimmt die Person eine Bewertung der eigenen Handlung vor und passt ihre Strategien entsprechend an. Die Selbstreflexionsphase gliedert sich in die Selbstbeurteilung und die Selbstreaktion. Die Selbstbeurteilung schließt die Selbstevaluation und die Kausal-Attribution ein. Die Selbstevaluation beruht auf vier Kriterien: dem messbaren Ergebnis im Sinne von Punktwerten in einem Test, dem Vergleich mit der eigenen früheren Leistung, dem sozialen Vergleich mit anderen, sowie Gemeinschaftskriterien, also dem Erfolg beim Ausfüllen einer bestimmten Rolle in einem Team. Kausal-Attributionen sind die Ursachen-Zuschreibungen von Erfolg und Misserfolg entweder zur Person oder zur Situation. Selbstbeurteilung und Kausal-Attributionen sind eng verwandt mit den beiden Grundformen der Selbstreaktion: der Selbstzufriedenheit und den adaptiven oder defensiven Folgerungen (Zimmerman, 2000). Die Selbstzufriedenheit beinhaltet die Wahrnehmung von Zufriedenheit oder Unzufriedenheit mit der eigenen Leistung und den damit in Verbindung stehenden positiven oder negativen Affekten. Adaptive oder defensive Folgerungen sind Rückschlüsse in Bezug auf die Notwendigkeit, die zur Zielerreichung angewendeten Strategien anpassen oder verändern zu müssen. Defensive Folgerungen haben nur einen kurzfristigen positiven Nutzen, indem sie die Person vor

Misserfolgen oder negativen Gefühlen bewahren. Auf lange Sicht hindern Aufschiebeverhalten und Apathie die Person jedoch daran, sich weiterzuentwickeln. Adaptive Folgerungen tragen hingegen dazu bei, neuere und bessere Formen der Selbstregulation zu erreichen, z. B. indem andere, für die Zielerreichung angemessenere Strategien gewählt und ausprobiert werden. Durch den Einfluss der Selbstreaktionen auf die Planungsphase schließt sich der Kreis. Die nachfolgenden Handlungen werden beispielsweise dadurch beeinflusst, dass die Selbst(un)zufriedenheit die Selbstwirksamkeitserwartung der Person verändert. Zufriedenheit mit dem Resultat einer Handlung stärkt den Glauben der Person an sich selbst und erhöht auch ihr intrinsisches Interesse an der Aufgabe.

Die oben bereits beschriebene Triade Umwelt, Person und Verhalten gewinnt durch den Kreislauf der Selbstregulation eine neue Perspektive: Während die Umwelt durch selbstreguliertes Verhalten der Person beeinflusst werden kann, dienen der Person wiederum die Umwelt und die soziale Umgebung als wichtige Ressourcen. Beispiele für soziale Ressourcen oder Ressourcen der Umwelt sind die Orientierung an einem Rollenmodell, die Unterstützung durch andere oder die Umstrukturierung der Umgebung durch Ausschließen von Lärm und Ablenkung.

Prozessmodell der Selbstregulation von Schmitz

Aufbauend auf dem Modell der Selbstregulation von Bandura (1991) und Zimmerman (2000) entwickelt Schmitz (2001) ein Prozessmodell der Selbstregulation, das ebenso das Handlungsphasenmodell von Kuhl (1987) sowie das Lernprozessmodell von Schmitz und Wiese (1999) integriert. Das Prozessmodell von Schmitz berücksichtigt lediglich aktuelle Zustände und Befindlichkeiten (Schmitz, 2001) und teilt sich, in Anlehnung an Zimmerman, in die präaktionale Phase, also die Phase vor der Handlung, die aktionale Phase, d. h. die Phase während der Handlung, und die postaktionale Phase, also die Phase nach der Handlung, auf. Der Fokus wird im Prozessmodell der Selbstregulation insofern auf den Prozess gelegt, als dass eine ganze Abfolge von Handlungen als zyklischer Prozess interpretiert werden kann. Alle Handlungssequenzen werden in die drei Phasen des

Modells aufgeteilt (Schmitz & Wiese, 2006) und sind durch Rückkopplungsschleifen miteinander verbunden. Entscheidend ist dabei auch der Lern- und Erfahrungsgewinn der Person, der im optimalen Fall zu einer Kompetenzsteigerung führt, sodass Ziele immer höhergesteckt und immer schwierigere Herausforderungen angenommen werden können. Die drei Phasen des Modells werden im Folgenden näher erläutert.

Präaktionale Phase

In der präaktionalen Phase geht es darum, sich in Bezug auf eine bestimmte Handlung ein Ziel zu setzen und die Handlung auf dieses Ziel hin zu planen. Die Situation und die persönlichen Bedingungen, z. b. die momentane Arbeitsbelastung, spielen dabei ebenso eine Rolle wie die Aufgabenstellung, z. b. ob es sich um eine selbst oder fremd gestellte Aufgabe handelt. Dies beeinflusst wiederum die Motivation der Person, ihren emotionalen Zustand sowie die Selbstwirksamkeit der Person in Bezug auf die bevorstehende Handlung. Ist die Selbstwirksamkeit hoch, so geht die Person mit größerer Zuversicht an die Aufgabe heran und setzt sich höhere Ziele (Landmann, 2006). Unter dem Einfluss all dieser Faktoren wird schließlich ein Ziel gesetzt und die dafür passende Strategie ausgewählt und geplant. Die Zielsetzung in der präaktionalen Phase beeinflusst demnach den Verlauf der folgenden Phasen.

Aktionale Phase

Die aktionale Phase beinhaltet die Durchführung der Handlung mithilfe der ausgewählten Handlungsstrategien und schließlich das Erbringen einer bestimmten Leistung. Der Erfolg wird wesentlich dadurch bestimmt, wie viel Zeit zur Bearbeitung der Aufgabe aufgewendet wird und welche Handlungsstrategien eingesetzt werden. Der Einsatz von metakognitiven Strategien, beispielsweise der Planung und Selbstüberwachung des eigenen Handelns, trägt ebenso zur Leistung bei wie ressourcenorientierte Strategien, die der Bereitstellung von internen und externen Ressourcen dienen. Interne Ressourcen sind z. B. Konzentration und Anstrengung, während die optimale Gestaltung des Arbeitsplatzes oder die Unterstützung anderer als externe Ressourcen fungieren. Während der Aufgabenbearbeitung treten Emotionen auf, und auch motivationale Faktoren spielen eine Rolle.

Postaktionale Phase

In der postaktionalen Phase findet ein erneuter Soll-Ist-Abgleich statt, bei dem das resultierende Handlungsergebnis einer Bewertung unterzogen wird. Dies impliziert eine Selbstreflexion der Person in Bezug auf ihre Vorgehensweise. Das Ergebnis der Bewertung löst emotionale Reaktionen wie Stolz oder Ärger aus, die schließlich in Zufriedenheit oder Unzufriedenheit münden. In der Folge wird gegebenenfalls eine Modifikation der Strategien oder Ziele im Hinblick auf das weitere Vorgehen vorgenommen, oder bewährte Handlungsstrategien werden beibehalten und im nächsten Handlungsprozess erneut eingesetzt. Damit wird der zyklische Charakter des Modells sichtbar: Durch die Anpassungsvorgänge und das Feedback aus der postaktionalen Phase wird selbstreguliertes und zielgerichtetes Verhalten erst ermöglicht (Landmann, 2006).

5.5.2 Selbstregulation und Arbeitszufriedenheit

Erstaunlicherweise ist die Selbstregulation im Kontext der Arbeitszufriedenheit nicht gut untersucht, obwohl die dargestellten Theorien verdeutlichen, dass Selbstregulation und daraus resultierende Erfolge zu Zufriedenheit führen.

Braun, Adjei und Münch (2003) fassen unter dem Begriff Selbstmanagementstrategien im Arbeitsbereich unter anderem Zielmanagement, Zeitmanagement, Stressmanagement und Wissensmanagement zusammen. Diese Strategien sind erlernbar und können in Trainings geschult werden. »Je effektiver die Managementstrategien, umso höher die Arbeitszufriedenheit« stellen die Autoren fest (2003, S. 152). Auch Wiese (2003) betont auf Basis vorangegangener Studien, dass der »Einsatz selegierender, optimierender und kompensatorischer Mechanismen (...) in positiver Beziehung zu berufsspezifischen Maßen, z. B. der Arbeitszufriedenheit«, steht (S. 140).

Generell wird davon ausgegangen, dass es einen positiven Zusammenhang zwischen Selbstregulation und Arbeitszufriedenheit gibt (beispielsweise Holler, Fellner & Kirchler, 2005). Konkrete Untersuchungen liegen jedoch nur sehr spärlich vor (Krause, 2008).

Mit der Ego-Depletion untersuchen die Autoren Unger, Roth und Bertrams (2009) einen spezifischen Aspekt der Selbstregulation und beschreiben die Erschöpfung des Selbst durch die Fähigkeit der Selbstkontrolle. Diese Selbstkontrolle ist von einer begrenzten kognitiven Ressource abhängig. Unger et al. (2009) untersuchen 166 Beschäftigte einer Bank hinsichtlich deren Arbeitszufriedenheit und der Belastung durch Ego-Depletion. Es kann gezeigt werden, dass eine höhere Belastung durch Ego-Depletion mit einer niedrigeren Arbeitszufriedenheit korreliert.

Die Autoren Pourkiani, Seyedi und Sarasia untersuchen 2016 den Mediatoreffekt von Arbeitszufriedenheit auf die Selbstregulation anhand von 190 Beschäftigten einer Universität. Mithilfe von Strukturgleichungsmodellen zeigen sie, dass sich Selbstregulierung positiv auf Arbeitszufriedenheit auswirkt. Pourkiani et al. (2016) ermitteln einen signifikanten Pfadkoeffizienten von .41.

5.6 Stress

Stress ist sowohl im privaten als auch im beruflichen Bereich des Lebens zu finden. Wenig zweckmäßig bei der Betrachtung von Stress im wissenschaftlichen Sinne ist die Tatsache, dass »Stress« zu einem Modewort geworden ist: Selbst Kinder in der Schule haben bereits »Stress mit den Lehrern«. Diese sprachlichen Ungenauigkeiten müssen ausgeräumt werden, um eine wissenschaftliche Betrachtung der Thematik zu ermöglichen.

5.6.1 Definition und Bedeutung

Das Wort Stress wird bereits im Mittelalter mit der Bedeutung »äußere Not und auferlegte Mühsal« verwendet; in der Fachliteratur wird es 1914 von Canoon und danach 1950 von Hans Selye eingeführt (zitiert nach Greif, 1991).

In der Wissenschaft gibt es unterschiedliche Betrachtungsweisen von Stress, unter anderem abhängig von dem jeweiligen Fachgebiet. In der Psychologie stützt sich die Definition von Stress auf die verursachenden Bedingungen (Stressoren) und auslösenden Reaktionen auf psychologischer, physiologischer oder biochemischer Ebene (Janke & Wolfgramm, 1995).

Stressdefinitionen können in drei Kategorien eingeteilt werden:

1. Reiz- oder stimulusorientiert,
2. reaktionsorientiert,
3. interaktional oder transaktional.

Die Vertreter des reiz- bzw. *stimulusorientierten Konzepts* betrachten den Stress als »das Auftreten bestimmter Stimuli bzw. situativer Bedingungen« (Belschak, 2001, S. 24). Ein Beispiel dafür ist die Life Event Forschung. Sie definiert bestimmte Ereignisse des Lebens wie den Lottogewinn oder den Tod eines Familienmitglieds als Stress und erforscht die Entwicklung der daraus folgenden Krankheiten, ohne die subjektive Ereignisbewertung in Betracht zu ziehen. Allerdings gibt es einige Kritikpunkte bezüglich dieses Konzepts. Stimuli unterscheiden sich durch ihre Qualität und sind deswegen als Ursache des Stressgehaltes unvergleichbar. Derselbe Stimulus kann zu unterschiedlichen Reaktionen führen, denn er wird von jeder Person individuell bewertet und wahrgenommen. Jede Antwort auf einen Stimulus wird als eine Stressreaktion interpretiert (Belschak, 2001).

Das *reaktionsorientierte Konzept* bezeichnet »die Reaktionen des Organismus auf die Umweltstimulierung als Stress« (Brücker, 1994, S. 5). Stress ist definiert als ein individueller Prozess, eine Reaktion auf ein bedeutendes Ereignis (Stanley & Burrows, 2001). Das Ereignis könnte eine bedrohliche, selbstwertrelevante Situation sein, die als Resultat die Bedrohung relevanter Aspekte der eigenen Person haben könnte. Unfairness gegenüber der

5.6 Stress

eigenen Person in dem Vorgesetztenverhalten, Kritik und Zurückweisung sind nur einige Beispiele solcher Situationen (Zapf & Semmer, 2004). Die psychologische oder physiologische Antwort und nicht die Bedingungen, die zu dieser Antwort führen, werden als Stress verstanden (Stanley & Burrows, 2001).

Die interaktionale oder transaktionale Auffassung stellt den Stress als eine dynamische und komplexe Transaktion zwischen Person und Umwelt dar. Zugehörig zu diesem Konzept ist die Theorie der Umwelt-Person Kongruenz, die besagt, dass das Ungleichgewicht zwischen der Umwelt- und Personkonstellation, sowie zwischen den Anforderungen und den Fähigkeiten des Menschen, diese Anforderungen zu erfüllen, zu Stress führt (Zapf & Semmer, 2004).

Die dynamische und komplexe Person-Umwelt Interaktion der transaktionalen Auffassung ist auch in der Stressdefinition von Lazarus und Folkman (1984) präsent. Die Autoren beschreiben Stress als eine wahrgenommene Gefährdung des emotionalen Wohlbefindens, hervorgerufen durch eine Überforderung der eigenen Ressourcen. Wenn Gleichgewicht zwischen den Anforderungen und den vorhandenen Ressourcen herrscht, wird wenig oder kein Stress entstehen. Im Falle eines geringeren Ungleichgewichts zwischen Aufforderungen und Ressourcen entsteht eine reduzierte Stressmenge, die zur Langeweile führen kann. Wenn die Anforderungen deutlich höher als die Ressourcen sind, kann Stress resultieren.

Es gibt andere Auffassungen, in denen der Stress als Ungleichgewicht betrachtet wird, egal ob dieses positiv oder negativ ist. Semmer (1984, zitiert nach Greif, 1991) verknüpft den Stress mit negativen Emotionen: »Stress ist ein subjektiv unangenehmer Spannungszustand, der aus der Befürchtung entsteht, eine aversive Situation nicht ausreichend bewältigen zu können« (Greif, 1991, S. 13).

Greif (1991, S. 19) definiert zusammenfassend Stress als »subjektiv intensiv unangenehmer Spannungszustand, der aus der Befürchtung entsteht, dass eine stark aversive, subjektiv zeitlich nahe (oder bereits eingetretene) und subjektiv lang andauernde Situation sehr wahrscheinlich nicht vollständig kontrollierbar ist, deren Vermeidung aber subjektiv wichtig erscheint«.

5.6.2 Stressor und Stressreaktion

Stressoren sind die Auslöser, die Verursacher eines Stress-Geschehens. Greif (1991) definiert die Stressoren als »hypothetische Faktoren, die mit erhöhter Wahrscheinlichkeit Stress oder Stressempfindungen auslösen« (Greif, 1991, S. 13). Stressoren sind beliebige, individuell bestimmte Reizkonstellationen, die in verschiedenen Situationen entstehen und zum Stress führen können (Janke & Wolfgramm, 1995).

Jede positive oder negative Änderung ist eine verursachende Stresssituation, denn sie fordert die Anpassungsfähigkeit an die Situation. Dennoch spielen in der Stressentstehung negative Ereignisse eine wichtigere Rolle als positive Ereignisse (Lazarus, 1999).

Überforderung, Zeitdruck, Unsicherheit des Arbeitsplatzes, Lärm oder alltägliche Ärgernisse sind nur einige Beispiele von Stressoren. Auch können Arbeitsbedingungen, die aufgrund technischen Wandels zu höherer Komplexität führen, Ungleichgewichte zwischen Anforderungen und Bewältigungsmöglichkeiten verursachen und damit Stress (Kil, Leffelsend & Metz-Göckel, 2000).

Stressreaktionen beschreiben psychische Zustände und Verhaltensweisen, die unmittelbar auf die Stressoren als Reaktion folgen (Greif, 1991).

Aufgrund variierender Intensität und Dauer können die Stressoren unterschiedliche Stressreaktionen verursachen. Die körperliche Konstitution, die vorhandenen Kompetenzen, angeborene Fähigkeiten und erlernte Fertigkeiten bestimmen, welchen Effekt ein Stressor auf eine Person hat.

Stressoren können auch identisch mit den Stressreaktionen sein und die Stressreaktionen weiter zu Stressoren werden. Ein Beispiel für diesen Zirkelschluss sind Kopfschmerzen: Einerseits können sie als ein Stressor die Ursache vom Stress sein, andererseits als eine Reaktion auf Stress eingestuft werden (Zapf, 1991b).

5.6.3 Stress und Arbeitszufriedenheit

Zahlreiche Studien stellen ein Zusammenhang zwischen Arbeitszufriedenheit und Stress fest. Norbeck (1985) belegt den negativ signifikanten Zusammenhang zwischen empfundenen Arbeitsstress und Arbeitszufriedenheit, wobei er nachweist, dass es gleichzeitig einen positiv signifikanten Zusammenhang zwischen Arbeitsstress und psychologischen Symptombildungen gibt. Packard und Motowidlo (1987) zeigen beispielsweise, dass Arbeitszufriedenheit signifikant negativ mit der Häufigkeit und auch der Intensität von stressvollen Ereignissen korreliert. Auch stellen sie einen Zusammenhang zwischen subjektiv erlebten Stress, Depression und Feindseligkeit zu Arbeitszufriedenheit fest.

Van Dick (2006) untersucht Stress und Arbeitszufriedenheit bei Lehrkräften. Er belegt, dass psychische Belastungen einen Einfluss auf Arbeitszufriedenheit haben. Er beschreibt, dass die Unterstützung des Lehrkörpers durch die Schulleitung die Wahrnehmung der Tätigkeit beeinflusst. Lehrkräfte, die sich schlecht unterstützt fühlen (ein Aspekt der Arbeitszufriedenheit) nehmen ihre Tätigkeit insgesamt negativer wahr. Van Dick weist weiterhin einen Zusammenhang zwischen Burnout und Arbeitszufriedenheit aus.

Es gibt signifikante Zusammenhänge zwischen (selbst- und fremdeingeschätzten) Arbeitsbedingungen wie beispielsweise Autonomie, Überforderung und Zahl der Arbeitsstunden mit Arbeitszufriedenheit, Frustration, Gesundheitsbeschwerden und der Häufigkeit von Arztbesuchen (Kil et al., 2000). Die Arbeitszufriedenheit selbst ist mit der psychischen oder physischen Gesundheit wie Angst, Kopfschmerzen oder Magenprobleme verknüpft (Spector, 1997).

Qualität und Quantität von Arbeitsanforderungen üben einen Einfluss auf die psychische Gesundheit aus (Richter, Hemmann, Merboth, Fritz, Hänsgen & Rudolf, 2000). Aber auch der Entzug von Arbeit und Arbeitsplatzunsicherheit haben negative psychische Folgen, die nicht nur mit der Bedrohung der Existenz zu tun haben (Zapf, 1991a). Alle diese Ereignisse können weiter zur Stressentstehung führen. Stress kann in der Folge ein breites Spektrum an Reaktionen auf emotionaler Ebene auslösen: Spannung, Angst, Depressivität, Schuldgefühle oder Verringerung des Selbstwertgefühls.

Stresserleben kann zu wahrgenommenem und auch tatsächlichem Kontrollverlust führen. Die Kontrolle hat einen direkten Effekt auf das psychische Wohlbefinden. Die Arbeitszufriedenheit, das Selbstwertgefühl und die positive Lebenseinstellung sind positiv mit der Kontrolle korreliert (Zapf & Semmer, 2004). Indirekt wird die Kontrolle auf das psychische

Befinden wirken, indem sie die Stressoren vermeidet, reduziert oder beendet.

5.7 Coping

Menschen versuchen, mit ihrer Umwelt in Interaktion zu treten. Hierbei können Probleme jeder Art entstehen, wie beispielsweise scheinbare Unvereinbarkeit unterschiedlicher Ansichten, Rollenkonflikte, mangelnde Fähigkeiten oder Fertigkeiten und vieles mehr. In einem ersten Schritt bemühen sich Menschen darum, diese Probleme zu umgehen, sie zu bewältigen oder sie zu lösen und zeigen damit Copingverhalten. Coping steht für zahlreiche synonym verwendete Begrifflichkeiten, wie beispielsweise Bewältigung oder Verarbeitung, und beschreibt die Summe der Anstrengungen, die eine Person aufbringt, um mit Herausforderungen und den damit entstehenden Belastungen fertig zu werden. Coping beschreibt einen momentan *ablaufenden* Prozess, während Bewältigung und Verarbeitung einen bereits erfolgreich *abgeschlossenen* Prozess wiedergeben.

5.7.1 Definition und Bedeutung

Coping bezieht sich auf das psychologische Stressmodell (▶ Kap. 5.6). Lazarus und Launier (1981) verdeutlichen, dass Coping solche Situationen betrifft, in denen eine durch automatisierte Reaktionen ausgelöste Anpassung nicht mehr ausreicht. Solche Situationen entstehen dann, wenn Unsicherheit darüber besteht, wie ein Mensch reagieren soll und ob die Person die benötigten Mittel zur Verfügung hat. Lazarus (1991) betont, dass Coping Anstrengungen erfordert, also deutlich von automatisierten Prozessen abzugrenzen ist.

Coping umfasst sowohl die intrapsychischen Reaktionen (wie beispielsweise Resignation oder Selbstinstruktion) als auch verhaltensorientierte Strategien (Flucht, Hilfesuche).

5.7.2 Copingstrategien

Anhand der Stressbewältigung können verschiedene Copingstile und -strategien aufgezeigt werden, die sowohl bewusst als auch unbewusst vor sich gehen können. Hierzu gehören (Lazarus & Folkman, 1987):

- *Konfrontative Bewältigung.* Diese Copingstrategie ist charakterisiert durch eine entschlossene Handlungsoffensive, die Situation zu ändern (beispielsweise den Ärger gegenüber einer Person ausdrücken, die Probleme verursacht)
- *Distanzierung.* Unterschieden wird zwischen physischer und kognitiver Distanzierung. Bei der physischen Distanzierung bemüht sich das Individuum, Abstand von dem Problem zu erhalten, indem es eine Distanz zwischen sich und der das Problem auslösenden Situation schafft. Ein Beispiel dieser Copingform ist, wenn Stresssituationen ausgesetzte Personen sich krankschreiben lassen, um Abstand zu gewinnen. Dies dient der Kräftesammlung, um eine bessere Bewältigung der Situation zu ermöglichen. Auch in einer unkontrollierbaren Situation scheint diese Strategie geeignet zu sein. Empirisch sind jedoch auch negative Auswirkungen dieser Strategie nachweisbar (Zapf & Semmer, 2004). Bei der kognitiven Distanzierung geht es auch um den Versuch, etwas zu vergessen.
- *Selbstkontrolle* (z. B. nicht dem ersten Impuls nachzugehen). Die Selbstkontrolle bezeichnet die Situation der Selbstbestimmung oder -kontrolle des Verhaltens.
- *Suche nach sozialer Unterstützung* (z. B. Rat suchen bei Verwandten/ Freunden). Die Suche nach sozialer Unterstützung hat eine empirisch nachgewiesene Auswirkung auf das Wohlbefinden des Individuums (Diener et al., 1999, S. 286).
- *Übernahme von Verantwortung* (z. B. sich vornehmen, beim nächsten Mal etwas besser zu machen). Diese Form der Copingstrategie kennzeichnet sich durch die Annahme, dass jede Person für Entscheidungen verantwortlich ist.
- *Fluchtvermeidung.* Diese Strategie zeichnet sich z. B. dadurch aus, dass Betroffene auf ein Wunder hoffen oder sich einreden, die Situation würde sich von alleine regeln.

- *Planvolle Lösungsversuche.* Um zu einer Lösung zu kommen, wird die Situation, in der sich das Individuum befindet, analysiert. Nach dieser Analyse wird eine adäquate Aktion ausgeführt, um das Problem zu lösen. Diener et al. (1999) zeigen auf, dass sich diese Copingstrategie positiv auf das Wohlbefinden auswirkt.
- *Positive Neueinschätzung.* Diese Strategie umfasst beispielsweise die Einstellung, dass man (auch) aus (unangenehmen) Erfahrungen lernen kann und dadurch die Situation verbessert bzw. weniger bedrohlich wahrnimmt.

Coping verfolgt somit die Ziele, einerseits die Problemlage zu verändern und andererseits die eigene emotionale Befindlichkeit zu verbessern.

Bewältigungsstrategien können nach ihrer Effizienz unterschieden werden. Adaptive (oder funktionale) Copingstrategien können die Auswirkungen von Belastungen (▶ Kap. 5) reduzieren, indem sie zur langfristigen und nachhaltigen Lösung des Problems beitragen. Dysfunktionale Strategien halten die Unausgewogenheit zwischen Umwelt und Person aufrecht und können sie sogar vergrößern. Bei diesen Strategien steht der Wunsch nach Ablenkung im Vordergrund.

Van Dick (2006) beschreibt Strategien, die sich in vielen Studien als effektiv bzw. ineffektiv erwiesen haben:

Effektive Copingstrategien

- Aktive, problemlösende Strategien
- Suche nach sozialer Unterstützung
- Positive Umdeutung

Ineffektive Copingstrategien

- Ignorieren, Vermeiden, Verleugnen
- Selbstabwertende, selbstquälerische Strategien
- Unkontrolliertes, aggressives, gereiztes Abreagieren
- Einnahme von Pharmaka oder Drogenkonsum

5.7.3 Coping und Arbeitszufriedenheit

Decker und Borgen untersuchen bereits 1993 die Zusammenhänge zwischen Copingstrategien und Arbeitszufriedenheit. Zur Erhebung der Copingstrategien verwenden sie die Subskala Personal Resources Questionnaire (PRQ) von Brandt und Weinert (1981), die im Occupational Stress Inventory (Osipow, Doty & Spokane, 1985) eingebunden ist. Sie besteht aus vier Subskalen:

1. *Recreation*. Erhebt, wie die Freizeit genutzt wird und inwieweit ein Individuum regelmäßig Entspannung und Vergnügen bei seinen Freizeitaktivitäten, wie Sport, Hobbys oder anderes, erlebt.
2. *Social Support*. Misst die von einem Individuum wahrgenommene Unterstützung durch andere. Dadurch kann man schließen, ob eine Person Hilfe durch Unterstützung der Familie, Freunde und soziale Gruppen in Anspruch nimmt.
3. *Self Care*. Misst stressreduzierende persönliche Aktivitäten, die das Individuum regelmäßig ausführt, wie beispielsweise Bewegung, gesunde Ernährung und Schlaf.
4. *Rational-cognitive coping*. Diese Skala erhebt die kognitiven Bewältigungsfähigkeiten eines Individuums hinsichtlich der arbeitsbedingten Belastungen. Dazu gehören die Belastungen durch die Organisation, die Festlegung von Prioritäten, die Identifikation und das Durcharbeiten von Problemen.

Mit einem generellen Wert für Arbeitszufriedenheit korrelierten die Skalen Recreation und Social support höchst signifikant; mit den Skalen Self-care und Rational-cognitive coping bestanden hochsignifikante Zusammenhänge.

Klemisch (2006) untersucht einzelne Copingstrategien und deren Zusammenhang zur Arbeitszufriedenheit. Sie belegt hochsignifikante Beziehungen zwischen der Arbeitszufriedenheit und gedanklicher Weiterbeschäftigung, Situationskontrollversuche sowie Einnahme von Pharmaka. Weiterhin wird ein signifikanter Zusammenhang zur Copingstrategie »Herunterspielen« aufgezeigt.

5.8 Kontrolle und Kontrollwahrnehmung

Kontrolle und Kontrollwahrnehmung werden in zahlreichen psychologischen Modellen als relevante Einflussgrößen auf verschiedene Konstrukte postuliert (z. B. Stress, Selbstregulation, Arbeitszufriedenheit, Leistung).

5.8.1 Definition und Bedeutung

Kontrolle ist der Glaube, eine Reaktion im Repertoire zu haben, die das Unangenehme eines Reizes beeinflussen kann (Thompson, 1981). Sie ist eine tief verwurzelte motivationale Variable, ein onto- wie auch phylogenetisches Grundbedürfnis (Averill, 1973 und Frese, 1977, zitiert in Schuler, 2004). Handlungs- bzw. Tätigkeitsspielraum, Freiheitsgrade, Kontrolle, Autonomie, Job decision latitude: ... [man ist sich einig, dass] die Möglichkeit, Einfluss auf seine Angelegenheiten zu nehmen, über möglichst viele Aspekte seines Lebens – und somit auch seiner Arbeit – selbst zu entscheiden oder zumindest mit zu entscheiden, zu den Kriterien einer menschenwürdigen Lebensführung im Allgemeinen wie einer persönlichkeitsförderlichen Arbeitsgestaltung im Besonderen zu zählen ist (Semmer, 1990 zitiert in Ulich, 2005, S. 184). Definitionen der einzelnen Begriffe bestätigen dies. Unter Autonomie beispielsweise versteht Volpert (1987) den Umfang einer Person, unterschiedliche Optionen des Verhaltens zu sehen und zu nutzen. Im arbeitspsychologischen Sinne bezieht sich Kontrolle auf das Ausmaß »... in dem eine Person oder ein Kollektiv von Personen über die Möglichkeit verfügt, relevante Bedingungen und Tätigkeiten entsprechend eigener Ziele, Bedürfnisse und Interessen zu beeinflussen« (Frese, 1978, S. 159). Des Weiteren wird Kontrolle als Kombination aus Durchschaubarkeit, Vorhersehbarkeit und Beeinflussbarkeit dargestellt (Fischer, 2006).

Diese Überzeugungen sind fest verwurzelt in der Humanistischen Psychologie, die in diesem Buch bereits bei Maslow angesprochen ist (▶ Kap. 2.1). Diese Denkweise geht weit in das letzte Jahrhundert zurück und Vertreter sind nicht nur Maslow, sondern in Deutschland vor allem auch Volpert, Hacker, Büssing und Ulich.

5.8.2 Theorien der Kontrolle und Kontrollwahrnehmung

Individuelle Kontrollwahrnehmung bezieht sich im Sinne der Kontrolldefinition auf den subjektiv wahrgenommenen Kontrollspielraum. Dieser wird zum ersten Mal von Averill (1973) erforscht und aufgeteilt. Er unterscheidet zwischen Verhaltenskontrolle, kognitiver Kontrolle und Entscheidungskontrolle.

- Verhaltenskontrolle ist der tatsächliche Besitz von Reaktionen auf ein aversives Ereignis.
- Kognitive Kontrolle ist die Interpretation eines potenziell bedrohlichen Ereignisses (unterteilt in die Informationsgewinnung und die Bewertung).
- Entscheidungskontrolle ergibt sich aus den zur Verfügung stehenden Alternativen.

Thompson (1981) übt Kritik an Averills Modell, da Verhaltens- und Entscheidungskontrolle der gleiche Aspekt zu sein scheinen. Weiterhin sei die kognitive Kontrolle kein wirklicher Aspekt der wahrgenommenen Kontrolle, da er sich an und für sich nicht auf Kontrolle bezieht. Thompson verändert die Modellkomponenten in Verhaltenskontrolle, kognitive Kontrolle, Informationskontrolle und retrospektive Kontrolle.

- Verhaltenskontrolle meint (ebenso wie bei Averill) den Besitz von Reaktionen auf aversive Reize.
- Kognitive Kontrolle steht für den Glauben, über bewusste kognitive Strategien zu verfügen, die das Ereignis weniger aversiv erscheinen lassen können.
- Informationskontrolle bezieht sich auf das objektive Wissen, das man zu den tatsächlichen Ursachen des Ereignisses erhält, also die Vorhersehbarkeit, welche unter Umständen zu einer verringerten Kontrollwahrnehmung führen kann.
- Retrospektive Kontrolle ist die Art und Weise, auf die man den Ausgang des Ereignisses im Nachhinein attribuiert (Erklärbarkeit).

Die retrospektive Kontrolle wird im Allgemeinen mit dem *Locus of Control* (Rotter, 1966) – einem Attributionsstil – gleichgesetzt. Der Attributionsstil ist im psychologischen Sinne die subjektive Ursachenzuschreibung für das Eintreten oder Ausbleiben von Ereignissen. Rotter stellt 1966 das Modell der Kontrollüberzeugung (Locus of Control) vor. Basis dieses Modells sind Überlegungen zur sozialen Lerntheorie. Kernpunkt ist die Überzeugung einer Person, ob und inwieweit ein Ereignis abhängig ist vom eigenen Verhalten. Hier schlägt Rotter zwei mögliche Interpretationen der Person vor. Einerseits die sog. internale und zum anderen die externale Kontrollüberzeugung, die gemeinsam zu Kontrollüberzeugung zusammengefasst werden.

Internal ist die Kontrollüberzeugung dann, wenn eine Person ein Ereignis als Folge ihres eigenen Verhaltens wahrnimmt. Liegt eine externale Kontrollüberzeugung vor, dann vermutet die Person die Ursache eines Ereignisses außerhalb ihres direkten Einflussbereiches, somit außerhalb der eigenen Kontrolle. Für die Person ist es vollkommen irrelevant, welche Einflüsse tatsächlich zu einem Ereignis führen. Ist die Person beispielsweise Autofahrer/-in und kommt es fast zu einem Unfall, so hat die Person dann internale Kontrollüberzeugung, wenn sie davon ausgeht, dass nur ihre eigenen Fähigkeiten diesen Unfall verhindern. Geht die Person jedoch davon aus, dass sie einfach nur Glück hat oder ihr Schutzengel sehr aufmerksam ist, dann handelt es sich um externale Kontrollüberzeugung.

1995 differenzieren Buchanan und Seligman (zitiert in Schuler, 2004) den pessimistischen und den optimistischen Attributionsstil. Die Attribution erfolgt in beiden Fällen prinzipiell internal, wobei der Pessimist eher die Misserfolge internal attribuiert und die Erfolge external. Der Optimist hebt hingegen die Erfolge hervor und attribuiert diese internal.

Beschreibt Rotter Dimensionen der Kontrollüberzeugung, so bezieht sich Brehm (1966) auf einen Umgang mit wahrgenommenem Kontrollverlust. Er prägt den Begriff der *Reaktanz*.

Reaktanz wird ausgelöst, wenn Einschränkungen wie Verbote oder psychischer Druck in Form von beispielsweise Drohungen wahrgenommen werden und damit die persönliche Freiheit beschnitten wird. Somit ist Reaktanz eine Abwehrreaktion gegen diese Freiheitseinschränkung. Reaktanz bezeichnet die Wiederherstellung der bedrohten oder zerstörten wahrgenommenen Situationskontrolle. Sie erfolgt unter der Bedingung, dass die existierenden potenziellen Einflussmöglichkeiten von anderen bedroht sind und sie ist umso größer, je konkreter diese Bedrohung ist, je wichtiger dem Betroffenen die Freiheit in dem spezifischen Bereich ist, je größer die eigene Erwartung ist, diese Freiheit ausüben zu können, und je gravierender die nachfolgenden Einschränkungen eingeschätzt werden.

Die Reaktanz kann durch die direkte Wiederherstellung der Kontrolle abgebaut werden, beispielsweise indem man Einschränkungen missachtet oder Gebote nicht ausführt, ein ähnliches Verhalten zeigt oder das geforderte Verhalten verweigert.

Bis zur Wiederherstellung der Situationskontrolle kann sich Reaktanz in Aggression oder auch in indirekten Reaktionen, wie z. B. das Hervorheben der uneingeschränkten Freiheit in anderen Bereichen, manifestieren. Die Intensität der Reaktanz ist bei einem mittleren Schwierigkeitsgrad der Wiederherstellung der Freiheit am größten (Miron & Brehm, 2006).

Auch Seligman (1975) betrachtet den Umgang mit einem wahrgenommenen Kontrollverlust. Er stellt 1967 seine Theorie der erlernten Hilflosigkeit vor und fokussiert das Zustandekommen verschiedener Verhaltensweisen nach wahrgenommenem Kontrollverlust. In Tierversuchen stellt er fest, dass die Motivation der Versuchstiere, sich einem unangenehmen Ereignis (Elektroschock) zu entziehen in dem Maße sinkt, je geringer ihre Kontrolle über den Ausgang der Situation in der Vergangenheit gewesen war. Er vermutet, dass dieses Verhalten beim Menschen auf weitere Lebensbereiche generalisierbar ist und motivationale, kognitive sowie emotionale Defizite verursacht. Konkret haben diese eine herabgesetzte Kontrollmotivation, eine verringerte Fähigkeit zum Lernen tatsächlicher Handlungs-Ergebnis-Kontingenzen und kurzfristige (Furcht) wie langfristige emotionale Veränderungen (Depressionen) zur Folge (Fritsche, Jonas & Frey, 2006).

Obwohl sich das Problem der gelernten Hilflosigkeit beim Menschen als wesentlich komplexer darstellt (Heckhausen, 1989), unternehmen Wortman und Brehm (1975) den Versuch, die Reaktanztheorie und die erlernte Hilflosigkeit zu vereinen. Sie stellten die Hilflosigkeit als die Handlungskonsequenz erfolgloser Reaktanz, also der stetig wahrgenommenen Nicht-Kontrollierbarkeit der Situation, dar.

Rothbaum et al. (1982) unterscheiden zwischen primärer und sekundärer Kontrolle. Primäre Kontrolle bezieht sich auf Aspekte, die aktiv in der

Umwelt verändert werden können, um die Aversivität eines Ereignisses zu vermindern (z. B. vermehrte Informationen einholen). Sekundäre Kontrolle beschreibt die internen Prozesse, die eine Person anwendet, um die Situation subjektiv weniger aversiv erscheinen zu lassen (z. B. Verleumdung).

5.8.2 Kontrolle/Kontrollwahrnehmung und Arbeitszufriedenheit

Kontrolle und verwandte Konzepte (z. B. Tätigkeitsspielraum, Entscheidungsfreiraum, Autonomie) werden häufig hinsichtlich ihrer Auswirkungen auf Leistung, Wohlbefinden, Gesundheit oder Persönlichkeitsförderung untersucht und der positive Einfluss ist nachgewiesen (Terry & Jimmieson, 1999; Büssing et al., 2005). Hauptsächlich werden im deutschsprachigen Raum der Handlungsspielraum und der Tätigkeitsspielraum als Bestimmungsgrößen der Arbeitszufriedenheit untersucht (Fischer, 1989, Oegerli, 1981). Vor allen Dingen die resignative Komponente der Arbeitszufriedenheit wird durch mangelnde Kontrollierbarkeit hervorgerufen (u. a. Martin, Ackermann, Udris & Oegerli, 1980, Wegge & Neuhaus, 2002). Dass ein Tätigkeitsspielraum, also die Dimension der wahrgenommenen Kontrollierbarkeit, in Abhängigkeit des Anspruchsniveaus unterschiedliche wahrgenommen wird, interpretieren Büssing, Glaser und Höge (2006) aus ihren Daten interpretieren. Ulich (2001) sieht im Handlungsspielraum sogar einen Auslöser der Arbeitszufriedenheit.

Jedoch gibt es auch andere Forschungsergebnisse, wie beispielsweise von Falk und Kosfeld (2004), die andeuten, dass wahrgenommene Kontrolle demotivierend oder kontraproduktiv wirken kann.

Büssing hat durch seine Erweiterung des Zürcher Modells mit der zweiten Kernvariablen »Kontrollwahrnehmung« (▶ Kap. 2.5) Pionierarbeit geleistet. Zahlreiche seiner Studien zeugen von sehr differenzierten Beziehungen zwischen Kontrollwahrnehmung und Arbeitszufriedenheit (Büssing, Bissels & Krüsken, 1997, Büssing et al., 1999, Büssing, Bissels, Herbig & Krüsken, 2000 u. a.).

5.9 Arbeitswerte

Häufig werden Arbeitswerte herangezogen, um Wichtigkeitseinstufungen ermöglichen zu können. Es werden Arbeitswerte wie Einkommen, Aufstiegsmöglichkeiten, Anerkennung, Freizeit, Selbstständigkeit usw. genannt.

5.9.1 Definition und Bedeutung

Arbeitswerte sind psychologische Objekte im Bereich der Arbeit, die man als wünschenswert oder wichtig einschätzt (Locke, 1976). Hierzu zählt beispielsweise Kontakt mit anderen Personen zu haben, angemessen viel Geld zu verdienen oder Aufmerksamkeit von Vorgesetzten zu erhalten. Ros, Schwartz und Surkis (1999) beschreiben Arbeitswerte als Ziele oder Qualitäten, die der arbeitende Mensch in seiner Tätigkeit sucht und für wünschenswert erachtet. Die Schwierigkeit der Definition von Werten liegt in ihrem nominellen Charakter. Werte definieren sich durch einen Bezug auf andere Begriffe, die in ihrer Definition selbst genauer bzw. eindeutiger scheinen.

Kalleberg (1977) stellt Arbeitswerte in einen engen Zusammenhang mit den Belohnungen, die bei einer Arbeit erreicht werden können. Diese führen zur positiven oder negativen Beurteilung der Tätigkeit. Somit handelt es sich bei den Arbeitswerten um die Facetten der Arbeitszufriedenheit. Borg und Staufenbiel (1991) definieren Arbeitswerte als Aspekte der Arbeit, die – um Arbeitszufriedenheit hervorrufen zu können – entweder verwirklicht sein sollten (beispielsweise ein hohes Einkommen) oder aber nicht vorhanden sein sollten (wie beispielsweise schlechte Arbeitsbedingungen).

Elizur (1984) führt eine umfangreiche Literaturrecherche zu arbeitsbezogenen Werten durch und stellte fest, dass das Konstrukt der Arbeitswerte ohne Wichtigkeitseinschätzung dem eines Arbeitsergebnisses entspricht. Diese Arbeitsergebnisse werden erst dann zu Arbeitswerten, wenn sie hinsichtlich ihrer Wichtigkeit eingestuft werden.

In der Praxis werden die Arbeitswerte häufig mit einem Wichtigkeitsurteil verbunden – einer Wertehierarchie – um einerseits die Validität der Messungen zu verbessern und andererseits den Handlungsbedarf in einem

Betrieb zu verdeutlichen. Dieses Vorgehen wird vor allen Dingen von Borg (beispielsweise Borg & Staufenbiel, 1991 oder Borg, 2006) kritisiert. Er zitiert Untersuchungen, in denen Arbeitswerteitems immer deutlich linksschief sind, somit also »alle ziemlich wichtig« (Borg, 2006, S. 63). In eigenen Untersuchungen kann dies nicht bestätigt werden (Ferreira, 2009). Borg berichtet (2006), dass oftmals die intrinsischen Arbeitswerte, also die Werte, die aus der Arbeit selbst heraus entstehen, wie z. B. die Selbstverwirklichung, eine sehr hohe Bewertung haben. Von den meisten Beschäftigten wird insbesondere der Spaß an der Arbeit selbst als besonders wichtig eingestuft. In eigenen Untersuchungen kann nachgewiesen werden, dass die Bewertung der Facetten von vielen Faktoren abhängig ist, beispielsweise vom Gruppenzusammenhalt, von der wirtschaftlichen Lage und den eigenen Erfahrungen. Bei der momentanen wirtschaftlichen Situation in Deutschland (Unsicherheit von Arbeitsplätzen, wachsender Bedarf an Flexibilität ...) zählen Facetten wie Sicherheit des Arbeitsplatzes und ausreichende Bezahlung zu den wichtigsten Aspekten.

Die Untersuchungen von Jurgensen (1978), die er in einem Zeitraum von 30 Jahren bei 57.000 Stellenbewerbern bei der Minnesota Gas Company durchführt, zeigen auf, dass es kaum Unterschiede zwischen der Wichtigkeitsbewertung bzw. Prioritätsordnung der Arbeitswerte zwischen den männlichen und weiblichen Bewerbern gibt.

Untersuchungen vor 1994 zeigen, dass Ostdeutsche mehr Wert auf Existenz und Verwandtschaftswerte legen als die Westdeutschen, während die Wachstumswerte in beiden Teilen Deutschlands identisch gewichtet sind. Ester, Halman und Rukavishnikov (1994) belegen hingegen, dass die Strukturen der Arbeitswerte in Ost- und Westdeutschland ähnlich sind. Die Autoren schlussfolgern, dass sich Annahmen über grundlegende Unterschiede in den Arbeitswerten der Ost- und Westdeutschen nicht bestätigen lassen.

Dass die Einschätzung von Arbeitswerten diversen Schwankungen unterliegt, kann auch Inglehart (1989, 1998) nachweisen. Er ermittelt eine Verschiebung der Werte von materialistischen hin zu eher idealistischen Werten. Es ist anzunehmen, dass auch diese Verschiebung nicht von Dauer ist, sondern abhängig von den sozio-ökonomischen Lebensbedingungen (Borg, 2006).

Für jede Person existieren Arbeitswerte, die allen anderen vorgezogen werden und in einem inhaltlichen Kontext zueinanderstehen. Borg und

Brief (1994) unterteilten Arbeitswerte in Motivkategorien (existenziell-materiell/sozial-emotional/wachstumsbezogen) und zeigen auf, dass die Korrelation der Wichtigkeit von Arbeitswerten innerhalb einer Kategorie hoch ist, während die Korrelation zu den anderen Kategorien niedrig ist.

5.9.2 Arbeitswerte und Arbeitszufriedenheit

Nach Smith (1992) scheint Einigkeit darüber zu bestehen, dass Arbeitszufriedenheit eine affektive Reaktion auf eine Arbeit ist, die aufgrund des Vergleichs des Beschäftigten zwischen den tatsächlichen Ergebnissen mit den erwünschten Ergebnissen resultiert. Die erwünschten Ergebnisse sind die Arbeitswerte. Dies zeigt die hohe Bedeutung der Betrachtung des Arbeitswertes und legt ebenso dessen Nutzung als Indikator für den Grad der Arbeitszufriedenheit bzw. der Gesamtzufriedenheit nahe. Locke (1976) setzt diesen Grad der Arbeitszufriedenheit, gemessen durch eine Soll-Ist-Differenz, mathematisch um.

Hulin (1963) postuliert, dass die Werte am wichtigsten eingestuft werden, deren Fehlen am deutlichsten ist. Borg und Galinat (1987) hingegen gehen von einem Zusammenhang bzw. einer positiven Korrelation zwischen Zufriedenheits- und Wichtigkeitsratings aus. Habich (1986) unterstützt diese These und erweitert diese ebenfalls um negative lineare Zusammenhänge mit einer Abhängigkeit ihrer Parameter von subjektiv wahrgenommen Ausprägungen des jeweiligen Gegenstandes.

Diese Vielzahl von unterschiedlichen oder gar gegensätzlichen Thesen hat ihren Ursprung in der schiefen Verteilung der Zufriedenheitsitems der Bewertung von Arbeitszufriedenheit. In der Literatur wird immer wieder von überdurchschnittlich zufriedenen Beschäftigten berichtet. Eine erhöhte Zufriedenheit mit Facetten der Arbeit – woher auch immer ihr Ursprung sei – geht laut Borg (2006) mit erhöhten Einschätzungen der Wichtigkeit dieser Facetten einher. Meglino und Ravlin (1998) weisen nach, dass eine Übereinstimmung der Arbeitswerte von Beschäftigten mit denen des Unternehmens zu einer erhöhten Arbeitszufriedenheit führt, weiterhin zu höherem Commitment, geringerem Stressempfinden sowie verringerter Fluktuationsabsichten.

6 Betriebliche Auswirkungen

Arbeitszufriedenheit hat nach wie vor eine hohe Relevanz in der betrieblichen Praxis. Dies ist unter anderem darauf zurückzuführen, dass Arbeitszufriedenheit mit positiven Effekten auf das Arbeitsergebnis attribuiert wird (▶ Kap. 1.1). Einige dieser Auswirkungen werden im Folgenden dargestellt.

6.1 Leistung

Leistung stellt einen zentralen Parameter innerhalb jedes Unternehmens dar. Häufigste Ziele sind, Leistung zu verbessern und so präzise wie möglich vorauszusagen. Dieses zentrale Anliegen von Organisationen hat vielfache Aufmerksamkeit in der wissenschaftlichen Literatur erfahren. So überrascht Umfang und Vielfalt insbesondere arbeits- und organisationspsychologischer Forschung rund um das Thema nur wenig. Ziel all dieser Arbeiten ist es, Leistung nicht nur exakt messen zu können, sondern ebenso auch zahlreiche mögliche Einflussfaktoren auf Leistung zu untersuchen und deren Bedeutung für Leistung zu analysieren.

6.1.1 Definition und Bedeutung

Eine Definition des Begriffs Leistung ist in Abhängigkeit des eingenommenen Blickwinkels vorzunehmen. So wird Leistung im wirtschaftlichen

Sinne als das erzielte Ergebnis innerhalb einer bestimmten Zeitperiode definiert, wobei sowohl die Menge als auch der Wert des erzielten Ergebnisses betrachtet wird. Leistung kann nach Gaugler (1975, S. 1182) im weitesten Sinn definiert werden als »die Gesamtheit der quantitativen und qualitativen Ergebnisse aller Aktivitäten eines Unternehmens«.

Aus psychologischer Sicht wird Leistung als das Resultat des Verhaltens auf die Arbeit definiert, wobei zwischen dem Verhalten auf die Arbeit und dem Ergebnis dieses Verhaltens, der Leistung, unterschieden wird (Herman, 1973). Die Arbeitsleistung wird von objektiver Leistungsfähigkeit und von subjektiver Leistungsbereitschaft bestimmt (Gaugler, 1975).

6.1.2 Leistungsmessung

Die Messung von Leistung kann auf unterschiedlichem Weg erfolgen. Aufgrund der Vielzahl von Leistungsdeterminanten empfehlen einige Forschende die Bewertung der Gesamtleistung auf Basis der Messung bestimmter Aspekte der Arbeitsleistung. Dabei ist das Leistungsmaß als jede objektive oder subjektive Messung oder Einschätzung der Produktivität definiert (Six & Eckes, 1991, Barrick & Mount, 1991). Nach Schmidt et al. (2007) ist es jedoch von zentraler Bedeutung, Leistung nicht isoliert zu betrachten, sondern vielmehr im Kontext sozialer Interaktionen und Kooperationen (Schmidt et al., 2007). Die wissenschaftliche Literatur gliedert Leistungsmessung in die folgenden vier Kategorien (Herman, 1973):

1. Leistungsbeurteilung,
2. objektive Leistungsindikatoren (Leistungskennzahlen),
3. von der Arbeit befreiendes Verhalten (z. B. wiederkehrende Abwesenheit),
4. Verhalten auf der Arbeit, das zur Änderung der Arbeitsumwelt führt.

Leistung kann einerseits insgesamt beurteilt oder alternativ jeweils in spezifischen Aspekten bewertet werden (Gaugler, Rosenthal, Thornton & Bentson, 1987; Six & Eckes, 1991). Zu den klassischen Methoden der

Vorhersage von Leistung gehören insbesondere die Befragung zur Selektion künftiger Beschäftigte sowie Assessment Center. Eine Alternativmethode zur Leistungsmessung stellt die Beurteilung, entweder in Form von Selbstbeurteilung oder in Form der Beurteilung durch andere (bekannte oder unbekannte) Personen, dar, beispielsweise hinsichtlich der Zielerreichung (Umstot, Bell & Mitchell, 1976). Die Mehrzahl der wissenschaftlich durchgeführten Studien erfassen Leistung durch Vorgesetzten- oder Kollegenbeurteilung (Judge & Bono, 2001; Sy, Tram & O'Hara, 2006). Dabei sind diese Formen der Beurteilung von Leistung als subjektive (relative) Leistungsindikatoren zu verstehen (Moser, 1999).

Bei der objektiven Leistungsmessung wird Leistung anhand objektiver Indikatoren abgeleitet, wie beispielsweise dem erreichten Umsatz (Iaffaldano & Muchinsky, 1985); dem Tagesumsatz (Six & Eckes, 1991), die durchschnittliche Produktion in einer Stunde (Umstot et al., 1976) (Gaugler, 1975) oder auch die Produktion oder Stichprobenmessung auf der Arbeit (Hunter & Hunter, 1984; Sheridan & Slocum, 1975; Sy et al., 2006).

6.1.3 Leistung beeinflussende Faktoren

Leistung wird durch zahlreiche Faktoren beeinflusst, wie die folgenden Betrachtungen zeigen. Zu beachten ist, dass die beeinflussenden Faktoren auch wechselseitig in Beziehung stehen, also nicht isoliert betrachtet werden sollten.

Kohäsion der Arbeitsgruppe korreliert mit der erbrachten Leistung und der Zufriedenheit der Gruppenmitglieder; je höher die Kohäsion, desto positiver die Korrelation zur Zufriedenheit (von Rosenstiel, 1975).

Ebenfalls korreliert Autonomie mit der erbrachten Leistung, wobei mehr Leistung mit mehr Autonomie in Verbindung steht (Williams & Podsakoff, 1989). Die meisten wissenschaftlichen Studien zur Bedeutung von Autonomie für Leistung berichten einen positiven Einfluss – je mehr Autonomie den Beschäftigten zugestanden wird, desto höher ist die zu beobachtende Leistung (von Rosenstiel, 1975).

Die Ich-Beteiligung ist definiert als die Zeit, die man außerhalb der Arbeitszeit mit Gedanken an die Arbeit verbringt, wobei man sich in

6.1 Leistung

höherem Maße mit der Arbeit identifiziert, wenn starke Ich-Beteiligung vorliegt. Je größer die Autonomie am Arbeitsplatz, desto größer ist die Beziehung zwischen Ich-Beteiligung und Leistungshöhe. Die Leistung steigt mit der Ich-Beteiligung (von Rosenstiel, 1975).

Ebenso haben der betriebliche und stellenbezogene Lebenszyklus einer Person Einfluss auf die erbrachte Leistung, wobei der Zyklus die Leistungsentwicklung eines Individuums vor dem Eintritt in eine Organisation bis zu dessen Austritt beschreibt.

Die Lohnhöhe wirkt im Sinne der Theorie des Gleichgewichts direkt auf die Leistungsbereitschaft eines Individuums. Hiernach streben Individuen nach Gleichgewicht zwischen der von ihnen erbrachten Leistung und den erhaltenen Leistungen. Die berufliche Tätigkeit kann als Austauschform zwischen Unternehmen und Beschäftigten definiert werden: Ersteres bietet Bezahlung, Sicherheit, Sozialleistungen etc. für von den Beschäftigten zu erbringende Arbeit, Loyalität, Engagement etc.

Auch die Einstellung zur Arbeit übt einen Einfluss auf die erbrachte Leistung aus, wie in zahlreichen Studien untersucht wird. Hierbei wird die Einstellung zur Arbeit als affektive Auswertung gegenüber einer bestimmten Handlung (positiver vs. negativer Affekt) definiert (Charng, Piliavin & Callero, 1988). Die Einstellung zur Arbeit ist fortführend die Antwort auf unterschiedliche Stimuli, wobei mindestens eine Komponente der Einstellung zur Prädisposition für bestimmte Handlungen oder zu einem bestimmten Verhalten führt (Herman, 1973).

Das Verhalten, definiert als Funktion der Person und Situation, wird vorwiegend von Motivation, Fähigkeiten und Fertigkeiten einerseits und Normen, Regelungen und der Situation selbst andererseits bestimmt (von Rosenstiel et al., 2005). Sowohl das Verhalten der Beschäftigten als auch das der Vorgesetzten, hat einen definitiven Einfluss auf die Leistung.

»The leader's behavior serves as a discriminative or cue to evoke the subordinate's task behavior... [and]... the subordinate's task behavior in turn can act as a consequence for the leader which, in turn reinforces, punishes, or extinguishes the leader's previous behavior« (Davis & Luthans, 1979, S. 240).

Das Verhalten der Beschäftigten übt also einen direkten Einfluss auf das Verhalten der Vorgesetzten aus, wie dieses ebenso umgekehrt (Williams & Podsakoff, 1989).

6 Betriebliche Auswirkungen

Arbeitsmotivation als jener Aspekt der Motivation einer Person, der mit der Erfüllung aller übertragenen Verpflichtungen verbunden ist, berücksichtigt nicht nur Ziele der Organisation, sondern auch solche des Individuums. Man kann diese Form der Motivation auch als »*Motivation am Arbeitsplatz*« (Neuberger, 1974b, S. 49) bezeichnen, wobei diese von den Motiven der Person selbst und den spezifischen situativen Leistungsanreizen (z. B. Erledigung einer Aufgabe, persönliche Zielsetzung, Auseinandersetzung mit einem Konkurrenten etc.) abhängt (Brandstätter, 2005).

Auch die Persönlichkeit eines Individuums, bestehend aus einer Vielzahl von Persönlichkeitseigenschaften, beeinflussen und formen das Verhalten in bestimmten Situationen. Persönlichkeit und Eigenschaften üben einen relevanten Einfluss auf die erbrachte Leistung aus (Hunter & Hunter, 1984). Von zentraler Bedeutung für die Leistung ist nicht die Anstrengung bei der Arbeit, sondern vielmehr die Effizienz. Das Interesse am Auffinden des kürzesten, effizientesten Lösungswegs der Arbeitsaufgabe als Persönlichkeitseigenschaft korreliert stark mit hoher Leistung.

Die Intelligenz eines Individuums hat einen Einfluss auf das Urteilsvermögen hinsichtlich erbrachter Leistung (Mabe & West, 1982). Es wird angenommen, dass die Problemanalyse oder auch Lösungsfindungen durch höhere Intelligenz vereinfacht werden, was zu höherer Leistung führen kann. Sy et al. (2006) können nachweisen, dass eine höhere Intelligenz positiv mit einer höheren Leistung korreliert.

Fähigkeiten und Fertigkeiten spielen eine bedeutsame Rolle in der Vorhersage von Leistung (Hunter & Hunter, 1984). Sie gelten als die besten Prädiktoren für zukünftige Leistung (Ree, Earles & Teachout, 1994). Angeborene Fähigkeiten sind dabei als Basis für den Erwerb von erlernten Fertigkeiten definiert (Gebert & von Rosenstiel, 2002). Für die Erhaltung eines hohen Leistungsniveaus innerhalb einer Organisation ist die Auswahl von Individuen mit entwickelten und adäquaten Fähigkeiten und Fertigkeiten in ihrem jeweiligen Tätigkeitsbereich von zentraler Bedeutung (Hunter & Hunter, 1984).

6.1.4 Leistung und Arbeitszufriedenheit

Die Annahme eines Zusammenhangs zwischen Arbeitszufriedenheit und Leistung scheint stark intuitiv. Forschende untersuchen diese Beziehung zwischen den beiden Parametern schon seit mehr als 100 Jahren (Iaffaldano & Muchinsky, 1985). Judge und Bono (2001) gehen in ihrer Metaanalyse sogar so weit zu behaupten, dass der Zusammenhang zwischen Arbeitszufriedenheit und Leistung als »*Heiliger Gral der Organisationspsychologie*« bezeichnet werden könne (S. 376). Grundlegend ist hierbei die Annahme eines positiven Zusammenhangs zwischen Arbeitszufriedenheit und Leistung in der Zeitachse. Im Folgenden werden einige der bedeutendsten Arbeiten auf diesem Forschungsgebiet kurz dargestellt und ihre zentralen Einflüsse auf Leistung herausgestellt.

Die These der Leistungssteigerung durch Zufriedenheit seitens der Beschäftigten wird bis heute vertreten und dient als ein grundlegendes Argument für die Schaffung humaner Strukturen auf organisationaler Ebene (von Rosenstiel, 1975).

Einer der Gründer der Human Relation Bewegung, Elton Mayo, postulierte einen Zusammenhang zwischen persönlichen Beziehungen der Beschäftigten, den Arbeitsleistungen und den Einstellungen und Verhaltensweisen gegenüber der Arbeitssituation (Gaugler, 1975; von Rosenstiel et. al., 2005; Argyle, 1972). Von besonderer Bekanntheit im Rahmen dieses Ansatzes ist die sog. Hawthorne Studie, die 1972 im größten Produktionsbetrieb der Western Electric durchgeführt wird. Resultat der insgesamt vier Studien des Hawthorne-Experiments ist, dass Arbeit einen sozialen Prozess darstellt und Arbeitsverhalten von den Normen der eigenen Arbeitsgruppe abhängig ist. Leistung steht in größerer Abhängigkeit zu den sozialen Beziehungen mit der Kollegenschaft und Abteilungsleitungen, als zu Lohnanreizen und Arbeitsbedingungen (Argyle, 1972).

Diese Studien legten den Grundstein für die zahlreichen Untersuchungen, die den Zusammenhang zwischen Arbeitszufriedenheit und Leistung zum Ziel haben, jedoch führen sie zu sehr unterschiedlichen Ergebnissen. Manche Forschenden weisen einen hohen positiven Zusammenhang zwischen Arbeitszufriedenheit und Leistung nach, andere finden Anzeichen eines Zusammenhangs in Richtung hoher Zufriedenheit und niedriger Leistung, wieder andere berichten über gar keinen Zusammenhang zwischen den beiden Variablen (Six & Eckes, 1991). All diesen Studien ist gemein, dass sie einen funktionalen Zusammenhang darstellen, das heißt, sie erklären nicht, wie eine Ursache zu einer bestimmten Wirkung führt, sondern sie beschränken sich vielmehr auf eine reine Präsentation des Ursache-Wirkungs-Zusammenhangs (Locke, 1969).

Einige Studien widmen sich dem Zusammenhang von Arbeitszufriedenheit und Leistung einerseits sowie den Korrelationen zwischen den Variablen andererseits. Ausgangsüberlegung ist dabei zumeist die Unterstellung einer hohen positiven Korrelation zwischen den Variablen, d. h. steigende Leistung bei hoher Arbeitszufriedenheit – also Zufriedenheit als Ursache der Leistung. Jedoch ist sowohl eine positive als auch eine negative Korrelation zwischen den Variablen denkbar. Bei einer positiven Korrelation würde hohe Zufriedenheit zu hoher Leistung führen. Ein zufriedener Beschäftigte würde leistungsfähiger arbeiten. Bei einer negativen Korrelation hingegen würde eine hohe Zufriedenheit zu geringer Leistung bzw. geringe Leistung zu hoher Arbeitszufriedenheit führen. Ein zufriedener Beschäftigter, der sein Ziel erreicht hat, würde sich also weniger anstrengen (von Rosenstiel, 1975).

Einige Studien postulieren diesen unidirektionalen Zusammenhang zwischen Arbeitszufriedenheit und Leistung (Judge & Bono, 2001). Die Wahrscheinlichkeit, dass eine hohe Zufriedenheit zu hoher Leistung führt, ist gleich der Wahrscheinlichkeit, dass hohe Leistung zu hoher Zufriedenheit führt. Gute Leistung und eine darauffolgende Belohnung werden also auf jeden Fall zur Steigerung der Zufriedenheit führen (Fischer & Fischer, 2005).

Eine Metaanalyse aus dem Jahre 2007 hat zum Ziel, die Wirkrichtung zwischen Arbeitseinstellung und Leistung zu bestimmen. Dabei kommen Riketta und Nienaber (2007) zu dem Ergebnis, dass es die Arbeitseinstellung ist, die einen wahrscheinlichen Einfluss auf die Leistung ausübt, wobei dieser Effekt zwar schwach, aber dennoch signifikant ist, der umgekehrte Fall jedoch gar keine Signifikanz aufzeigt.

Wright und Cropanzano erweitern in ihrer Studie im Jahre 2000 die These des »glücklich-produktiven Arbeiters« um die Messung des psychischen Wohlbefindens. Dabei ist Ausgangspunkt ihrer Überlegungen, dass vorherige Studien keinen Vergleichstest des relativen Einflusses von Arbeitszufriedenheit und psychischem Wohlbefinden auf Leistung durchführen, was sie als zentralen Kritikpunkt formulieren. Ziel ihrer Arbeit ist daher die zeitgleiche Untersuchung des möglichen relativen Einflusses psychischen Wohlbefindens und Arbeitszufriedenheit auf Leistung. Das Ergebnis ihrer Studie bestätigt die These des Einflusses des psychischen Wohlbefindens auf Leistung, wobei sie zeigen, dass der Einfluss des psychischen Wohlbefindens auf Leistung über den Effekt der Arbeitszufriedenheit hinausreicht. Daraus schlussfolgert das Forscherteam, dass die Messung psychischen Wohlbefindens einen valideren Indikator für Leistung darstellt als Arbeitszufriedenheit.

Eine Studie aus dem Jahre 2004 von Schleicher, Watt und Greguras erweitert die bisherigen Forschungsergebnisse um die Untersuchung der affektiv-kognitiven Gleichheit (ACC). Dabei ist die Ausgangsüberlegung, dass zugrundeliegende Einstellungen zweier Individuen mit identischen Kennzahlen auf einer Arbeitszufriedenheitsskala sich dennoch möglicherweise in anderer Hinsicht unterscheiden. Diese intervenierende Variable könnte einen Einfluss auf das Verhalten haben (Schleicher et al., 2004).

Der affektive Teil einer Einstellung wird als das individuelle Level positiver oder negativer Gefühle dem Einstellungsobjekt gegenüber beschrieben werden. Der kognitive Teil definiert sich aus individuellem Glauben und Gedanken dem Einstellungsobjekt gegenüber. Schleicher et al. (2004) kritisierten, dass bisherige Forschungsansätze zur Beziehung zwischen Arbeitszufriedenheit und Leistung die Ergebnisse der Kognitionspsychologie weitestgehend ignorieren. In ihrer Arbeit können sie die Hypothese bestätigen, dass Beschäftigte mit einer hohen affektiv-kognitiven-Gleichheit eine signifikant höhere Korrelation zwischen Arbeitszufriedenheit und Leistung aufweisen, als solche mit niedriger ACC (Schleicher et al., 2004).

Schmidt et al. (2007) untersuchen Zusammenhänge zwischen Arbeitszufriedenheit, Organisationsbindung, Wohlbefinden und Leistung und weisen nach, dass nicht nur bedeutsame organisationsbezogene Leistungskorrelate der Arbeitszufriedenheit bestehen, sondern darüber hinaus ebenso signifikante Leistungsbeziehungen der Organisationsbindung und des Wohlbefindens.

6.2 Fehlzeiten

Die Fehlzeitenquote ist eine der wichtigsten personalwirtschaftlichen Frühwarnindikatoren. Für Unternehmen, die über den durchschnittlichen Quoten liegen, entsteht ein Handlungs- und Kostendruck. Die Notwendigkeit zur Reduktion von Fehlzeiten ist aktueller denn je: Durch die Budgetierung und den zunehmenden Wettbewerb unter den Unternehmen sind leistungsfähige und leistungsbereite Beschäftigte ein entscheidender Erfolgsfaktor. Für die Erreichung des Zieles Abwesenheitsreduzierung müssen zahlreiche Aspekte berücksichtigt werden.

6.2.1 Definition und Bedeutung

Unter Fehlzeiten werden alle arbeitspflichtigen Zeiten verstanden (Soll-Arbeitszeit), in denen der Beschäftigte abwesend ist (Ackermann, 1999). Allgemein werden Fehlzeiten unterteilt in Krankenstand, d. h. die Arbeitsunfähigkeit aufgrund Krankheit im medizinisch-biologischen Sinne – und Absentismus, die Abwesenheit vom Arbeitsplatz aufgrund motivational bedingten, durch die Person entscheidbaren Entschluss zur Abwesenheit.

Allerdings lässt sich motivations- und krankheitsbedingte Absenz nicht streng voneinander differenzieren, da es durch »...psychologischen und physiologischen Mechanismen zu psychischen und körperlichen Krankheiten kommen kann, die wiederum zu krankheitsbedingten Fehlzeiten führen« (Schuler, 2004, S. 1079). Beispielsweise gibt es zahlreiche Fehlzeiten, die nicht motivational bedingt sind (wie etwa nach einem Unfall), jedoch kann beispielsweise die Dauer der Genesung sehr wohl motivationale Aspekte haben.

Die Ursachen von Fehlzeiten werden sehr unterschiedlich eingeschätzt. Diese Einschätzungen reichen von Auswirkungen auf langfristig erhöhte Arbeitsbelastungen (Allegro & Veerman, 1998), bis hin zu unterschiedlicher Symptomtoleranz (Oppolzer, 1999), während andere Autoren von deeskalierenden Verhaltensstrategien sprechen, um Folgen privater und betrieblicher Art aufgrund arbeitsbezogener Belastungen zu entgehen.

Für die Ursachenbekämpfung ist der Auslöser der Fehlzeiten entscheidend. Medizinisch notwendige Fehlzeiten können durch betriebliche Gesundheitsförderung (z. B. Bewegungstraining, Rückenschule, Gesundheitsprogramme) oder ergonomisch gestaltete Arbeitsplätze und -bedingungen positiv beeinflusst werden. Motivationsbedingte Abwesenheiten bedürfen anderer Maßnahmen, wie Organisationsoptimierung, Modifikation des Verhaltens von Vorgesetzten oder systematische Gesprächskonzeption (Rückkehrgespräche).

Neben Fehlzeiten gibt es noch andere Arten des Rückzugsverhaltens aus dem Betrieb. Je nach Komplexität der Einflussbedingungen kann es unterschiedliche Abstufungen geben. Beschäftigte können einen Rückzug von der eigenen Tätigkeit vornehmen. Dies erreichen sie beispielsweise durch Verspätungen oder aber deutliche Verlangsamung und Erhöhung der Fehlzeiten. Auch ein gänzlicher Rückzug von der Arbeitsstelle durch beispielsweise vorgezogenen Ruhestand oder aber Wechsel zu einem anderen Arbeitgeber ist möglich.

Schmidt und Daumen (1996) beurteilen Rückzugsverhalten, unabhängig davon ob es sich um Fehlen oder Fluktuation handelt, als ein Verhalten, das durch unzufriedenstellende Arbeitsbedingungen motiviert ist.

Die Aussagekraft der Fehlzeitenquote kann optimiert werden, wenn die verschiedenen Ursachen für die Fehlzeiten determiniert und Teilquoten berechnet werden.

6.2.2 Fehlzeiten beeinflussende Faktoren

Fehlzeiten sind ein multikausales Phänomen. Einflussfaktoren können gesellschaftliche Rahmenbedingungen sein, die Situation auf dem Arbeitsmarkt, das System der sozialen Sicherung, individuelle Faktoren der Beschäftigten und deren Lebensverhältnisse, Gesundheitsverhalten und -bewusstsein, Arbeitsbedingungen, Arbeitsschutz, betriebliche Gesundheitsförderung u. v. m. Die Einflussfaktoren auf Fehlzeiten können in Teilbereiche untergliedert werden. Drei wesentliche Umfelder des Beschäftigtes können zu den Ursachen beitragen:

1. Das private Umfeld (hierzu gehören z. B. Faktoren wie Wohnlage oder Familienstand, Anzahl der Kinder, Gesundheitszustand, siehe Ulich,

1965) ist ein wichtiger Einflussfaktor auf Fehlzeiten. Beispielsweise fehlen ältere Arbeitnehmer durchschnittlich weniger oft, aber dafür über einen längeren Zeitraum als jüngere Beschäftigte, sodass sich die tatsächliche Fehlzeitenquote zwischen Älteren und Jüngeren kaum unterscheidet. Auch das Geschlecht zeigt in diesem Zusammenhang signifikante Unterschiede. Frauen weisen mehr Fehlzeiten auf als Männer. Deutlich zeigt sich auch, dass verheiratete Männer mit Kindern weniger fehlen als unverheiratete oder verheiratete Männer mit Kindern, während bei Frauen ein entgegengesetzter Trend erkennbar ist (Martocchio, 1989; Scott & McClellan, 1990, Schuler & Sonntag, 2007).
2. Das gesellschaftliche und allgemeine Umfeld (hierzu zählen z. B. die Arbeitsmarktlage oder politische Verhältnisse, siehe Ulich, 1965; Schuler & Sonntag, 2007) hat ebenfalls einen Einfluss auf die Fehlzeitenhäufigkeit und -dauer. Bezüglich der zeitlichen Verteilung stimmt eine Mehrzahl der Untersuchungen dahingehend überein, dass die Fehlzeiten im Laufe des Jahres in den Wintermonaten zunehmen. Auch im Laufe der Woche scheint die Anzahl der Fehlzeiten montags und freitags – bei sechstägiger Arbeitswoche samstags – in besonderem Maße zu wachsen (Salowsky, 1991). Im Übrigen ist die Verlängerung der täglichen und wöchentlichen Arbeitszeit häufig auch mit einer Zunahme der Fehlzeiten verbunden.
3. Das Arbeitsumfeld (Lisges & Schübbe, 2007) ist für den Anwesenheitsverbesserungsprozess von großer Relevanz, da es dem Unternehmen direkte Einflussmöglichkeiten bietet. Hier unterscheidet man zwischen dem Vorgesetztenverhalten und den Arbeitsbedingungen (Schuler & Sonntag, 2007). Zum Vorgesetztenverhalten zählt nicht nur der Führungsstil (beispielsweise Häufigkeit und Art der Zuwendung) sondern auch Gestaltung von Arbeitsinhalten und -aufgaben (beispielsweise Art der Tätigkeit, Anspruch aus der Tätigkeit). Zu den Arbeitsbedingungen zählen im Wesentlichen Arbeitszeit, Arbeitsplatz, Arbeitsplatzsicherheit, Lohnsysteme, Betriebs-/Gruppengröße, Formen des Mobbings, Standort des Unternehmens, Personalbetreuungssystem, Aufstiegsmöglichkeiten und Produktionstechnologien (Ulich, 1965).

6.2.3 Fehlzeiten und Arbeitszufriedenheit

Es wird schon seit vielen Jahre bemängelt, dass die Vorstellung eines starken und direkten Zusammenhangs zwischen der Abwesenheit von Beschäftigten am Arbeitsplatz und deren Arbeitseinstellung/Arbeitszufriedenheit viel zu einfach formuliert wird. Außerorganisatorische Faktoren, wie z. B. Verpflichtungen und Hobbys, müssen laut Hackett (1989) deutlich mehr berücksichtigt werden.

Rosse und Miller (1984) diskutieren, dass Absentismus positive Auswirkungen auf die Beschäftigten haben könnte, die negative Emotionen bei der Arbeit vermeiden wollen. Hanisch und Hulin (1991) stellen eine These auf die besagt, dass Fehlzeiten und auch andere Arten des Rückzugs, wie z. B. Verspätung, Einstellungen widerspiegeln, die nicht offensichtlich sind, wie z. B. Unzufriedenheit oder Austrittsabsicht

Untersuchungsmodelle zur Darstellung eines Bezuges zwischen Arbeitszufriedenheit und Fehlzeiten sind in der Regel sehr aufwendig. Ein einfacheres Modell stellt Wenderlein (2002) vor (▶ Abb. 6.1). Sie geht davon aus, dass Fehlzeiten direkt von der Arbeitszufriedenheit beeinflusst werden, die wiederum durch Arbeitsorganisation, interpersonelle Faktoren, Belastungssituation und demografische Faktoren zustandekommt.

- Arbeitsorganisation
- interpersonelle Faktoren
- Belastungssituation
- demografische Faktoren

Abb. 6.1: Untersuchungsmodell (in Anlehnung an Wenderlein, 2002).

Aufgrund fehlender Rückkopplungsprozesse und Nichtbeachtung zahlreicher bereits bestätigter Zusammenhänge greift dieses Modell jedoch nicht weit genug. Dennoch kann eine mögliche Vorgehensweise zur Erfassung eines Zusammenhangs zwischen Fehlzeiten und Arbeitszufriedenheit abgeleitet werden. Arbeitszufriedenheit könnte als abhängige Variable untersucht werden in Zusammenhang zu den unabhängigen Variablen Arbeitsorganisation, interpersonelle Faktoren, Belastungssituation und demografische Faktoren. Durch die Analyse dieser Beziehungen kann der Zusammenhang betrieblicher Bedingungen und Arbeitszufriedenheit auf individuelle Fehlzeiten aufgezeigt werden.

Ein weitreichenderer Ansatz wird von Brandenburg und Niesen (2009) vorgestellt. Sie beschreiben die Zusammenhänge zwischen Beschäftigten und Arbeitssituation in Bezug auf resultierende Arbeitszufriedenheit und Fehlzeiten

Das Modell beschreibt *Beschäftigte* mit deren psychischen Komponenten wie Einstellung zur Arbeit oder Motivation und Persönlichkeitsmerkmalen. Durch die persönliche *Wahrnehmung* wird die tatsächliche Arbeitssituation gefiltert. Die objektive *Arbeitssituation* (wie beispielsweise die eigentliche Tätigkeit, das Gruppenklima oder das Vorgesetztenverhalten) wird dadurch subjektiv interpretiert. Ein weiterer Gesichtspunkt, den Brandenburg & Nielsen (2009) hinzuziehen, ist das *Betriebsklima*. Dieses gehört einerseits zur objektiven Arbeitssituation, wird aber andererseits auch subjektiv wahrgenommen.

Die Autoren postulieren nun, dass durch diese Wahrnehmungskette (Beschäftigte – Wahrnehmung – Arbeitssituation – Betriebsklima) einerseits Arbeitszufriedenheit, andererseits aber auch Arbeitsunzufriedenheit und Krankheit resultieren kann. Resultiert *Arbeitszufriedenheit*, führt dies gemäß dem Modell zu *Motivation* und damit zu *Leistung*. Folgt jedoch *Arbeitsunzufriedenheit*, ist die Konsequenz des Modells der *Absentismus* und dadurch *Fehlzeiten*. Folgt *Krankheit*, so wird gemäß dem Modell der *Krankenstand* erhöht und damit ebenfalls *Fehlzeiten* hervorgerufen

Ausschlaggebend ist die Wahrnehmung der Arbeitssituation durch die Beschäftigten, die ihre Erfahrungen und Einstellungen, Wünsche und Bedürfnisse in die Wahrnehmung einfließen lassen. Zahlreiche Aspekte der Arbeitssituation werden auf diese Art bewertet, was wiederum zu Arbeitszufriedenheit oder Arbeitsunzufriedenheit führen kann, aber auch zu Krankheit. Arbeitszufriedenheit führt zu Motivation und damit zu Leistung, während Arbeitsunzufriedenheit zu Absentismus führt und damit zu vermeidbaren Fehlzeiten.

Das Modell krankt an mangelnder empirischer Basis und berücksichtigt nicht die Physis der Menschen in ausreichendem Maße. Wenn aber von Krankheit die Rede ist, muss diese zwingend berücksichtigt sein. Dennoch handelt es sich um ein Modell, das als Untersuchungskonzept dienen kann.

6.2 Fehlzeiten

Prinzipiell ist es ein schwieriges und fehlerbehaftetes Unterfangen, Zusammenhänge zwischen Absentismus und Arbeitszufriedenheit zu bestimmen, denn die Abgrenzung zwischen Krankenstand und Absentismus ist fließend und oftmals aus konzeptionellen bzw. messtechnischen Gründen heraus eher willkürlich. Jedoch sind Zusammenhänge zwischen Arbeitszufriedenheit und Fehlzeiten insgesamt häufiger untersucht worden. Gebert und von Rosenstiel (2002) verweisen auf einen signifikant negativen Zusammenhang innerhalb verschiedener Untersuchungen (zwischen $r = -.25$ und $r = -.40$), jedoch berichten zahlreiche Studien und Metaanalysen lediglich von einem zwar signifikanten aber doch schwachen Zusammenhang (Goldberg & Waldman, 2000). Es wird vermutet, dass Fehlzeiten einerseits als Dauer und andererseits als Häufigkeit erhoben werden müssen, denn Häufigkeit des Fehlens scheint den willentlichen Aspekt des Absentismus zu repräsentieren, während die Dauer eher ein unfreiwilliges Fehlen (Krankheit) widerspiegelt. Sczesny und Thau (2004) finden für beide Aspekte der Fehlzeiten einen hochsignifikanten jedoch schwachen Zusammenhang zu Arbeitszufriedenheit.

Oppolzer (1999) analysiert das Datenmaterial aus zwei umfangreichen Befragungen hinsichtlich der Zusammenhänge zwischen Fehlzeiten und Arbeitszufriedenheit. Interessant ist diese Studie auch deshalb, weil sie den Zusammenhang einzelner Facetten der Arbeitszufriedenheit ebenso untersucht wie den Zusammenhang eines globalen Wertes der Arbeitszufriedenheit zu Fehlzeiten. Oppolzer berichtet, dass es deutliche und hochsignifikante Zusammenhänge zwischen Fehlzeiten und Arbeitszufriedenheit in beiden Untersuchungen gibt. Die Zusammenhänge zu den einzelnen Facetten sind nicht unbedingt vergleichbar, denn es werden in den Untersuchungen verschiedene Instrumente zur Erhebung der Arbeitszufriedenheit verwendet. Dennoch kann konstatiert werden, dass es besonders hohe Korrelationen zwischen Fehlzeiten sowie der Zufriedenheit mit der Qualität der betrieblichen Sozialbeziehungen, dem Vorgesetztenverhalten und der Zufriedenheit mit dem Verhältnis zur Kollegenschaft gibt. Besonders ausgeprägt ist der Zusammenhang zwischen Gleichbehandlung durch den direkten Vorgesetzten ($r = .547$), der Einhaltung und Beachtung von Delegationsregeln ($r = .482$) sowie der Entscheidungsbeteiligung bezüglich des Arbeitsbereiches ($r = .454$).

Auch wenn es schwierig erscheint, eindeutige Zusammenhänge unstrittig darzustellen, so ist es doch nachgewiesen, dass Arbeitszufriedenheit einhergeht mit verbessertem psychischen Wohlbefinden, einer höheren Lebenszufriedenheit sowie weniger psychosomatischer Beschwerden (van Dick, 2006; Sonnentag, 1996; Gebert & von Rosenstiel, 2002). So konstatieren Jaufmann (1995), dass zufriedene Beschäftigte seltener krank seien und nach Salowsky (1996) auch seltener fehlten.

6.3 Fluktuation und innere Kündigung

Unter Fluktuation werden verschiedene Sachverhalte subsumiert. Einerseits kann darunter die Mobilität der Beschäftigten innerhalb oder zwischen Branchen und Wirtschaftszweigen verstanden werden. Andererseits kann Fluktuation auch als die gesamtwirtschaftliche Arbeitskräftebewegung angesehen werden.

6.3.1 Definition und Bedeutung Fluktuation

Six und Kleinbeck (1989) beziehen sich im Zusammenhang mit dem Begriff Fluktuation auf den Wechsel des Arbeitsplatzes in Anlehnung an Macy und Mirvis (1983, zitiert nach Six & Kleinbeck, 1989). Sie meinen damit, dass innerhalb einer Organisation ein Arbeitsplatz aufgegeben und eine Stelle in einer anderen Organisation angetreten wird. D. h. der Stellenwechsel ist individuumsinitiiert und kann von der Organisation weg (Push-Motivation) oder im Hinblick auf attraktive Aussichten zu einer Organisation hin (Pull-Motivation) erfolgen (Schuler & Sonntag, 2007).

Eine weitere Unterscheidung von Fluktuation in freiwillige und unfreiwillige ist in der Praxis hinsichtlich der kausalen Beziehungen schwer auszumachen, da im Einzelfall oft nicht geklärt werden kann, wer die Kündigung beabsichtigt hat (Beschäftigte, Organisation oder beide?). Fluktuation wird von den meisten Organisationen als dysfunktional gesehen, und daher als Kostenfaktor verbucht. Handelt es sich allerdings um eine Fluktuation aufgrund eines Überangebots von Arbeitskräften, wenn beispielsweise Stellen eingespart bzw. billigere oder qualifiziertere Arbeitskräfte eingestellt werden, dann kann dies durchaus auch als funktional für die Organisation angesehen werden.

Im Folgenden werden zwei Modelle zum Fluktuationsverhalten erläutert.

Intermediate Linkages-Ansatz von Mobley

Um den Zusammenhang von Fluktuationsverhalten und Arbeitszufriedenheit aufzuklären, beschreibt Mobley (1977) den Prozess der Fluktuationsentscheidung. Er postuliert verschiedene Verbindungsglieder (intermediate linkages) zwischen Arbeitszufriedenheit und Fluktuationsverhalten. Voraussetzung für Fluktuation ist zunächst eine Unzufriedenheit, die Kündigungsgedanken oder andere Rückzugsformen auslösen. Im Anschluss daran wird eine alternative Arbeitsstelle gesucht, die eine höhere Zufriedenheit verspricht. Bei wahrgenommenen alternativen Beschäftigungsmöglichkeiten mit höherer Arbeitszufriedenheit formt sich die Kündigungsabsicht und es erfolgt die Kündigung. Nach Mobley (1977) kann die Kündigungsabsicht auch spontan erfolgen, ohne den Ablauf zuvor genannter Schritte (Neuhaus, 2010; Mobley, 1977).

Der Grundgedanke mit der Kette Alter–Arbeitszufriedenheit–Kündigungsgedanken–Kündigungsabsicht–Kündigung kann in verschiedenen Studien bestätigt werden (Neuhaus, 2010).

Michaels und Spector (1982) erweitern das Modell von Mobley, indem die Variable Organisationale Verbundenheit (Organizational Commitment) eingeführt wird. Nach Michaels und Spector (1982) spielen individuelle Faktoren (Alter, Einkommen, berufliche Stellung etc.) und organisationale Faktoren (Aufgabencharakteristika, Vorgesetztenverhalten etc.) eine entscheidende Rolle bei der Bildung von Zufriedenheit oder Unzufriedenheit. Zufriedenheit und organisationale Verbundenheit wiederum führen zusammen mit den wahrgenommenen alternativen Beschäftigungsmöglichkeiten zur Absicht, die Stelle zu wechseln, was wiederum zur tatsächlichen Fluktuation führt.

Modell von Semmer, Baillod, Stadler und Gail

Man geht allgemein davon aus, dass die Fluktuations*absicht* einen direkten Zusammenhang zur Fluktuation aufweist und Variablen wie Arbeitszufriedenheit, Commitment und demografische Aspekte (z. B. Alter) nur vermittelt über diese *Intention* einen Einfluss besitzen. In diesem Modell unterscheidet man zwischen generalisierten Einstellungen und spezifischen Einstellungen. Zu Ersteren zählen allgemeine Arbeitszufriedenheit, Commitment und normative Überzeugungen, zu Letzteren die Zufriedenheit mit dem Arbeitsinhalt, Zufriedenheit mit dem Verhältnis von Arbeit und Privatleben und Zufriedenheit mit dem Führungsklima. Die Annahme dieses Modells ist, dass aus spezifischen Einstellungen die generalisierten folgen und diese dann für das Suchverhalten bzw. die Absicht die Organisation zu Wechseln verantwortlich sind (Semmer, Baillod, Stadler & Gail, 1996). Das Ergebnis einer Längsschnittstudie kann diese Annahmen im Kern bestätigen (Semmer et al., 1996). Es kann gezeigt werden, dass die Fluktuationsabsicht signifikante Zusammenhänge zu den drei generalisierten Einstellungen organisationale Verbundenheit ($r = -.15$ bis $r = -.22$), allgemeine Arbeitszufriedenheit ($r = -.27$ bis $r = -.30$) und normative Überzeugungen ($r = .19$ bis $r = .22$) aufweist. Daneben können noch Zusammenhänge zu zwei anderen Variablen wie Zufriedenheitsdynamik ($r = -.09$) und der nach Bruggemann zugrunde gelegten resignativen Zufriedenheit ($r = -.07$) gezeigt werden (Semmer et al., 1996). Die Vorhersage von Fluktuationsabsicht und Fluktuation ist in der folgenden Abbildung dargestellt (▶ Abb. 6.2).

Weiterhin kann empirisch zwischen den Motivationstypen Druckmotivation (weg von der Stelle) und Zugmotivation (gutes Angebot) unterschieden werden. 40–46 % der Personen, die das Unternehmen verlassen, ist die Druckmotivation ausschlaggebend und bei 24–24.3 % die Zugmotivation.

Insgesamt kann gezeigt werden, dass die allgemeine Arbeitszufriedenheit, das Commitment und die Zufriedenheit mit dem Führungsklima eine zentrale Rolle bei Fluktuation spielen. Die Situation auf dem Arbeitsmarkt, d. h. vielversprechende Aussichten in anderen Organisationen, ergeben jedoch keinen signifikanten Zusammenhang.

6.3 Fluktuation und innere Kündigung

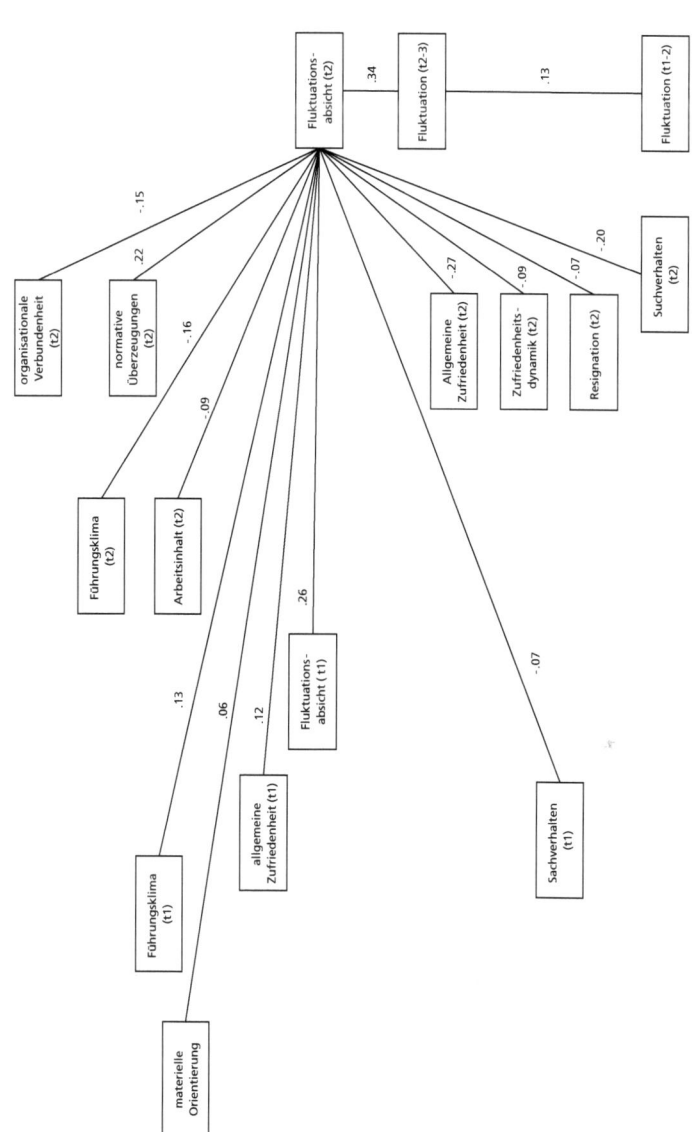

Abb. 6.2: Fluktuationsmodell nach Semmer et al., 1996. Vorhersage von Fluktuationsabsicht t2 und Fluktuation t2-3 gemäß standardisierten Pfadkoeffizienten (nach Semmet et al., 1996)

Zusammenfassend kann gesagt werden, dass die inhaltlichen Aspekte der Berufstätigkeit aber auch die Qualifikation für diese Tätigkeit einerseits das Ausmaß der Fluktuation beeinflussen und andererseits auch für die Beziehung zwischen Arbeitszufriedenheit und Fluktuation wichtig sind. Es kann nachgewiesen werden, dass sich nach einem Stellenwechsel eine höhere Arbeitszufriedenheit einstellt, die mit der Zeit wieder sinkt, jedoch insgesamt höher ist, als vor dem Wechsel (Schuler & Sonntag, 2007; Baillod & Semmer, 1994). Einerseits ermitteln Studien einen stärkeren Zusammenhang zwischen den Variablen Fluktuationsabsicht sowie Organisationsbindung und dem tatsächlichen Fluktuationsverhalten. Andererseits wird wieder die Arbeitszufriedenheit als wichtigster Einflussfaktor identifiziert. Daraus folgt, dass Forschungsbedarf besteht. Arbeitszufriedenheit ist jedoch eine zentrale Variable aller Modelle zum Fluktuationsverhalten und sollte deshalb auch weiter beachtet werden (Michaels & Spectors, 1982).

6.3.2 Definition und Bedeutung innere Kündigung

Der Begriff der inneren Kündigung wird in der Literatur nicht einheitlich gebraucht. Erstmals wird der Begriff Anfang der 1980er Jahre von Reinhard Höhn, als Gründer und Leiter der Harzburger Akademie für Führungskräfte der Wirtschaft, publiziert. In den 1990er Jahren entwickeln Löhnert (1990, zitiert nach Neuhold, 2006) und Faller (1991) das Konzept weiter. Es gibt bis heute kein einheitliches Konzept zur inneren Kündigung, das als hinreichend definiertes, spezifisches und in Bezug auf Definition und Spezifität empirisch bewährtes Konstrukt gelten kann (Lauck, 2005). Man spricht hier auch von unausgesprochener Kündigung, innerer Verweigerung oder innerer Emigration (Faller, 1991). Allgemein ist die innere Kündigung gekennzeichnet durch Distanzierung, Verweigerung von Eigeninitiative und Einsatzbereitschaft oder durch bewussten Verzicht auf Engagement. D. h. Beschäftigte bleiben formal bzw. rechtlich im Unternehmen (formaler Arbeitsvertrag besteht noch), haben jedoch innerlich gekündigt (kein psychologischer Vertrag mehr). Als zentrale Ursache gilt hier die »…empfundene Arbeitsunzufriedenheit und Ablehnung der als ungünstig empfundenen Arbeitssituation« (Faller, 1991, S. 83). Gründe für das Aufrechterhalten des rechtlichen Arbeitsvertrages sind aus Sicht der

6.3 Fluktuation und innere Kündigung

Beschäftigten die Hoffnung auf eine mögliche Verbesserung der Situation und das Bestreben, den Arbeitsplatz unter den von ihnen gesetzten Bedingungen zu erhalten; oftmals jedoch auch die Notwendigkeit, Geld zu verdienen, bis ein neues Arbeitsverhältnis gefunden ist.

Die innere Kündigung kann auch als negative Einstellung aufgefasst werden, die zeitlich relativ stabil bleibt. Merkmale dafür sind in erster Linie die Unzufriedenheit mit der Arbeitssituation und hier als vermittelnde Variable die subjektiv wahrgenommene Unkontrollierbarkeit (Faller, 1993), sowie die daraus resultierende emotionale und mentale Distanzierung von der Arbeit bis hin zu Frustration, Unlustgefühlen, Demotivation und Resignation. Es können somit drei Komponenten in Bezug auf innere Kündigung unterschieden werden:

1. Kognitive Komponente: Innere Kündigung bezieht sich auf Wissen über eine bestimmte Arbeitssituation oder Person.
2. Affektive Komponente: Innere Kündigung enthält emotionale Aspekte wie Unlust, Resignation, Distanzierung etc., sowie bewertende Komponenten wie z. B. Kontrollierbarkeit der Arbeitsbedingungen.
3. Konative Komponente: Innere Kündigung umfasst Handlungsprädispositionen (Absentismusbereitschaft, verringertes Engagement etc.).

Als zentrale Ursache für die innere Kündigung sieht Faller (1993) die Unzufriedenheit, die aus einer unbefriedigenden Arbeitssituation resultiert. Lässt sich diese Situation durch die Beschäftigten nicht kontrollieren, so entstehen Frustration und Demotivation. D. h., die Dynamik zwischen Situationskontrolle und Soll-Istwert-Vergleich von einzelnen Facetten der Arbeit kann ein Auslöser der inneren Kündigung sein.

Nach Löhnert (1990, zitiert nach Neuhold, 2006) ist die Ursache der inneren Kündigung ein Schutzmechanismus, mit der die Beschäftigte auf bestimmte Arbeitssituationen reagieren. Der Entschluss, innerlich zu kündigen, ist nicht plötzlich vorhanden, sondern entwickelt sich mit der Zeit durch negative Erfahrungen mit der Arbeitssituation, z. B. Einschränkung der Entwicklungs- und Handlungsmöglichkeiten am Arbeitsplatz. Die Entstehungsgründe können sowohl in der Person der Beschäftigten, im

Umfeld des Arbeitsplatzes, in den organisationalen Bedingungen oder in allgemeinen gesellschaftlichen Entwicklungstrends liegen (Neuhold, 2006).

6.3.3 Fluktuation, innere Kündigung und Arbeitszufriedenheit

In Modellen zum Fluktuationsverhalten spielt das Konzept der Arbeitszufriedenheit nicht immer eine zentrale Rolle als kovariierendes Merkmal. Vielmehr steht es neben weiteren Faktoren wie biografischen und demografischen Merkmalen der Person, Merkmalen der Arbeitssituation, der Arbeitstätigkeit, der Bezahlung, der Leistung sowie Merkmalen des Arbeitsmarktes. Beispielsweise haben Führungsstil und soziale Normen entscheidenden Einfluss auf Fluktuation (Semmer et al., 1996). Des Weiteren ist Heterogenität in Bezug auf Alter und Dauer der Betriebszugehörigkeit mit mehr Fluktuation verbunden (Schuler & Sonntag, 2007).

In neueren Längsschnittuntersuchungen werden Variablen wie Fluktuationsneigung oder Organisationsbindung ausfindig gemacht, die einen höheren gemeinsamen Varianzanteil bezüglich des Fluktuationsverhaltens aufdecken als die Variable Arbeitszufriedenheit.

Die in früheren Jahren festgestellten korrelativen Zusammenhänge zwischen Arbeitszufriedenheit und Fluktuation sind negativ und in der Regel haben sie einen gemeinsamen Varianzanteil von nicht mehr als 16 % (siehe Steers & Mowday, 1981, zitiert nach von Rosenstiel et al., 1995). Von Rosenstiel et al. (1995) stellen fest, dass eine faire Schätzung der Korrelation zwischen Arbeitszufriedenheit und Fluktuation zwischen $r = -.20$ und $r = -.30$ liegen dürfte. Gebert und Rosenstiel (2002) zeigen einen signifikanten negativen Zusammenhang zwischen Fluktuation und Zufriedenheit in Höhe von $r = -.25$ bis $r = -.40$. Die Aussagekraft und Vergleichbarkeit der Studien ist jedoch fragwürdig, da mehr als 30 verschiedene Maße oder Indikatoren zur Erfassung der Fluktuation vorliegen (siehe Wolpin & Burke, 1985, zitiert nach Six & Kleinbeck, 1989), sowie das Konstrukt Arbeitszufriedenheit sehr unterschiedlich definiert wird (Neuhaus, 2010).

Positiv zu erwähnen ist, dass seit Anfang der 1980er Jahre in diesem Bereich anstatt bivariaten Messungen – mit dem Problem der ungeklärten

Richtung bezüglich der Kausalität – zunehmend pfadanalytische Modelle verwendet werden, die als Längsschnittstudien angelegt sind. Dabei beziehen sich viele Untersuchungen auf die Arbeit von Mobley et al. (1979, zitiert nach Six & Kleinbebeck, 1989). Die Ergebnisdarstellung zu innerer Kündigung und Arbeitszufriedenheit stellt sich schwer dar. Es gibt nur wenige zitierfähige Untersuchungen, da das Konzept der inneren Kündigung viel zu häufig unreflektiert übernommen wird. Obwohl Ursachen und Erhebungsmethoden zur inneren Kündigung schwierig sind, berichtet Richter (1999) in seiner Untersuchung von über 50 % innerlich gekündigter Personen, wobei sich diese durch signifikant schlechtere Arbeitszufriedenheitswerte auszeichnen.

Die Thematik ist aus psychologischer Sicht nach wie vor relevant und bei weitem noch nicht abgeklärt, weshalb es zahlreiche neuere Studien gibt, die sich dem Zusammenhang zwischen Fluktuation und innerer Kündigung widmen.

Die Ergebnisse der Studie von Acikgoz, Sumer & Sumer (2016) zeigen, dass es einen signifikanten negativen Zusammenhang zwischen Fluktuationsabsichten und Arbeitszufriedenheit ($r = -.41^{***}$) gibt. Die Hypothese, dass Arbeitszufriedenheit ein Moderator von wahrgenommener Beschäftigungsfähigkeit und Fluktuationsabsichten ist, wird mit Hilfe einer zweistufigen Regressionsanalyse untersucht und abgelehnt.

Eine Studie von Chen, Polyhart, Thomas, Anderson & Bliese (2011) untersucht den Zusammenhang zwischen Änderungen in der Arbeitszufriedenheit und Änderungen in Fluktuationsabsichten. Die Forschenden können nachweisen, dass eine Veränderung in der Arbeitszufriedenheit einen negativen Zusammenhang zu Änderungen in der Fluktuationsabsicht aufweist. Ein weiteres Ergebnis der Studie ist, dass Änderungen der Arbeitszufriedenheit positiv mit Erwartungen an die Arbeit zusammenhängen, und dass Erwartungen an die Arbeit den negativen Zusammenhang zwischen Änderungen der Arbeitszufriedenheit und Änderungen der Fluktuationsabsichten mediieren.

7 Ausblick

Wie in diesem Buch aufgezeigt werden kann, ist Arbeitszufriedenheit nach wie vor ein *relevantes Konstrukt* der Arbeits- und Organisationspsychologie; es gewinnt in letzter Zeit sogar wieder stark an Relevanz. Der ökonomische Wert von Arbeitszufriedenheit – insbesondere unter der Betrachtung möglicher positiver *gesundheitlicher Auswirkungen* für Beschäftigte – ist nicht oft genug zu betonen. Diese Erkenntnis bildet die Basis für die Forderung, die Forschungen zu intensivieren.

Die momentanen *gesellschaftlichen* und auch *wirtschaftlichen Veränderungen* bedürfen weiterer Forschung auf dem Gebiet der Arbeitszufriedenheit. An dieser Stelle seien nur einige Veränderungen genannt, die momentan lediglich rudimentär beforscht werden und deren Erforschung bisher noch keine ausreichenden gesicherten Erkenntnisse liefert. Und gleichzeitig ergeben sich neue Fragestellungen, die einer dringenden Aufarbeitung bedürfen, um der betrieblichen Praxis neue Impulse zu geben und der Wissenschaft neue Ansätze zur Forschung.

Schon seit einigen Jahren wird die Frage nach dem Einfluss von *kulturellen Hintergründen* (Kollektivismus – Individualismus, Stellenwert der Arbeit, etc.) auf die Arbeitszufriedenheit diskutiert. Insbesondere in Anbetracht der immer weiter voranschreitenden *Globalisierung* wird dieses Thema in Zukunft von noch stärkerem Interesse sein (Six & Felfe, 2006; Hofstede, 2001) und wird heute in der *Diversity*-Forschung eingehend diskutiert. Auch Arbeitszufriedenheit bedarf der Aufklärung, welche Auswirkungen Kultur auf das Ausmaß der Arbeitszufriedenheit hat bzw. wie Arbeitszufriedenheit Kultur modifiziert.

Bisher nahezu unerforscht ist der Zusammenhang zwischen *unabhängig Beschäftigten* und Arbeitszufriedenheit. Verständlich ist, dass es hierfür wenig Interesse gibt, denn immerhin sind unabhängig Beschäftigte Herr ihrer eigenen »Arbeits«Zufriedenheit, jedoch sind Zusammenhänge zu Gesundheit, Motivation und Leistung auch bei dieser Gruppe von arbeitenden Menschen unumstritten, sodass Forschung auf diesem Gebiet zu lohnenden und sicherlich hilfreichen Erkenntnissen führen kann.

Angestoßen durch die *demografische Entwicklung* ist auch der Einfluss des Lebensalters auf die Arbeitszufriedenheit (oder andersherum) von hohem Interesse. Die Wirtschaft stellt sich auf eine zunehmend ältere Bevölkerung ein, denn das Renteneintrittsalter steigt und es gibt weniger junge Arbeitskräfte am Markt. Angemessene Inventare und Modelle zur Erforschung dieser Zusammenhänge fehlen indes. Der Zusammenhang – bestenfalls der kausale Zusammenhang – zwischen Arbeitszufriedenheit, Lebensalter und moderierenden Variablen ist bereits jetzt von entscheidender Bedeutung, und wird künftig weiter zunehmen.

Eine andere Perspektive kennzeichnet sich durch Fragestellungen darüber, welche Einflüsse *situationale* und *dispositionale Faktoren* auf die Arbeitszufriedenheit besitzen (Abele et al., 2005). Es ist von fundamentalem Interesse, ob und wenn ja welche Aspekte der Arbeitszufriedenheit dispositional – also in den Bedürfnissen und Motiven einer Person liegend und damit stabil – sind und welche situational – also aus der Arbeitssituation heraus und damit prinzipiell gestaltbar – sind. Eigene bisher unveröffentlichte Ergebnisse zeigen, dass Arbeitszufriedenheit sowohl stabile als auch instabile Faktoren aufweist. Es ist von großer Relevanz, diese zu definieren, denn nur basierend auf stabilen Faktoren können Prognosen erstellt werden.

Weiterhin bisher viel zu wenig beachtet ist die Verbindung zwischen Arbeitszufriedenheit und *psychischer Belastung*. Erste eigene empirische Ergebnisse belegen einen Zusammenhang, der die Hoffnung in sich trägt, übermäßige psychische Belastung durch Aspekte der Arbeitszufriedenheit postulieren zu können.

Die Praxis wirft zwischenzeitlich jedoch noch *zahlreiche weitere Fragen* zur Arbeitszufriedenheit auf, deren Beantwortung zumindest in der Empirie noch aussteht. Wie wird sich beispielsweise die Digitalisierung auswirken auf Arbeitszufriedenheit? Werden wir ältere Beschäftigte verlieren, weil diese sich nicht mehr anpassen wollen oder können? Werden wir jüngere Beschäftigte abhängen, weil der Fortschritt zu schnell geht und sie noch nicht einsteigen können oder wollen? Wie können Daten aus dem

# 7 Ausblick

Personalwesen künftig effektiv, zielgerichtet und anonymisiert verwendet werden, um Arbeitszufriedenheit zu prognostizieren? Wie können verschiedene Bildungsgrade, Kulturen, Altersgruppen, Ethnologie und religiöse Gesinnungen sinnvoll und gewinnbringend vereint werden, um Arbeitszufriedenheit zu stabilisieren oder zu erhöhen? Die Darstellungen des Forschungsstandes haben sehr viele weitere Forschungsfelder ausgewiesen, vor allem auch den Anspruch, künftig vermehrt auf *einheitlichere, vor allem modellgestützte Erfassung* von Arbeitszufriedenheit zu achten. Es ist dringend geboten, die Untersuchungen zu beenden, die immer weiter in kleinste und noch kleinere Details gehen, da doch das Gesamtkonzept noch nicht ausreichend definiert und erforscht ist. Und wenn solche Details aus betrieblichen Bedarfen heraus notwendig sind, müssen Rahmenbedingungen für deren Erhebungen explizit beschrieben und veröffentlicht werden, um beispielsweise Arbeitszufriedenheit aus einer *Ein-Item-Lösung* eindeutig unterscheiden zu können von Arbeitszufriedenheit basierend auf einem – sicherlich in den meisten Fällen angemessenen – *multidimensionalen* Ansatz. Es liegen hervorragende Grundsteine bereit, es ist an der Zeit, auf diesen aufzubauen.

Sicherlich muss auch weiterhin daran gearbeitet werden, *gemeinsame Modelle und Definitionen* aufzuzeigen, die in der Wissenschaft und in der Praxis Verwendung finden sollen. Obwohl Judge und Bono bereits 2001 festgestellt haben, dass die Vielzahl der Erhebungsinstrumente und die mangelnde Anlehnung an Modellen die Vergleichbarkeit von Ergebnissen nahezu unmöglich machen, gehen genau diese Aspekte in der heutigen Forschungspraxis noch weiter auseinander. Es werden immer weniger standardisierte und validierte Instrumente zur Erfassung der Arbeitszufriedenheit verwendet und viel zu häufig kommen Ein-Item-Befragungen zum Einsatz, deren Interpretationen dann aber weitreichend sind. Hier ist die Wissenschaft gefragt um einen wenigstens minimalen Konsens bezüglich Modell- und Instrumentenverwendung zu ermöglichen.

Die Forschung der Arbeitszufriedenheit kann und muss hier sehr viele Impulse liefern. Das Konstrukt ist tief psychologisch aber auch philosophisch verwurzelt, jedoch mangelt es teilweise – und ich betone »teilweise« an dieser Stelle – an der wissenschaftlichen Basis. Fazit ist, dass Wissenschaftler/-innen dafür Sorge tragen müssen, einheitliche Konzepte, Defi-

7 Ausblick

nitionen und Erhebungsverfahren zu verwenden, um Arbeitszufriedenheit zu erfassen und mit anderen Konstrukten in Verbindung zu setzen. Was durch den eindringlichen Aufruf von Judge & Bone (2001) nicht erreicht ist, muss jetzt erreicht werden, um auch der betrieblichen Praxis Material an die Hand zu geben, um die neuen, dringenden Fragen der Wirtschaft zu beantworten.

Literaturverzeichnis

Abele, A. E., Cohrs, J. C. & Dette, D. E. (2005). Arbeitszufriedenheit-Person oder Situation. In L. Fischer (Hrsg.), *Arbeitszufriedenheit-Konzepte und empirische Befunde* (S. 205–225). Göttingen: Hogrefe.
Acikgoz, Y., Sumer, H. C. & Sumer, N. (2016). Do employees leave just because they can? Examining the perceived employability-turnover intentions relationship. *The Journal of Psychology, 150* (5), S. 666–683.
Ackermann, K. F. (1999). *Risikomanagement im Personalbereich.* Stuttgart, Wiesbaden: Gabler Verlag.
Allegro, J. T. & Veerman, T. J. (1998). Sickness absence. In P. J. Drenth, H. Thierry & C. J. de Wolff (Hrsg.), *Handbook of Work and Organizational Psychology* (S. 121–144). Hove, England: Psychology Press.
Al-Mashan (2000): Sources of professional pressure and its relationship with psychosomatic disorders among teachers. *Journal of Social Sciences, 28* (1), 65–96.
Amthauer, R. (1953). *I-S-T. Intelligenz-Struktur-Test.* Göttingen: Hogrefe Verlag.
Argyle, M. (1972). *The social psychology of work.* London: Allen Lane.
Asendorpf, J. B. (2011). *Persönlichkeitspsychologie.* Berlin, Heidelberg: Springer.
Averill, J. (1973). Personal control over aversive stimuli and its relationship to stress. *Psychological Bulletin, 80,* 286–303.
Baillod, J. & Semmer, N. (1994). Fluktuation und Berufsverläufe bei Computerfachleuten. *Zeitschrift für Arbeits- und Organsiationspsychologie, 38* (4), 152–163.
Bandura, A. (1991). Social cognitive theory of self-regulation. *Organizational Behavior and Human Decision Processes, 50,* 248–287.
Bandura, A. (1997). *Self-efficacy: The exercise of control.* New York: Freeman.
Barrick, M. R. & Mount, M. K. (1991). The big five personality dimensions and job performance: a meta-analysis. *Personnel Psychology, 44,* 1–24.
Baumeister, R. F., Heatherton, T. F. & Tice, D. M. (1994). *Losing control: How and why people fail at self-regulation.* San Diego, CA: Academic Press.
Baumgartner, C. & Udris, I. (2006). Das »Züricher Modell« der Arbeitszufriedenheit – 30 Jahre »still going strong«. In L. Fischer (Hrsg.), *Konzepte und empirische Befunde* (S. 111–134). Göttingen: Hogrefe Verlag.

Belschak, F. (2001). *Stress in Organisationen. Entwicklung eines integrativen Stressmodells für den Organisationsbereich und dessen empirische Überprüfung.* Lengerich: Pabst Science Publishers.

Binnig, G. (1989). *Aus dem Nichts – über die Kreativität von Natur und Mensch.* München: Piper Verlag.

Birbaumer, N. & Schmidt, R. F. (2006). *Biologische Psychologie* (6. Aufl.). Berlin, Heidelberg, New York: Springer Verlag

Blau, Gary (1999). Testing the longitudinal impact of work variables and performance appraisal satisfaction on subsequent overall job satisfaction. *Human Relations, 52* (8), 1099–1113.

Blüher, S. (2003). Liebesdienst und Pflegedienst-theoretische Überlegungen und empirische Befunde zur Vergesellschaftung in häuslichen Pflegearrangements. In S. Blüher & M. Stosberg (Hrsg.), *Neue Vergesellschaftungsformen des Alter(n)s* (S. 11–51). Opladen: Verlag Leske + Budrich.

Bolino, M. C. & Turnley, W. H. (2005). The personal costs of citizenship behavior: The relationship between individual initiative and role overload, job stress and work-family-conflict. *Journal of Applied Psychology, 90* (4), 740–748.

Borg, I. & Brief, A. (1994). Correlations and dependencies among work values. In I. Borg & S. Dolan (Hrsg.), *Proceedings of the fourth international conference on work values and behaviour: Research and managerial applications* (S. 34–42). Montreal, Canada: ISSWOV.

Borg, I. & Galinat, W. (1987). Ist man mit wichtigen Aspekten seiner Arbeit zufriedener als mit unwichtigen? *Zeitschrift für Arbeits- und Organisationspsychologie, 31*, 63–67.

Borg, I. & Staufenbiel, T. (1991). Ein idiographisches Modell und Meßverfahren für Arbeitswerte und Arbeitszufriedenheit. In L. Fischer (Hrsg.), *Arbeitszufriedenheit* (S. 157–175). Stuttgart: Verlag für angewandte Psychologie.

Borg, I. (2006). Arbeitswerte, Arbeitszufriedenheit und ihre Beziehungen. In L. Fischer (Hrsg.), *Arbeitszufriedenheit. Konzepte und empirische Befunde* (S. 61–79). Göttingen: Hogrefe Verlag.

Borkenau, P., Egloff, B., Eid, M., Hennug, J., Neubauer, A. C. & Spinath, F. M. (2005). Persönlichkeitspsychologie. Stand und Perspektiven. *Psychologische Rundschau, 54* (4), 271–290.

Bourne, L. E. & Ekstrand, B. R. (2005). *Einführung in die Psychologie.* Eschborn: Verlag Dietmar Klotz.

Brandenburg, U. & Niesen, P. (2009). *Betriebliches Fehlzeiten-Management. Instrumente und Praxisbeispiele für erfolgreiches Anwesenheits- und Vertrauensmanagement.* Wiesbaden: Gabler Verlag.

Brandstätter, V. (2005). Der objektive Leistungsmotivations-Test (OLMT) von L. Schmidt-Atzert. *Zeitschrift für Personalpsychologie, 4*, 32–137.

Brandstätter, J. S. V., Schüler, J., Puca, R. M., & Lozo, L. (2013). *Motivation und Emotion.* Berlin, Heidelberg. Springer-Verlag.

Brandt, P. & Weinert, C. (1981). The PRQ-a social support measure. *Nursing Research, 30* (5), 277–280.

Braun, O. L., Adjei, M. & Münch, M. (2003). Selbstmanagement und Lebenszufriedenheit. In G. F. Müller (Hrsg.), *Selbstverwirklichung im Arbeitsleben* (S. 151–170). Lengerich: Pabst Science Publishers.

Brehm, J. W. (1966). *Theory of psychological reactance*. New York: Academic Press.

Brücker, H. (1994). *Sozialer Streß, Defensives Coping und Erosion der Kontrollüberzeugung: eine empirische Studie zu Störfaktoren des gesundheitlichen Wohlbefindens von Erwachsenen*. Münster, New York, München, Berlin: Waxmann Verlag.

Bruggemann, A. (1974). Zur Unterscheidung verschiedener Formen von »Arbeitszufriedenheit«. *Arbeit und Leistung, 11*, 281–284.

Bruggemann, A. (1976). Zur empirischen Untersuchung verschiedener Formen von Arbeitszufriedenheit. *Zeitschrift für Arbeitswissenschaft, 30*, 71–74.

Bruggemann, A., Groskurth, P. & Ulich, E. (1975). *Arbeitszufriedenheit*. Bern, Stuttgart, Wien: Verlag Hans Huber.

Buck, Christoph; Germelmann, Claas Christian; Eymann, Torsten (2014): *Werte und Motive als Treiber der Smartphone-Nutzungsaktivitäten: Eine empirische Studie*. Bayreuther Arbeitspapiere zur Wirtschaftsinformatik, No. 59, Universität Bayreuth, Lehrstuhl für Wirtschaftsinformatik, Bayreuth. Zugriff am 29.08.2019 unter https://epub.uni-bayreuth.de/2049/1/Buck%2C%20Germelmann%2C%20 Eymann_Werte%20und%20Motive%20als%20Treiber%20der%20%20%3D_ UTF-8_Q_Smartphone%3D2DNutzungsaktiv.pdf

Büssing, A. & Bissels, T. (1996). *Wie kommt pflegerisches Wissen zum Handeln? Eine quasi-experimentelle Untersuchung zum Einfluß verschiedener Formen von Arbeitszufriedenheit, von Zielsetzungen und von Tätigkeitsspielräumen auf Pflegehandeln*. Berichte aus dem Lehrstuhl für Psychologie der TU München: Bericht Nr. 27. Zugriff am 29.08.19 unter http://www.psy.wi.tum.de/LS-Berichte/Bericht-42.pdf

Büssing, A. (1982). *Arbeitssituation und Arbeitszufriedenheit. Eine theoretische und empirische Untersuchung an Klinischen Psychologen am psychiatrischen Krankenhaus*. Aachen.

Büssing, A. (1988). *Kontrollmotivation und Tätigkeit. Theoretische Überlegungen zu einem tätigkeitspsychologischen Konzept der Kontrollmotivation unter besonderer Berücksichtigung der Arbeitstätigkeit*. (Forschungsberichte aus dem Fachbereich Psychologie der Universität Osnabrück, Nr. 63). Osnabrück: Selbstverlag der Universität Osnabrück.

Büssing, A. (1991). Struktur und Dynamik von Arbeitszufriedenheit: Konzeptuelle und methodische Überlegungen zu einer Untersuchung verschiedener Formen von Arbeitszufriedenheit. In: Fischer, L. (Hrsg.), *Arbeitszufriedenheit* (S. 85–113). Göttingen: Hogrefe Verlag

Büssing, A. (1992). A dynamic view of job satisfaction. *Work & Stress 6*, 23–259.

Büssing, A. (1999). Editorial zum Themenheft »Personenbezogene Dienstleistungs-Arbeit der Zukunft«. *Zeitschrift für Arbeitswissenschaft, 53* (3), 161.

Büssing, A., Bissels, T. & Krüsken, J. (1997). *Die Untersuchung von Arbeitszufriedenheitsformen und Tätigkeitsspielräumen an einer computergestützten Laborstudie: Methodenentwicklung.* Lehrstuhl für Psychologie der TU München. 40. Forschungsbericht. Zugriff am 29.08.19 unter http://www.psy.wi.tum.de/LS-Berichte/Bericht-40.pdf

Büssing, A., Bissels, T., Fuchs, V. & Perrar, K. M. (1999). A dynamic model of work satisfaction: Qualitative approaches. *Human Relation, 52,* 999–1028.

Büssing, A., Bissels, T., Herbig, B. & Krüsken, J. (2000). Formen von Arbeitszufriedenheit im Experiment: Differentielle Auswirkungen auf die Beziehung von Wissen und Handeln. *Zeitschrift für Arbeits- und Organisationspsychologie, 44,* 27–37.

Büssing, A., Glaser, J. & Höge, T. (2006). *Das Belastungsscreening TAA – Ambulante Pflege: Manual und Materialien* (Schriftenreihe der Bundesanstalt für Arbeitsschutz und Arbeitsmedizin, S 83). Bremerhaven: Wirtschaftsverlag NW.

Büssing, A., Herbig, B., Bissels, T. & Krüsken, J. (2005). Formen der Arbeitszufriedenheit und Handlungsqualität in Arbeits- und Nicht-Arbeitskontexten. In L. Fischer (Hrsg.), *Arbeitszufriedenheit. Konzepte und empirische Befunde* (S. 135–159). Göttingen: Hogrefe Verlag.

Carsten, J. M., & Spector, P. E. (1987). Unemployment, job satisfaction, and employee turnover: A meta-analytic test of the Muchinsky model. *Journal of Applied Psychology, 72* (3), 374–381.

Cattell, R. B. (1963). Theory of fluid and crystallized intelligence. A critical experiment. *Journal of Educational Psychology, 54,* 1–22.

Cattell, R. B. (1971). *Abilities: Their structure, growth, and action.* Boston, MA: Houghton Mifflin.

Charng, H. W., Piliavin, J. A. & Callero, P. L. (1988). Role identity and reasoned action in the prediction of repeated behavior. *Social Psychology Quarterly, 51,* 303–317.

Chen, G., Ployhart, R. E., Thomas, H. C., Anderson, N. & Bliese, P. D. (2011): The power of momentum: A new model of dynamic relationships between job satisfaction change and turnover intentions. *Academy of Management Journal 54* (1), S. 159–181.

Cook, J. D., Hepworth, S. J., Wall, T. D. & Warr, P. G. (1981). *Experience of work: A compendium and review of 249 measures and their use.* New York, NY: Academic Press.

Costa, P. T. & McCrae, R. R. (1985). *The NEO personality inventory manual.* Odessa, Florida: Psychological Assessment Resources.

Costa, P. T. & McCrae, R. R. (1992). *Revised NEO personality inventory (NEO PI-R) and NEO five factor inventory. Professional manual.* Odessa, Florida: Psychological Assessment Resources

Csikszentmihalyi, M. (1975). *Beyond boredom and anxiety.* San Francisco: Jossey-Bass.

Csikzentmihalyi, M. (1990). *Flow: the psychology of optimal experience.* Steps Toward Enhancing the Quality of Life. New York: Harper & Row Publishers.

Csikszentmihalyi, M. & Csikszentmihalyi, I. S. (1991). *Die außergewähnliche Erfahrung im Alltag. Die Psychologie des Flow-Erlebens.* Stuttgart: Klett-Cotta Verlag.

Csikszentmihalyi, M. & Csikszentmihalyi, I. S. (1995). *Die außergewöhnliche Erfahrung im Alltag. Die Psychologie des flow-Erlebnisses* (2. Aufl.). Stuttgart: Klett-Cotta Verlag.

Darwin, C. R. (1872). *The expression of the emotions in man and animals.* London: John Murray. http://darwin-online.org.uk/content/frameset?itemID=F1142&viewtype=text&pageseq=1. Letzter Aufruf 11.09.2019.

Davis, T. R. V.; Luthans, F. (1979). Leadership reexamined: A behavioral approach. *The Academy of Management Review, 4* (2), 237–248.

Decker, P. & Borgen, F. H. (1993). Dimensions of work appraisal: stress, strain, coping, job satisfaction, and negative affectivity. *Journal of counseling psychology, 40* (4), 470–478.

Diener, E., Oishi, S. & Lucas, R. E. (2003). Personality, culture and subjective well-being: emotional and cognitive evaluations of life. *Annual Review Psychology, 54,* 403-425.

Diener, E., Emmons, R. A., Larsen, R. J. & Griffin, S. (1985). The satisfaction with life scale. *Journal of Personality Assessment, 49* (1), 71–75.

Diener, E., Suh, M. E., Lucas, E. R. & Smith, L. H. (1999). Subjective well-being: three decades of progress. *Psychological Bulletin,* 125 (2), 276-302.

Dormann, C. & Zapf, D. (2001). Job satisfaction – a meta-analysis of stabilities. *Journal of Organizational Behaviour, 22,* 483–504.

Dormann, C., Fay, D., Zapf, D. & Frese, M. (2006). A state-trait analysis of job satisfaction: On the effect of core self-evaluations. *Applied Psychology: An International Review, 55* (1), 27–51.

Elizur, D. (1984). Facets of work values: a structural analysis of work outcomes. *Journal of Applied Psychology, 69,* 379–389.

Ester, P., Halman, L. & Rukavishnikov, V. (1994). The Western world values pattern viewed cross-nationally: A comparison of findings of the european and north american value study with recent russian data. *Symposium Values and Work-A Comparative Perspective. WORK Paper 94.11.055/6.* Universität Tilburg, Niederlande. Zugrifff am 29.08.19 unter https://pure.uvt.nl/portal/files/1187551/EPHLRV5621943.pdf

Fahrenberg, J. (2003). FLZ. Fragebogen zur Lebenszufriedenheit. In J. Schumacher, A. Klaiberg & E. Brähler (Hrsg.), *Diagnostische Verfahren zu Lebensqualität und Wohlbefinden* (S. 146–150). Göttingen: Hogrefe Verlag.

Fahrenberg, J., Myrtek, M., Schumacher, J. & Brähler, E. (2000). *Fragebogen zur Lebenszufriedenheit (FLZ). Handanweisung.* Göttingen: Hogrefe Verlag.

Falk, A. & Kosfeld, M. (2004). *Distrust-the hidden cost of control. IZA DP No. 1203.* Zugriff am 29.08.19 unter http://ftp.iza.org/dp1203.pdf

Faller, M. (1991). *Innere Kündigung.* München, Mering: Rainer Hampp Verlag.

Faller, M. (1993). *Innere Kündigung. Ursachen und Folgen* (2. Aufl.). München: Rainer Hampp Verlag.

Literaturverzeichnis

Fehr, T. (2006). Big Five: Die fünf grundlegenden Dimensionen der Persönlichkeit und ihre 30 Facetten. In: Simon, W. (Hrsg.), *15 Persönlichkeitsmodelle für Personalauswahl, Persönlichkeitsentwicklung, Training und Coaching* (S. 113–135.). Offenbach: Gabal Verlag.

Felfe, J. & Six, B. (2006). Die Relation von Arbeitszufriedenheit und Commitment. In L. Fischer (Hrsg.), *Arbeitszufriedenheit. Konzepte und empirische Befunde* (S. 37–60). Göttingen: Hogrefe Verlag.

Fellmann, U. (1980). *Zur Differenzierung qualitativ unterschiedlicher Formen der Arbeitszufriedenheit. Validierungsstudie zum Arbeitszufriedenheitskonzept von Bruggemann.* Unveröffentlichte Lizentiatsarbeit. Zürich: Eidgenössische Technische Hochschule, Lehrstuhl für Arbeits- und Betriebspsychologie.

Ferreira, Y. (2001). *Auswahl flexibler Arbeitszeitmodelle und ihre Auswirkungen auf die Arbeitszufriedenheit.* Stuttgart: Ergon GmbH.

Ferreira, Y. (2006). Arbeitszufriedenheit als Indikator arbeitswissenschaftlicher und -psychologischer Gestaltungspotenziale. In: *Innovationen für Arbeit und Organisation*, 52. Arbeitswissenschaftlicher Kongress, 20.-22. März 2006, Stuttgart. GfA Press, Dortmund: [Konferenz- oder Workshop-Beitrag], 411–414.

Ferreira, Y. (2007). Evaluation von Instrumenten zur Erhebung der Arbeitszufriedenheit. Ist das Konzept der Arbeitszufriedenheit noch zeitgemäß? *Zeitschrift für Arbeitswissenschaft, 61* (2), 87–94.

Ferreira, Y. (2009). FEAT-Fragebogen zur Erhebung von Arbeitszufriedenheitstypen. Zukunftsperspektive für das Züricher Modell. *Zeitschrift für Arbeits- und Organisationspsychologie, 53* (4), 177–193.

Ferreira, Yvonne; Suelzenbrueck, Sandra; Sauer, Sebastian (2018). Zurich Model Revisited – Validation of the model of different forms of work satisfaction. *Zeitschrift für Arbeitswissenschaft, 71* (3).

Fischer, L. & Belschak, F. (2006). Objektive Arbeitszufriedenheit? Oder: Was messen wir, wenn wir nach der Arbeitszufriedenheit mit der Arbeit fragen? In L. Fischer (Hrsg.), *Arbeitszufriedenheit. Konzepte und empirische Befunde* (S. 80–110). Göttingen: Hogrefe Verlag.

Fischer, L. & Fischer, O. (2005). Arbeitszufriedenheit: Neue Stärken und alte Risiken eines zentralen Konzepts der Organisationspsychologie. *Wirtschaftspsychologie, 7*, 5–20.

Fischer, L. & Lück, H. E. (1972). Entwicklung einer Skala zur Messung von Arbeitszufriedenheit (SAZ). *Psychologie und Praxis, 16*, 64–76.

Fischer, L. (1989). *Strukturen der Arbeitszufriedenheit. Zur Analyse individueller Bezugssysteme.* Göttingen: Hogrefe Verlag.

Fischer, L. (1991). *Arbeitszufriedenheit. Beiträge zur Organisationspsychologie* (Bd. 5). Stuttgart: Verlag für Angewandte Psychologie.

Fischer, L. (2006). *Arbeitszufriedenheit. Konzepte und empirische Befunde.* Göttingen: Hogrefe Verlag.

Fischer, Lorenz; Eufinger, Andrea (1991): Zur Differenzierung von Formen der Arbeitszufriedenheit mit unterschiedlichen MEssverfahren. In: Fischer, Lorenz

(Hrsg.), *Arbeitszufriedenheit* (S. 115–132). Stuttgart: Verlag für Angewandte Psychologie.

Fisher, C. D. (2000). Mood and emotions while working: Missing pieces of job satisfaction. *Journal of Organizational Behavior, 21*, 185–202.

Fisseni, H.-J. (2004). *Lehrbuch der psychologischen Diagnostik. Mit Hinweisen zur Intervention*. Göttingen: Hogrefe Verlag.

Frese, M. (1978). Partialisierte Handlung und Kontrolle. In M. Frese, S. Greif & N. Semmer (Hrsg.), *Industrielle Psychopathologie* (S. 159–183). Bern: Verlag Hans Huber.

Fritsche, I., Jonas, E. & Frey, D. (2006). Kontrolle und Kontrollverlust. In H.-W. Bierhoff & D. Frey (Hrsg.), *Handbuch der Sozialpsychologie und Kommunikationspsychologie* (S. 85–95). Göttingen: Hogrefe Verlag.

Ganzach, Y. (1998). Intelligence and job satisfaction. *Academy of Management Journal, 41* (5), 526–539.

Gaugler, B. B., Rosenthal, D. B., Thornton III, G. C. & Bentson, C. (1987). Meta-Analysis of assessment center validity. *Journal of Applied Psychology, 72*, 493–511.

Gaugler, E. (1975). *Handwörterbuch des Personalwesens*. Stuttgart: Carl Ernst Poeschel Verlag.

Gawellek, U. (1987). *Erkenntnisstand, Probleme und praktischer Nutzen der Arbeitszufriedenheitsforschung*. Frankfurt/Main: Peter Lang Verlag.

Gebert, D. & von Rosenstiel, L. (1981). *Organisationspsychologie. Person und Organisation*. Stuttgart: Kohlhammer.

Gebert, D. & von Rosenstiel, L. (2002). *Organisationspsychologie* (5. Aufl.). Stuttgart: Kohlhammer Verlag.

Gebert, D. (1983). Arbeitszufriedenheit messen: So weiterwursteln wie bisher? Ein Beitrag zur Diagnose und Veränderung. *Zeitschrift der Gesellschaft für Organisationsentwicklung, 2*, 5–20.

Glisson, C. & Durick, M. (1988). Predictors of job satisfaction and organizational commitment in human service organizations. *Administrative Quarterly, 33*, 61–81.

Goldberg, C. B. & Waldman, D. A. (2000). Modeling employee absenteeism: testing alternative measures and mediated effects based on job satisfaction. *Journal of Organizational Behavior, 21*, 665–676.

Greif, S. (1991). Stress in der Arbeit-Einführung und Grundbegriffe. In S. Greif, E. Bamberg & N. Semmer (Hrsg.), *Psychischer Streß am Arbeitsplatz* (S. 1–27). Göttingen: Hogrefe Verlag.

Habich, R. (1986). Arbeitswerte, Arbeitsplatzrealität und Arbeitszufriedenheit. *Zeitschrift für Soziologie, 15*, 278–294.

Hackett, R. D. & Guion, R. M. (1985). A re-evaluation of the absenteeism-job satisfaction relationship. *Organizational Behavior and Human Decision Processes, 35*, 340-381.

Hackett, R. D. (1989). Work attitudes and employee absenteeism: A synthesis of the literature. Journal of Occupational Psychology, 62, 235-248

Hackman, J. R. & Oldham, G. R. (1975). Development of the job diagnostic survey. *Journal of Applied Psychology,* 60 (2), 159-170.

Hackman, J. R., & Oldham, G. R. (1976). *Motivation through the design of work: Test of a theory.* Organizational behavior and human performance, 16(2), 250-279.

Hanisch, K. A., & Hulin, C. L. (1991). General attitudes and organizational withdrawal: An evaluation of causal model. Journal of Vocational Behavior, 39, 110–128.

Heckhausen, H. (1955). Motivationsanalyse der Anspruchsniveau-Setzung. *Psychologische Forschung,* 25, 118-154.

Heckhausen, H. (1989). *Motivation und Handeln.* Berlin, Heidelberg, New York: Springer Verlag.

Heckhausen, J. & Heckhausen, H. (2010). Motivation und Handeln (4. Aufl.). Berlin, Heidelberg, New York: Springer Verlag.

Held, M. & Nutzinger, H. (2000). *Geteilte Arbeit und ganzer Mensch: Perspektiven der Arbeitsgesellschaft.* Frankfurt/Main, New York: Campus Verlag.

Herman, J. B. (1973). Are situational contingencies limiting job attitude-job performance relationships? *Organizational Behavior and Human Performance,* 10, 208-224.

Hernandez, Ana, Drasgow, Fritz & Gonzales-Roma, VVicente (2004). Investigating the middle category by a mixid-measurement model. *Journal of Applied Psychology,* 89, 687-699.

Herzberg, F. (1957). Job attitudes: Review of research and opinion. *Psychological Service of Pittsburgh.*

Herzberg, F., Mausner, B. & Snyderman, B. B. (1959). *The motivation to work.* New York, Chichester: John Wiley & Sons.

Hoffman, B. J., Blair, C. A., Meriac, J. P. & Woehr, D. J. (2007). Expanding the criterion domain? A quantitative review of the OCB literature. *Journal of Applied Psychology,* 92 (2), 555-566.

Holler, M., Fellner, B. & Kirchler, E. (2005). Selbstregulation, Regulationsfokus und Arbeitsmotivation. *Journal für Betriebswirtschaft JfB,* 55, 145-168.

Hoppock, R. (1935). Job satisfaction. Oxford, England: Harper.

Hulin, C. L. (1963). A second look at the motivation of industrial supervisors. *Personnel Psychology,* 16, 249-254.

Hunter, J. E. & Hunter, R. F. (1984). Validity and utility of alternative predictors of job performance. *Psychological Bulletin,* 96, 251-273.

Iaffaldano, M. T. & Muchinsky, P. M. (1985). Job satisfaction and job performance: a meta-analysis. *Psychological Bulletin,* 97, 251-273.

Ilies, R. & Judge, T. A. (2002). Understanding the dynamic relationships among personality, mood, and job satisfaction: A field experience sampling study. *Organizational Behavior and Human Decision Processes,* 89, 11-19.

Ilies, R. & Judge, T. A. (2003). On the heritability of job satisfaction: The mediating role of personality. *Journal of Applied Psychology,* 88 (4), 750-759.

Ilies, R., Fulmer, I. S., Spitzmuller, M. & Johnson, M. D. (2009). Personality and citizenship behavior: The mediating role of job satisfaction. *Journal of Applied Psychology*, 94 (4), 945-959.

Inglehart, R. (1989). *Kultureller Umbruch: Wertewandel in der westlichen Welt*. Frankfurt/Main, New York: Campus Verlag.

Inglehart, R. (1998). Modernisierung und Postmodernisierung. Kultureller, wirtschaftlicher und politischer Wandel in 43 Gesellschaften. Frankfurt/Main, New York: Campus Verlag.

Iris, B. & Barret, G. V. (1972). Some relations between job and life satisfaction and job importance. *Journal of Applied Psychology*, 56 (4), 301-304.

Ironson, Gail; Smith, Patricia C.; Brannick, Michael T.; Gibson, W. M. & Paul, K. B. (1989): Construction of a Job in General scale: A comparison of global, composite, and specific measures. In: *Journal of Applied Psychology* 74 (2), S. 193–200. DOI: 10.1037//0021-9010.74.2.193.

Iverson, R. D. & Maguire, C. (2000). The relationship between job and life satisfaction: evidence form a remote mining community. *Human Relations*, 53 (6), 807-839.

Janke, W. & Wolfgramm, J. (1995). Biopsychologie von Streß und emotionalen Reaktionen: Ansätze interdisziplinärer Kooperation von Psychologie, Biologie und Medizin. In G. Debus, G. Erdmann & K. W. Kallus (Hrsg.), *Biopsychologie von Streß und emotionalen Reaktionen* (S. 293-347). Göttingen: Hogrefe Verlag.

Jaufmann, D. (1995). Arbeitseinstellungen-Belastungen-Fehlzeiten. Ergebnisse, Problemlagen und offene Fragen im Vergleich. In D. Jaufmann, E. Mezger & M. Pfaff (Hrsg.), *Verfällt die Arbeitsmoral? Zur Entwicklung von Arbeitseinstellungen, Belastungen und Fehlzeiten* (S. 33-80). Frankfurt/Main, New York: Campus Verlag.

Judge, T. A. & Bono, J. E. (2001). Relationship of core self-evaluations traits-selfesteem, generalized self-efficacy, locus of control, and emotionla stability-with job satisfaction and job prformance: a meta-analysis. *Journal of Applied Psychology*, 86, 80-92.

Judge, T. A. & Larsen, R. J. (2001). Dispositional effect and job satisfaction: a review and Theoretical extension. *Organizational Behavior and Human Decision Process*, 56, 67-98.

Judge, T. A., Bono, J. E. & Locke, E. A. (2000). Personality and job satisfaction: The mediating role of job characteristics. *Journal of Applied Psychology*, 85 (2), 237-249.

Judge, T. A., Locke, E. A., Durham, C. C. & Kluger, A. N. (1998). Dispositional effects on job and life satisfaction: the role of core evaluations. *Journal of Applied Psychology*, 83 (1), 17-34.

Judge, Timothy A.; Weiss, Howard M.; Kammeyer-Mueller, John D.; Hulin, Charles L. (2017): Job attitudes, job satisfaction, and job affect: A century of continuity and of change. In: The Journal of applied psychology 102 (3), S. 356–374.

Jurgensen, C. E. (1978). Job preferences (What makes a job good or bad?). *Journal of Applied Psychology*, 63, 267-276.

Kalleberg, A. L. (1977). Work values and job rewards: A theory of job satisfaction. *American Sociological Review*, 42, 124-143.

Katwyk, v. P. T., Fox, S., Spector, P. E., & Kelloway, E. K. (2000). Using the job-related affective well-being scale (JAWS) to investigate affective responses to work stressors. *Journal of Occupational Health Psychology*, 5, 219-230.

Klemisch, D. (2006). *Psychosoziale Belastungen und Belastungsverarbeitung von Polizeibeamten*. Dissertation Universität Kassel. Letzter Zugriff am 14.01.2019 http://repositorium.uni-muenster.de/document/miami/2471e4c6-3639-4707-abc2-e52 7c7db1e61/diss_klemisch.pdf

Kornhauser, Arthur W. (1931): The Dissatisfied Worker. V. E. Fisher, J. V. Hanna. In: *American Journal of Sociology* 37 (3), S. 504–505. DOI: 10.1086/215772.

Krause, K. (2008). Arbeitszufriedenheit und Selbstregulation: eine Prozess-Studie mit Online-Training. Diplomarbeit an der Technischen Universität Darmstadt.

Krohne, H. W., Egloff, B., Kohlmann, C.-W. & Tausch, A. (1996). Untersuchungen mit einer deutschen Form der Positive and Negative Affect Schedule (PANAS). *Diagnostica*, 42, 139-156.

Kuhl, J. (1987). Motivation und Handlungskontrolle: Ohne guten Willen geht es nicht. In H. Heckhausen, P. Gollwitzer & F. E. Weinert (Hrsg.), *Jenseits des Rubikon: Der Wille in den Humanwissenschaften*. Berlin, Heidelberg, New York: Springer Verlag.

Kunin, T. (1955). The Construction of a New type of attitude measure. *Personnel Psychology*, 8, 65-77.

Landmann, M. (2006). *Selbstreguliertes Selbstmanagement für Lehrerinnen und Lehrer*. Wiesbaden: IQ Kompakt.

Landy, F. & Conte, J. M. (2010). *Work in the 21st century: an introduction to industrial and organizational psychology* (3rd ed.). New York, Chichester: John Wiley & Sons.

Lauck, G. (2005). Die Messung der Inneren Kündigung. Ein Vorschlag zur Operationalisierung mit Bezügen zur angloamerikanischen Personalforschung. *Zeitschrift für Personalforschung*, 19 (2), 139-158.

Laux, L. (2008). *Persönlichkeitspsychologie*. Stuttgart: Kohlhammer.

Lawler, E. E. (1973), *Motivation in work organizations*. Monterey: Brooks/Cole.

Lazarus, R. S. & Folkman, S. (1984). *Stress, appraisal, and coping*. Berlin, Heidelberg, New York: Springer Verlag.

Lazarus, R. S. & Launier, R. (1981). Stressbezogene Transaktion zwischen Person und Umwelt. In *Stress-Theorien, Untersuchungen, Massnahmen* (S. 213-259). Bern: Huber Verlag.

Lazarus, R. S. (1991). *Emotion and adaptation*. Oxford: Oxford University Press.

Lazarus, R. S. (1999). *Stress and emotion: a new synthesis*. New York: Springer Publishing.

Lazarus, R. S., & Folkman, S. (1987). Transactional theory and research on emotions and coping. *European Journal of Personality*, 1, 141-170.

LePine, J. A., Erez, A. & Johnson, D. E. (2002). The nature and dimensionality of organizational citizenship behavior: a critical review and meta-analysis. *Journal of Applied Psychology*, 81 (1), 52-65.

Lewin, K., Dembo, T., Festinger, L. & Sears, P. S. (1944). Level of aspiration. In J. McV. Hunt (Ed.), *Personality and the behavior disorders* (Vol. 1, pp. 333-378). New York: Ronald Press.

Lisges, G. & Schübbe, F. (2007). Personalcontrolling. Personalbedarf planen, Fehlzeiten reduzieren, Kosten steuern. Freiburg und München: Haufe Verlag.

Locke, E. & Latham, G. P. (1990). Work motivation and satisfaction: Light at the end of the tunnel. *Psychological Science*, 1, 240-246.

Locke, E. A. (1969). What is job satisfaction? *Organizational behavior and human performance*, S. 4, 309-336.

Locke, E. A. (1976). The nature and causes of job satisfaction. In M. D. Dunette (eds.), *Handbook of industrial and organizational psychology* (pp. 1297-1349). Chicago: Rand McNally.

Lück, Helmut E. (2001). *Kurt Lewin-Eine Einführung in sein Werk*. Weinheim und Basel: Beltz Verlag.

Luczak, H. (1997). *Arbeitswissenschaft*. Berlin, Heidelberg, New York: Springer Verlag.

Mabe, P. A. & West, S. G. (1982). Validity of self-evaluation of ability: a review and meta-analysis. *Journal of Applied Psychology*, 67, 280-296.

Maier, G. W. & Woschée, R.-M. (2002). Die affektive Bindung an das Unternehmen. Psychometrische Überprüfung einer deutschsprachigen Fassung des Organizational Commitment Questionnaire (OCQ) von Porter und Smith (1970). *Zeitschrift für Arbeits- und Organisationspsychologie*, 46 (3), 126-136.

Martin, E. Ackermann, U., Udris, I. & Oegerli, K. (Hrsg.) (1980). *Monotonie in der Industrie*. Schriften zur Arbeitspsychologie, 29. Bern: Verlag Hans Huber

Martocchio, J. J. (1989). Age-related differences in employee absenteeism: A meta-analysis. *Psychology and Aging*, 4, 409-414.

Maslow, A. (1943). A theory of human motivation. *Psycholocial Review*, 50, 370-396.

Mathieu, J. E. & Zajac, D. M. (1990). A review and meta-analysis of the antecendents, correlates and consequences of organizational commitment. *Human Resource Management*, 1, 61-89.

Matussek, P. (1980). Kreativität. In *Psychologie des 20. Jahrhunderts* (Bd. XV). Zürich: Kindler Verlag.

Mayer, R. & Wittrock, M. C. (1996). Problem-solving transfer. In D. C. Berliner & R. C. Calfee (eds.), *Handbook of educational psychology* (pp. 47-62). New York: Macmillan.

McCrae, R. R. & Costa, P. T. (1987). Validation of the five-factor model of personality across instruments and observers. *Journal of Personality and Social Psychology*, 52, 81-90.

Meglino, B. M. & Ravlin, E. C. (1998). Individual values in organizations: concepts, controversies, and research. *Jounal of Management*, 24, 351-389.

Meierhans, D., Rietmann, B. & Jonas, K. (2008). Influence of fair and supportive behavior on commitment and organizational citizenship behavior. *Swiss Journal of Psychology*, 67 (3), 131-141.

Meyer, J. P. & Herscovitch, L. (2001). Commitment in the workplace: toward a general model. *Human Resource Management Review*, 11, 299-326.

Michaels, C. E. & Spector, P. E. (1982). Causes of employee turnover: a test of the Mobley, Griffeth, Hand and Meglino Model. *Journal of Applied Psychology*, 67, 53-59.

Miron, A. M. & Brehm, J. W. (2006). Reactance theory-40 years later. *Zeitschrift für Sozialpsychologie* 1, 9-18.

Mobley, W. H. (1977). Intermediate linkages in the relationship between job satisfaction and employee turnover. *Journal of Applied Psychology*, 62 (2), 237-240

Moser, K. (1999). Selbstbeurteilung beruflicher Leistung. *Psychologische Rundschau*, 50, 14-25.

Mottaz, C. J. (1987). An analysis of the relationship between work satisfaction and organizational commitment. The *Sociological Quarterly*, 28 (4), 541-558.

Nagy, M. S. (2002). Using a single-item approach to measure facet job satisfaction. *Journal of Occupational and Organizational Psychology*, 75, 150-162.

Neininger, A., Lehmann-Willenbrock, N., and organizational commitment–A longitudinal study. *Journal of Vocational Behavior*, 76(3), 567-579.

Nerdinger, F. W. (1995). Motivation und Handeln in Organisationen: Eine Einführung. Stuttgart: Kohlhammer Verlag.

Nerdinger, F. W., Blickle, G., Schaper, N. & Schaper, N. (2014). Arbeits- und Organisationspsychologie. Heidelberg: Springer.

Neubach, B. & Schmidt, K.-H. (2006). Beanspruchungswirkungen von Selbstkontrollanforderungen und Kontrollmöglichkeiten bei der Arbeit. *Zeitschrift für Psychologie*, 214 (3), 150-160.

Neuberger, O. & Allerbeck, M. (1978). Messung und Analyse von Arbeitszufriedenheit: Erfahrungen mit dem »Arbeitsbeschreibungsbogen (ABB)«. Bern: Verlag Hans Huber.

Neuberger, O. (1974a). Messung der Arbeitszufriedenheit-Verfahren und Ergebnisse. Stuttgart: Kohlhammer Verlag.

Neuberger, O. (1974b). *Theorien der Arbeitszufriedenheit*. Stuttgart: Kohlhammer Verlag.

Neuberger, O. (1976). Der Arbeitsbeschreibungsbogen. Ein Verfahren zur Messung von Arbeitszufriedenheit. *Problem und Entscheidung*, 15, 1-129.

Neuberger, O. (1980). Arbeitszufriedenheit und Organisationsklima. In R. Neubauer & L. von Rosenstiel (Hrsg.), *Handbuch der angewandten Psychologie* (S. 847-869). München: Verlag Moderne Industrie.

Neuberger, O. (1985). Arbeit. Begriff-Gestaltung-Motivation-Zufriedenheit. Basistexte Personalwesen (5 Aufl.). Stuttgart: Enke.

Neuhaus, A. (2010). Das »Arbeitnehmerkündigungsverhalten« als Teilaspekt einer allgemeinen Theorie von Fluktuation. Münster: MV-Verlag.

Neuhold, Y. (2006). Innere Kündigung-Entwicklung einer Skala zur empirischen Messung. Saarbrücken: Verlag Dr. Müller.

Norbeck, J. S. (1985). Perceived job stress, job satisfaction, and psychological symptoms in critical care nursing. Research in Nursing & Health, 8 (3), 253-259.

Oegerli, K. (1981). Der Arbeitszufriedenheitsbegriff im Wandel-Teil 2. *Humane Produktion-Humane Arbeitsplätze*, 3, 32-35.

Oerter, R. (1980). Die kreative Persönlichkeit. In G. Condreau (Hrsg.), *Die Psychologie des 20. Jahrhunderts* (Bd. XV). Zürich: Kindler Verlag.

Ohlemacher, T., Mensching, A. & Werner, J.-T. (2007). *Polizei im Wandel? Organisationskultur(en) und Organisationsreform*. Frankfurt/Main: Verlag für Polizeiwissenschaft.

Oppolzer, A. (1999). Ausgewählte Bestimmungsfaktoren des Krankenstandes in der öffentlichen Verwaltung-Zum Einfluß von Arbeitszufriedenheit und Arbeitsbedingungen auf krankheitsbedingte Fehlzeiten. In B. Badura, M. Litsch & C. Vetter (Hrsg.), *Fehlzeiten-Report 1999* (S. 343-362). Berlin, Heidelberg: Springer Verlag.

Organ, D. W. (1988). *Issues in organization and management series. Organizational citizenship behavior: The good soldier syndrome*. Lexington, MA, England: Lexington Books/D. C. Heath and Com.

Osipow, S. H., Doty, R. E. & Spokane, A. R. (1985). Occupational stress, strain, and coping across the life span. *Journal of Vocational Behavior*, 27, 98-108.

Ostendorf, F. & Angleitner, A. (2004). NEO-PI-R - NEO Persönlichkeitsinventar nach Costa und McCrae - Revidierte Fassung (PSYNDEX Tests Review). Göttingen: Hogrefe.

Packard, J. S., & Motowidlo, S. J. (1987). Subjective stress, job satisfaction, and job performance of hospital nurses. Research in Nursing & Health, 10 (4), 253-261.

Pervin, L. A., Cervone, D. & John, O. P. (2005). *Persönlichkeitstheorien* (5. Aufl.). München: Reinhardt Verlag.

Pekrun, R. (1999). Sozialisation von Leistungsemotionen: Eine kritische Literaturübersicht und ein sozialkognitives Entwicklungsmodell. *Zeitschrift für Soziologie der Erziehung und Sozialisation*. Weinheim, 20–34.

Piaget, J. (1976). *Äquilibration der kognitiven Strukturen*. Stuttgart: Klett Verlag.

Plutchik, R., & Kellerman, H. (1980). Emotion, theory, research, and experience: theory, research and experience. Academic press.

Podsakoff, N. P., Whiting, S. W., Podsakoff, P. M. & Blume, B. D. (2009). Individual- and organizational-level consequences of organizational citizenship behaviors: a meta-analysis. *Journal of Applied Psychology*, 94 (1), 122-141.

Podsakoff, P. M., MacKenzie, S. B., Moorman, R. H. & Fetter, R. (1990). Transformational leader behaviors and their effects on followers' trust in leader, satisfaction and organizational citizenship behavior. *Leadership Quarterly*, 1 (2), 107-142.

Porcaro-Sousa, Giovana Zappalá; Fukuda, Cláudia Cristina & Laros, Jacob Arie. Relação entre condições para criatividade e satisfação no trabalho de pesquisadores. Aval. psicol. [online]. 2015, vol.14, n.2, pp. 169-178. ISSN 2175-3431.

Porter, L. W. & Smith, F. J. (1970). *The etiology of organizational commitment.* Unpublished Manuscript. University of California at Irvine.

Porter, L. W. (1962). Job attitudes in management. Percieved deficiencies in need fulfillment as a function of job level. *Journal of Applied Psychology*, 46 (6), 375-384.

Porter, L. W., Steers, R. M., Mowday, R. T. & Boulian, P. V. (1974). Organizational commitment, job satisfaction and turnover among psychiatric technicians. *Journal of Applied Psychology, 59*, 603-609.

Pourkiani, M.; Seyedi, S. M.; Sarasia, H. S. (2016): The effect of self-awareness and self-regulation on organizational commitment employees of islamic AZAD University of Mashhad with mediating role of job satisfaction. Journal of Fundamental and Applied Sciences. ISSN 1112-9867. http://dx.doi.org/10.4314/jfas.v8i2s.130. Letzter Aufruf: 14.01.2019

Quinn, R. P. & Mangione, T. W. (1973). Evaluating weighted models of measuring job satisfaction: A Cinderella story. *Organizational Behavior and Human Performance*, 10, 1-23.

Ree, M. J., Earles, J. A. & Teachout, M. S. (1994). Predicting job performance: not much more than g? *Journal of Applied Psychology*, 79, 518-524.

Reinhardt, C., Lau, A., Hottenrott, K. & Stoll, O. (2007). Flow-Erleben unter kontrollierter Beanspruchungssteuerung. Ergebnisse einer Laufbandstudie. *Zeitschrift für Sportpsychologie*, 13 (4), 140-146.

Rheinberg, F. (2018). Intrinsische Motivation und Flow-Erleben. In J. Heckhausen & H. Heckhausen (Hrsg.), *Motivation und Handeln* (S. 423-450). 5. Auflage. Berlin, Heidelberg, New York: Springer Verlag.

Rheinberg, F., Manig, Y., Kliegl, R., Engeser, S. & Vollmeyer, R. (2007). Flow bei der Arbeit, doch Glück in der Freizeit. Zielausrichtung, Flow und Glücksgefühle. *Zeitschrift für Arbeits- und Organisationspsychologie, 51* (3), 105-115.

Rheinberg, F., Vollmeyer, R. & Engeser, S. (2003). Die Erfassung des Flow-Erlebens. In J. Stiensmeier-Pelster & F. Rheinberg (Hrsg.), *Diagnostik von Motivation und Selbstkonzept. Tests und Trends*. Göttingen: Hogrefe Verlag.

Richter, P., Hemmann, E., Merboth, H., Fritz, S., Hänsgen, C. & Rudolf, M. (2000). Das Erleben von Arbeitsintensität und Tätigkeitsspielraum-Entwicklung und Validierung eines Fragebogens zur orientierten Analyse (FIT). *Zeitschrift für Arbeits- und Organisationspsychologie* 44, 129-139.

Riketta, M. & Nienaber, S. (2007). Multiple identities and work motivation: The role of perceived compatibility between nested organizational units. *Journal of Management*, 18, 63-79.

Rioux, S. M. & Penner, L. A. (2001). The causes of organizational citizenship behavior: a motivational analysis. *Journal of Applied Psychology*, 86 (6), 1306-1314.

Robinson, J. P., Athanasiou, R. & Head, K. (1969). *Measures of occupational attitudes and occupational characteristics.* Ann Arbor, MI: Institut for Social Research, University of Michigan.

Rode, J. C. (2004). Job satisfaction and life satisfaction revisited: a longitudinal test of an integrated model. *Human Relations, 57* (9), 1205-1230.

Roedenbeck, M. R. (2004). Ein komplexes Modell der Arbeitszufriedenheit: Theoretische Grundlagen unter Berücksichtigung wichtiger Ergebnisse der Zufriedenheitsforschung und Darstellung eines ersten dynamisch-programmierten Operationalisierungsansatzes. Diplomarbeit am Lehrstuhl Organisation, Personalwesen und Führungslehre des Instituts für Betriebswirtschaftslehre der Fakultät VIII, Berlin. Zugriff am 09.01.2019 https://depositonce.tu-berlin.de/bitstream/11303/2465/1/Dokument_47.pdf

Ros, M., Schwartz, S. H. & Surkis, S. (1999). Basic individual values, work values and the meaning of work. *Applied Psychology: An International Review* 48, 49-71.

Rosse, J. G., & Miller, H. E. (1984). An adaptive cycle interpretation of absence and withdrawal. In P. S. Goodman & R. S. Atkin (Eds.), Absenteeism: New approaches to understanding, measuring, and managing employee absence (pp. 194–228). San Francisco: Jossey–Bass.

Rothbaum, F., Weisz, J. & Snyder, S. (1982). Changing the world and changing the self: a two-process model of perceived control. *Journal of Personality and Social Psychology* 42, 5-37.

Rotter, J. (1966). Generalized expectancies for internal versus external control of reinforcement. *Psychological Monopraphs*, 80 (1), 1-28.

Salowsky, H. (1991). Fehlzeiten: eine Bilanz nach 20 Jahren Lohnfortzahlungsgesetz. Köln: Deutscher Instituts Verlag.

Salowsky, H. (1996). Fehlzeiten-empirische Zusammenhänge. In R. Marr (Hrsg.), *Absentismus. Der schleichende Verlust an Wettbewerbspotential* (S. 41-56). Göttingen: Verlag für Angewandte Psychologie.

Schallberger, U. & Pfister, R. (2001). Flow-Erleben in Arbeit und Freizeit. Eine Untersuchung zum Paradox der Arbeit mit der Experience Sampling Method (ESM). *Zeitschrift für Arbeits- und Organisationspsychologie, 45* (4), 176-187.

Schleicher, D. J., Watt, J. D. & Greguras, G. J. (2004). Reexamining the job satisfaction-performance relationship: the complexity of attitudes. *Journal of Applied Psychology* 89, 165-177.

Schleicher, R. (1973). Die Intelligenzleistung Erwachsener in Abhängigkeit vom Niveau der beruflichen Tätigkeit. *Probleme in Ergonomie und Psychologie* 44, 25-55.

Schmidt, K. H. & Kleinbeck, U. (1999). Job diagnostic survey (JDS-Deutsche Fassung). In H. Dunckel (Hrsg.), *Handbuch psychologischer Arbeitsanalyseverfahren*. Zürich: vdf Hochschulverlag.

Schmidt, K.-H. & Daumen, B. (1996). Beziehung zwischen Aufgabenmerkmalen, Fehlzeiten und Fluktuation. *Zeitschrift für Arbeits- und Organisationspsychologie* 40, 181-189.

Schmidt, K.-H., Neubach, B. & Heuer, H. (2007). Arbeitseinstellungen, Wohlbefinden und Leistung. Eine Zusammenhangsanalyse auf Organisationsebene. *Zeitschrift für Arbeits- und Organisationspsychologie, 51* (1), 16-25.

Schmitt, Manfred J.; Steyer, Rolf (1993): A latent state-trait model (not only) for social desirability. In: *Personality and Individual Differences* 14 (4), S. 519–529. DOI: 10.1016/0191-8869(93)90144-R.

Schmitz, B. & Wiese, B. S. (2006). New perspectives for the evaluation of training sessions in self-regulated learning: time-series analyses of diary data. *Contemporary Educational Psychology* 31, 64-96.

Schmitz, B. & Wiese, S. (1999). Eine Prozeßstudie selbstregulierten Lernverhaltens im Kontext aktueller affektiver und motivationaler Faktoren. *Zeitschrift für Entwicklungspsychologie und Pädagogische Psychologie* 31, 157-170.

Schmitz, B. (2001). Self-Monitoring zur Unterstützung des Transfers einer Schulung in Selbstregulation für Studierende. Eine prozessanalytische Untersuchung. *Zeitschrift für Pädagogische Psychologie* 15, 181-297.

Schuler, H. & Sonntag, K. (Hrsg.) (2007). *Handbuch der Arbeits- und Organisationspsychologie.* Göttingen: Hogrefe Verlag.

Schuler, H. (2004). Enzyklopädie der Psychologie: Band Organisationspsychologie-Grundlagen und Personalpsychologie. Göttingen: Hogrefe Verlag.

Schuler, H. (2007). *Lehrbuch Organisationspsychologie* (4. Aufl.). Bern: Verlag Hans Huber.

Schumacher, J. (2003). SWLS. Satisfaction with life scale. In J. Schumacher, A. Klaiberg & E. Brähler (Hrsg.), *Diagnostische Verfahren zu Lebensqualität und Wohlbefinden* (S. 305-309). Göttingen: Hogrefe Verlag.

Sczesny, S. & Thau, S. (2004). Gesundheitsbewertung vs. Arbeitszufriedenheit: Der Zusammenhang von Indikatoren des subjektiven Wohlbefindens mit selbstberichteten Fehlzeiten. *Zeitschrift für Arbeits- und Organisationspsychologie, 48* (1), 17-24.

Seligman, E. P. (1975). *Erlernte Hilflosigkeit.* Weinheim: Beltz Verlag.

Semmer, N. & Udris, I. (2004). Bedeutung und Wirkung von Arbeit. In H. Schuler (Hrsg.), *Lehrbuch Organisationspsychologie* (S. 157-197). Bern: Verlag Hans Huber.

Semmer, N., Baillod, J., Stadler, R. & Gail, K. (1996). Fluktuation bei Computerfachleuten: Eine Follow-up-Studie. *Zeitschrift für Arbeits- und Organisationspsychologie, 40* (4), 190-198.

Sheridan, J. E. & Slocum Jr., J. W. (1975). The direction of the causal relationship between job satisfaction and work performance. *Organizational Behavior and Human Performance* 14, 159-172.

Six, B. & Eckes, A. (1991). Der Zusammenhang von Arbeitszufriedenheit und Arbeitsleistung-Resultate einer meta-analytischen Studie. In L. Fischer (Hrsg.), *Arbeitszufriedenheit. Beiträge zu Organisationspsychologie 5* (S. 21-45). Göttingen: Hogrefe Verlag.

Six, B. & Felfe, J. (2004). Einstellungen und Werthaltungen in organisationalen Kontext. In H. Schuler (Hrsg.), *Enzyklopädie der Psychologie: Band Organisationspsychologie-Grundlagen der Personalpsychologie* (S. 596-672). Göttingen: Hogrefe Verlag.

Six, B. & Felfe, J. (2006). Arbeitszufriedenheit im interkulturellen Vergleich. In *Arbeitszufriedenheit. Konzepte und empirische Befunde* (2 Aufl., S. 243-272). Göttingen: Hogrefe Verlag.

Six, B. & Kleinbeck, U. (1989). Arbeitsmotivation und Arbeitszufriedenheit. In E. Roth (Hrsg.), *Enzyklopädie der Psychologie*, In K. R. Scherer (Hrsg.), *Enzyklopädie der Psychologie: Motivation und Emotion*, C, IV, 3 (S. 348-398). Göttingen: Hogrefe Verlag

Six, Bernd; Kleinbeck, Uwe (1989): Arbeitsmotivation und Arbeitszufriedenheit. In: Erwin Roth (Hg.): Organisationspsychologie. Göttingen, Toronto, Zürich: Verl. für Psychologie (Enzyklopädie der Psychologie Themenbereich D, Praxisgebiete, Ser. 3, Wirtschafts-, Organisations- und Arbeitspsychologie, Bd. 3), S. 348–398.

Smith, C. A., Organ, D. W. & Near, J. P. (1983). Organizational citizenship behavior: its nature and antecendents. *Journal of Applied Psychology*, 68 (4), 653-663.

Smith, P. C. (1992). In pursuit of happiness. In C. J. Cranny, P. C. Smith & E. F. Stone (eds.), *Job satisfaction* (S. 1-19). New York: Lexington.

Smith, P. C., Kendall, L. M. & Hulin, C. L. (1969). The measurement of satisfaction in work and retirement: A strategy for the study of attitudes. Chicago IL: Rand McNally.

Sonnenmoser, M. (2007). Arm und ausgebeutet-aber trotzdem glücklich? Der Forschungsstand zum Zufriedenheits- und Wohlbefindensparadox. *Personal und Führung*, 3, 34-39.

Sonnentag, S. (1996). Arbeitsbedingungen und psychisches Befinden bei Frauen und Männern. Eine Metaanalyse. *Zeitschrift für Arbeits- und Organisationspsychologie* 40, 118-126.

Spector, P. E. (1997). Job satisfaction: Application, assessment, causes, and consequences (Vol. 3). Sage publications.

Stanley, O. R. & Burrows, D. G. (2001). Varieties and functions of human emotion. In R. L. Payne & C. L. Cooper (eds.), *Emotions at work: theory, research and applications in management* (S. 12). New York, Chichester: John Wiley & Sons.

Staudinger, U. M. (2000). Viele Gründe sprechen dagegen und trotzdem geht es vielen Menschen gut: Das Paradox des subjektiven Wohlbefindens. *Psychologische Rundschau, 51* (4), 185-197.

Staufenbiel, T. & Hartz, C. (2000). Organizational Citizenship Behavior: Entwicklung und erste Validierung eines Meßinstruments. *Diagnostica*, 46 (2), 73-83.

Staw, B. M. & Ross, J. (1985). Stability in the midst of change: A dispositional approach to job attitudes. Journal of Applied Psychology, 70, 469–480. http://dx.doi.org/10.1037/0021-9010.70.3.469

Steers, R. M. & Mowday, R. T. (1981). Employee turnover and post-decision accommodation process. In L. Cummings & B. Staw (eds.), *Research in organization behavior*, 3, 235-281

Steinmayr, R. & Amelang, M. (2007). Intelligenz und Intelligenztests. In K. Landau (Hrsg.), *Lexikon Arbeitsgestaltung-Best Practice im Arbeitsprozess* (S. 693-695). Stuttgart: Gentner Verlag.

Stemmler, G., Bartussek, D., Hagemann, D. and Amelang, M. (2011). Differentielle Psychologie und Persönlichkeitsforschung. Stuttgart: Kohlhammer.

Stoll, O. & Lau, A. (2005). Flow-Erleben beim Marathonlauf. Zusammenhänge mit Anforderungspassung und Leistung. *Zeitschrift für Sportpsychologie, 46* (2), 75-82.

Sutton, Robert I. & Staw, Barry M. (1995). What theory is not. *Administrative Science Quarterly*, 40, 371-384. (https://funginstitute.berkeley.edu/wp-content/uploads/2014/01/stawtheory.pdf; letzter Aufruf 08.01.2019)

Sy, T., Tram, S., & O'Hara, L. A. (2006). Relation of employee and manager emotional intelligence to job satisfaction and performance. Journal of Vocational Behavior, 68(3), 461-473.

Tepper, B. J., Duffy, M. K., Hoobler, J. & Ensley, M. D. (2004). Moderators of the relationships between coworkers' organizational citizenship behavior and fellow employees' attitudes. *Journal of Applied Psychology*, 89 (3), 455-465.

Terry, D. J. & Jimmieson, N. L. (1999). Work control and employee well-being: a decade review. In C. L. Cooper & I. T. Robertson (eds.), *International review of industrial and organizational psychology* (14. Ed., pp. 95-148). New York, Chichester: John Wiley & Sons.

Tett, R. P. & Meyer, J. P. (1993). Job satisfaction, organizational commitment, turnover intention and turnover: path analyses based on meta-analytic findings. *Personnel Psychology*, 46, 259-293.

Thierry, H.; Koopman-Iwema, A. M. (1984): Motivation and Satisfaction. In: Pieter J. D. Drenth (Hg.): Handbook of work and organizational psychology. Chichester West Sussex: Wiley, S. 131–174

Thompson, S. (1981). Will it hurt less if I can control it? A complex answer to a simple question. *Psychological Bulletin*, 90 (1), 89-101.

Thorndike, Edward L. (1912): *The Measurement of Educational Products*. The School Review, Vol. 20, No. 5, May, 1912.

Thorndike, Edward L. (1917): The curve of work and the curve of satisfyingness. In: Journal of Applied Psychology 1 (3), S. 265–267. DOI: 10.1037/h0074929.

Ulich, E. (1965). Über Fehlzeiten im Betrieb. Eine Sammlung von Untersuchungsergebnissen und Erfahrungen. Köln: Westdeutscher Verlag.

Ulich, E. (2001). *Arbeitspsychologie* (4. Aufl.). Stuttgart: Schäffer-Poeschel.

Ulich, E. (2005). *Arbeitspsychologie* (6. Aufl.). Stuttgart: Schäffer-Poeschel und Zürich: vdf.

Umstot, D. D., Bell Jr., C. H. & Mitchell, T. R. (1976). Effects of job enrichment and task goals on satisfaction and productivity: implications for job design. *Journal of Applied Psychology* 61, 379-394.

und erweiterten Fassung des Job Diagnostic Survey im Dinstleistungs- und Verwaltungssektor. *Zeitschrift für Arbeits-und Organisationspsychologie*, 44, 115-128.

Unger, Alexander; Roth, Matthias und Bertrams, Ales (2009). Ego-Depletion und Arbeitszufriedenheit - eine korrelative Studie über mögliche Zusammenhänge. Der Mensch im Mittelpunkt wirtschaftlichen Handelns. Tagungsband zur 15. Fachtagung der ›Gesellschaft für angewandte Wirtschaftspsychologie‹. Ludwigshafen, 10.-11. Juli 2009. Raab, Gerhard (Ed.); Unger, Alexander (Ed.); pp. 468-483. Lengerich: Pabst

Literaturverzeichnis

Van Dick, R. (2004). Commitment und Identifikation mit Organisationen. In H. Schuler, R. Hossiep, M. Kleinmann & W. Sarges (Hrsg.), *Praxis der Personalpsychologie. Human Resource Management kompakt*. Göttingen: Hogrefe Verlag.

Van Dick, R. (2006). Stress und Arbeitszufriedenheit bei Lehrerinnen und Lehrern. Marburg: Tectum Verlag.

Veenhoven, R. (1993). Happiness in nations: subjective appreciation of life in 56 nations 1946-1992. Rotterdam: RISBO.Mc

Volpert, W. (1987). Psychische Regulation von Arbeitstätigkeiten. In U. Kleinbeck & J. Rutenfranz (Hrsg.), *Arbeitspsychologie* (S. 1-42). Göttingen: Hogrefe Verlag.

von Rosenstiel, J. (1975). Die motivationalen Grundlagen des Verhaltens in Organisationen: Leistung und Zufriedenheit. Berlin: Duncker & Humblot.

von Rosenstiel, L. (2007). Grundlagen der Organisationspsychologie. Basiswissen und Anwendungshinweise. Stuttgart: Schäffer-Poeschel.

von Rosenstiel, L., Molt, W. & Rüttinger, B. (2005). *Organisationspsychologie. Grundriss der Psychologie* (8. Aufl.). Stuttgart: Kohlhammer Verlag.

von Rosenstiel, L., von Molt, W. & Rüttinger, B. (1995). *Organisationspsychologie*. Stuttgart: Kohlhammer Verlag.

Vroom, V. H. (1964). *Work and motivation*. New York, Chichester: John Wiley & Sons.

Wanous, J. P. (1974). A causal-correlational analysis of the job satisfaction and performance relationship. *Journal of Applied Psychology, 59*(2), 139-144.

Wanous, John P.; Reichers, Arnon E.; Hudy, Michael J. (1997): Overall job satisfaction: How good are single-item measures? In: *Journal of Applied Psychology* 82 (2), S. 247–252. DOI: 10.1037//0021-9010.82.2.247.

Watson, D., Clark, L. A. & Tellegen, A. (1988). Developement and validation of brief measures of positive and negative affect: The PANAS scales. *Journal of Personality and Social Psychology* 54, 1063-1070.

Wegge, J. & Neuhaus, L. (2002). Emotionen bei der Büroarbeit am PC: Ein Test der »affective events«-Theorie. *Zeitschrift für Arbeits- und Organisationspsychologie* 46, 173-184.

Wegge, J. & van Dick, R. (2006). Arbeitszufriedenheit, Emotionen bei der Arbeit und organisationale Identifikation. In L. Fischer (Hrsg.), *Arbeitszufriedenheit. Konzepte und empirische Befunde*. Göttingen: Hogrefe Verlag.

Wegge, J. (2001). Emotion und Arbeit: Zum Stand der Dinge. *Zeitschrift für Arbeitswissenschaft, 55*, 49-56.

Wegge, J. (2004). Emotionen in Organisationen. In H. Schuler (Hrsg.), *Enzyklopädie der Psychologie: Band Organisationspsychologie-Grundlagen und Personalpsychologie* (S. 673-679). Göttingen: Hogrefe Verlag.

Weinert, A. B. (1998). *Organisationspsychologie: Ein Lehrbuch* (4 Aufl.). Weinheim: Psychologie Verlags Union.

Weinert, F. E. (1991). Kreativität-Fakten und Mythen. *Psychologie Heute* (9/91).

Weiss, D. J., Dawis, R. V., & England, G. W. (1967). Manual for the Minnesota Satisfaction Questionnaire. Minnesota studies in vocational rehabilitation.

Weiss, H. M. & Cropanzano, R. (1996). Affective events theory: a theoretical discussion of the structure, causes and consequences of affective eyperiences at work. In B. M. Staw & L. L. Cummings (Hrsg.), *Research in organizational behavior* (Bd. 18, S. 1-74). Greenwich: JAI Press.

Wenderlein, F. U. (2002). Analyse hoher Fehlzeiten bei Pflegekräften–Schwerpunkt Arbeitszufriedenheit. Medizinische Fakultät, Universität Ulm, Ulm.

Wiese, B. S. (2003). Berufliche Selbstklärung. In G. F. Müller (Hrsg.), *Selbstverwirklichung im Arbeitsleben* (S. 125-150). Lengerich: Pabst Science Publishers.

Wilpert, B. & Rayley, J. (1983). Nationale Mitbestimmungssysteme und ihre Wirkung auf das Partizipationsverhalten. *Psychologie und Praxis*, 27, 3-12.

Wirth, M. (2008). Zum Einfluss von Persönlichkeit und Intelligenz auf die Ausbildungszufriedenheit. Eine quer- und längsschnittliche Untersuchung. Dissertation, Freie Universität Berlin. https://refubium.fu-berlin.de/handle/fub188/12039. Letzter Zugriff: 13.01.2019

Wiswede, G. & Wiendieck, G. (1984). Arbeitszufriedenheit-Trugbild oder Realität? In *Hohenheimer Gespräche zur Organisationspsychologie* (Bd. 1). Göttingen: Hogrefe Verlag.

Wortman, C. B. & Brehm, J. W. (1975). Response to uncontrollable outcomes: An integration of reactance theory and the learned helplessness model. In L. Berkowitz (ed.), *Advances in experimental social psychology* (Bd. 8). New York: Academic Press.

Wright, T. A. & Cropanzano, R. (2000). Psychological well-being and job satisfaction as predictors of job performance. *Journal of Occupational Health Psychology* 1, 84-94.

Zapf, D. & Semmer, N. K. (2004). Streß und Gesundheit in Organisationen. In H. Schuler (Hrsg.), *Enzyklopädie der Psychologie, Themenbereich D, Serie III* (2 Aufl., Bd. 3, S. 1007-1112). Göttingen: Hogrefe Verlag.

Zapf, D. (1991a). Arbeit und Wohlbefinden. In A. Abele & P. Becker (Hrsg.), *Wohlbefinden. Theorie-Empirie-Diagnostik.* (S. 227-244). Weinheim, München: Juventa Verlag.

Zapf, D. (1991b). Arbeit und Gesundheit. Realer Zusammenhang oder Methodenartefakt? In S. Greif, E. Bamberg & N. Semmer (Hrsg.), *Psychischer Streß am Arbeitsplatz.* Göttingen: Hogrefe Verlag.

Zhou, Jing & George, Jennifer M. (2001): When job dissatisfaction leads to creativity: Encouraging the Expression of voice. Academy of Management Journal (2001), Vol. 44, No. 4, 682-696

Zimmerman, B. J. (2000). Attainig Self-Regulation. A social cognitive perspective. In M. Boekaerts, P. Pintrich & M. Zeidner (Hrsg.), *Handbook of self-regulation* (S. 13-39). New York: Academic Press.

Stichwortverzeichnis

A

Affective Events Theory 28, 44, 64, 141
Affektivität 132, 135, 141, 147, 149
Arbeitsaufgabe 42, 63
Arbeitswert 177

B

Bedürfnis 19–20, 25, 27–29, 33–37, 42, 48, 61–64, 72, 75, 77, 85–86, 88, 90, 95, 112, 136, 172
Bedürfnisbefriedigung 75
Bedürfnishierarchie 20
Belastung 18, 167–168, 170–171, 188, 191, 203
Berufszufriedenheit 22, 103
Big Five 25, 120, 142

C

Commitment 16, 23, 103, 112, 179, 195–196
Coping 168
Copingstrategie 169–170
Core Self-Evaluations 122, 146

D

Disposition 19, 25, 28, 47
Diversity 202

E

Einstellung 18–19, 21–22, 24–28, 33, 45–46, 48, 64, 68, 91, 113, 138, 141, 183, 187, 196
Emotion 26–28, 45–46, 131, 162, 191
Extraversion 117, 142–144

F

Facette 19, 21, 24, 31, 35, 69–70, 73, 77–78, 82, 94, 105
Fehlzeit 14, 16, 27, 44, 188
Flow 122
Fluktuation 14, 16, 30, 41, 63, 65, 91, 104, 106, 140, 179, 189, 194

G

Gesundheit 14, 16, 30, 115, 138, 167, 176, 203
Gewissenhaftigkeit 114, 142–144

H

Handlungsspielraum 176
Hawthorne-Studie 20
Homöostase 34, 49, 57, 61–62, 68, 86, 157
Humanisierung des Arbeitslebens 21
Humanismus 33
Humanität 17, 20

Stichwortverzeichnis

Human-Relation 20
Hygienefaktor 38, 40, 63, 136

I

Innere Kündigung 194
Intelligenz 150, 184
- fluid 150
- kristallin 150
Ist-Zustand 21

J

Job Characteristics Model 41–42, 63–64, 90

K

Kategorisierung 28
Kognition 25–26
Kontentfaktor 38, 62
Kontrolle 52, 55, 58–59, 64, 86, 90, 96, 98, 123, 149, 158, 167, 172
Kreativität 150
Kunin-Skala 21, 70

L

Lebenszufriedenheit 23, 103, 114, 120, 194
Leistung 14–16, 19–20, 26, 41, 44, 63, 72, 104, 112–113, 123, 155, 159, 172, 176, 180, 187, 203
Leistungsmessung 181
Locus of Control 52, 146–147, 149, 174

M

Motiv 16, 19, 27–29, 35, 37, 64, 112, 184

Motivation 18, 22, 27, 29–30, 32–33, 41, 63, 71–72, 96, 112, 147, 155, 158, 161, 184, 203
Motivator 38, 40

N

Neurotizismus 111, 114, 117, 142, 144, 147

O

Offenheit für Erfahrungen 142, 144

P

Pause 18

S

Scientific Management 17
Selbstregulation 59, 156, 172
Selbstverwirklichung 28, 86
Selbstwertgefühl 14, 146–149, 167
Selbstwirksamkeitserwartung 146–149, 160
Soll-Zustand 21
Stimmung 45, 47, 132, 140–141
Stress 163, 172
Stressor 164, 166
Stressreaktion 166

T

Tätigkeitsspielraum 136, 172, 176

V

Verträglichkeit 114, 142–144

W

Wirtschaftlichkeit 14, 17, 20
Wohlbefinden 16, 23, 103, 114,
   120, 149, 167, 169, 176, 186–187,
   194

Z

Zürcher Modell der
   Arbeitszufriedenheit 47
Zurich Model Revisited 47, 86, 90–91
Zwei-Faktoren-Theorie 37–39, 62, 89